防災と福祉
ガイドブック

誰一人取り残さない福祉防災の視点

地域安全学会［編］

朝倉書店

書籍の無断コピーは禁じられています

　本書の無断複写（コピー）は著作権法上での例外を除き禁じられています。本書のコピーやスキャン画像、撮影画像などの複製物を第三者に譲渡したり、本書の一部を SNS 等インターネットにアップロードする行為も同様に著作権法上での例外を除き禁じられています。

　著作権を侵害した場合、民事上の損害賠償責任等を負う場合があります。また、悪質な著作権侵害行為については、著作権法の規定により 10 年以下の懲役もしくは 1,000 万円以下の罰金、またはその両方が科されるなど、刑事責任を問われる場合があります。

　複写が必要な場合は、奥付に記載の JCOPY（出版者著作権管理機構）の許諾取得または SARTRAS（授業目的公衆送信補償金等管理協会）への申請を行ってください。なお、この場合も著作権者の利益を不当に害するような利用方法は許諾されません。

　とくに大学等における教科書・学術書の無断コピーの利用により、書籍の流通が阻害され、書籍そのものの出版が継続できなくなる事例が増えています。

　著作権法の趣旨をご理解の上、本書を適正に利用いただきますようお願いいたします。　　　　　　　　　　　　　　[2025 年 1 月現在]

序

　本書は防災と福祉が交差する現場で仕事をされている方々を念頭に，地域安全学会が企画したガイドブックです．本書の準備にあたり，関連論文を防災系の学術誌7誌から検索し，結果的に301件の論文が選ばれました．それぞれの論文に「キーワード」，「対象としている災害」，「学会」，「学術誌名」，「発行年」のカテゴリーに沿って適切な語をつけた後で，各論文タイトル中の語の共起関係を基にコレスポンデンス分析によってカテゴリー間の親近性を視覚化したのが図1です．□が学術誌，●がキーワードで当該の学術誌に特徴的に出現していた語を表しています．さらに△は扱っている災害事象です．どのような災害で，どのような学術誌がどのようなキーワードの論文を掲載していたかを図1は示しています．

　この出版企画をなぜ地域安全学会が音頭を取って進めたのか．それは図の縦軸と横軸のほぼ中心にあるのが地域安全学会の論文集だからです．中心に位置するということは，図中のキーワードをほぼ全方位でカバーしていることを意味し，防災と福祉の交差点にもっとも目配りをしてきたのが地域安全学会であることを示しています．

　防災と福祉の交差性になぜ注目する必要があるのか，図2を基に説明します．これは東日本大震災の津波による被害の激しかった東北3県の31市町村について，横軸に全体死亡率，縦軸に障害者死亡率をとり，その関係を岩手，宮城，福島の各県ごとに直線で当ては

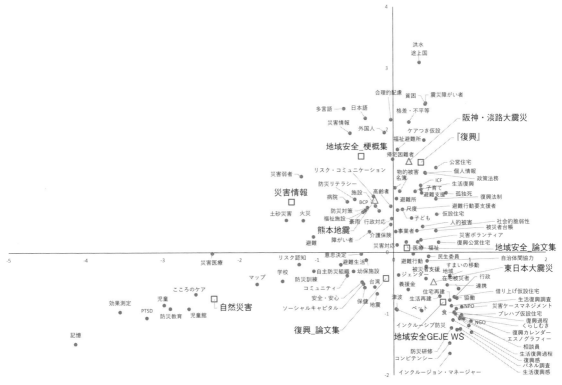

〈図1〉　防災と福祉に関連するキーワードと学会誌，取り上げる災害事象の関連性のコレスポンデンス分析結果

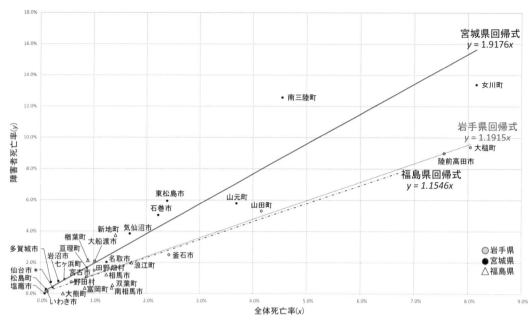

〈図2〉 東日本大震災での全体死亡率に対する障害者死亡率の関係[1]

めたものです[1]．直線の傾きが急であるほど全体に対する障害者の死亡率が激しかったことを意味します．すると岩手と福島では1.2倍程度の死亡格差が宮城県でのみ1.9倍と突出していました．この理由は2つあります．

1つは，宮城県での福祉のまちづくりが群を抜いて先んじていたこと，けれどもこの取り組みは平時のみを想定しており，災害時の対応は「福祉の本来業務」として位置づけられていませんでした．このため利用者が多数在宅で取り残されたのです．2つ目の理由は，施設入所者の被害率にも3県で大きな違いがあり，宮城県では津波のリスクに曝された東部太平洋沿岸部に施設が集中し被害が突出したのです．

在宅系でも施設系のサービスでも，平時の福祉といざという時の防災・危機管理の取り組みが分断されていたことが根本原因なのです[2]．これが，防災と福祉を交差させて考えるという本書の企画を立ち上げた一番の理由です．

2021年の災害対策基本法の改正で，「真に支援が必要な方」に対する個別避難計画について，福祉の専門職も仕事として関わって計画を策定することが努力義務化されました．また福祉サービスの業務継続計画の作成が2024年4月から義務化されました．この流れをさらに加速するために，福祉も防災も互いの基本的なものの見方や視点，言葉遣いを知り，両方の立場を交差させて共通言語を広げていく必要があります．そこで，図1に示すキーワードを71の立項語にさらに精選しました．これらの言葉の森に立ち入るためのコンパスとなるような視座について編集委員全員が意見を出し合い，それをもとに委員有志での座談会を経て，以下に続く3つの総論を準備しました．まずはそこから読み進めていただければありがたいです．

2024年9月

地域安全学会編『防災と福祉ガイドブック』編集委員会委員長

立木茂雄

編集委員 (＊委員長)

立木茂雄＊	同志社大学	山崎栄一	関西大学
大西一嘉	神戸大学	石川永子	横浜市立大学
重川希志依	常葉大学	阪本真由美	兵庫県立大学
加藤孝明	東京大学	菅野拓	大阪公立大学
小山真紀	岐阜大学	髙田洋介	日本赤十字広島看護大学
池内淳子	摂南大学	松川杏寧	兵庫県立大学

執筆者 (五十音順)

石川永子	横浜市立大学	竹之内健介	香川大学
石峯康浩	山梨県富士山科学研究所	立木茂雄	同志社大学
井ノ口宗成	富山大学	田中聡	常葉大学
今井遊子	全国社会福祉協議会	田中正人	追手門学院大学
大西一嘉	神戸大学	田村圭子	新潟大学
鍵屋一	跡見学園女子大学	辻岡綾	防災科学技術研究所
加藤孝明	東京大学	永田祐	同志社大学
木作尚子	名古屋大学	中林啓修	日本大学
北村弥生	長野保健医療大学	馬場美智子	兵庫県立大学
吉川肇子	慶應義塾大学	福和伸夫	名古屋大学名誉教授
木村玲欧	兵庫県立大学	藤本一雄	千葉科学大学
小山倫史	関西大学	北後明彦	神戸大学名誉教授
小山真紀	岐阜大学	松川杏寧	兵庫県立大学
近藤民代	神戸大学	室崎千重	奈良女子大学
阪本真由美	兵庫県立大学	室﨑益輝	神戸大学名誉教授
重川希志依	常葉大学名誉教授	森保純子	森のすず社会福祉士事務所
菅野拓	大阪公立大学	山崎栄一	関西大学
髙田洋介	日本赤十字広島看護大学		

目　　次

総論

1	都市計画や工学から見た福祉の重要性	［編集委員会］	2
2	当事者・代理人運動と小規模多機能化によるタテ割り制度の解決	［編集委員会］	4
3	調整と協働の官房機能が災害対応の要諦	［編集委員会］	6

防災と福祉の歴史

●古代から近代
4	三倉・恤救規則・備荒儲蓄法・罹災救助基金法	［山崎栄一］	8

●戦後日本の災害事例の教訓と対策
5	昭和南海地震・福井地震・伊勢湾台風	［重川希志依］	10
6	函館大火・飯田大火・酒田大火	［室﨑益輝］	12
7	阪神・淡路大震災	［室﨑益輝］	14
8	東日本大震災がもたらした課題	［近藤民代］	16
9	熊本地震以降	［田中正人］	18

●高齢者・障害者等の被害からの教訓と対策
10	災害弱者の防災対策	［重川希志依］	20
11	災害時要援護者対策・避難行動要支援者対策	［鍵屋　一］	22

防災の基本的視点

●理論的枠組み
12	社会的脆弱性の層別性と災害リスクの加減圧（PAR）モデル	［立木茂雄］	24
13	福祉の視点から考えるPARモデル	［辻岡　綾］	26
14	災害マネジメントサイクル	［松川杏寧］	28

●各種ハザード
15	地震・津波の特徴と対策	［福和伸夫］	30
16	気象ハザードの特徴と災害	［竹之内健介］	32
17	土砂崩れ・土石流ハザードの特徴と対策	［小山倫史］	34

18 火災の特徴と対策 ……………………………………………[北後明彦]… 36

19 火山の特徴と対策 ……………………………………………[石峯康浩]… 38

20 感染症蔓延の特徴と対策 ……………………………………[髙田洋介]… 40

21 人為的災害の特徴と対策 ……………………………………[髙田洋介]… 42

22 CBRNE災害対策 ………………………………[中林啓修・髙田洋介]… 44

●被害抑止・被害軽減策

23 災害による被害抑止・軽減対策：耐震化・室内安全性確保・
居住地選択 ……………………………………………………[小山真紀]… 46

24 住民避難の現状と避難行動の促進策 ………………………[藤本一雄]… 48

●防災に係わる法・制度

25 災害時要配慮者のさまざまな避難生活空間 … [大西一嘉・木作尚子・髙田洋介]… 50

26 災害救助法 ………………………………………………………[菅野　拓]… 52

27 災害対策基本法（防災対策＋福祉的対応＋21年改正）………[山崎栄一]… 54

28 建築基準法・消防法・区分所有法 …………………………[大西一嘉]… 56

29 都市計画法等改正等による福祉施設等への土地利用・
建築規制…………………………………[馬場美智子・加藤孝明・石川永子]… 58

福祉の基本的視点

●理論的枠組み

30 残余的モデルと普遍的モデル，脆弱性，災害は日常 ………[森保純子]… 60

31 社会福祉固有の視点と機能 …………………………………[森保純子]… 62

32 障害の医学モデルから社会モデルへ ………………………[松川杏寧]… 64

●福祉の法・制度

33 憲法・障害者権利条約・障害者基本法・障害者差別解消法 …………[山崎栄一]… 66

34 建築の中でバリアフリー法がどう活きるか …………………[室﨑千重]… 68

35 福祉サービスの事業継続マネジメント（BCM）により
未知を既知化する …………………………………………[立木茂雄]… 70

36 福祉施設のBCP ………………………………………………[鍵屋　一]… 72

●福祉のしくみ

37 介護保険制度 …………………………………………………[森保純子]… 74

38 障害者総合支援法 ……………………………………………[森保純子]… 76

39 福祉関係法 ……………………………………………………[山崎栄一]… 78

40 生活困窮者自立支援法 ………………………………………[菅野　拓]… 80

41 民生委員・児童委員 …………………………………………[永田　祐]… 82

42 地域福祉・地域福祉計画 ……………………………………………… ［永田　祐］… 84
43 地域共生社会・包括的支援体制 …………………………………… ［菅野　拓］… 86
44 社会福祉協議会（都道府県・市区町村） ………………………… ［今井遊子］… 88
45 災害時における医療・保健と福祉の初動の差を縮めるために
できること………………………………………………………………… ［立木茂雄］… 90
46 医療的ケア児・者への制度とサービス …………………… ［髙田洋介・大西一嘉］… 92
47 ノーマライゼーションと地域移行 ………………………………… ［森保純子］… 94
48 障害者の災害準備と地域まちづくり ……………………………… ［北村弥生］… 96
49 福祉避難所への避難と退所 ………………………………………… ［木作尚子］… 98
50 災害障害者 ……………………………………………………………… ［阪本真由美］…100

防災と福祉の連結

災害過程

51 命を守る事前・応急対策（防火・防災・応急対策） ……………………… ［田中　聡］…102
52 復旧までの一時的な暮らしの対策 ………………………………… ［田中　聡］…104
53 住まいの移動：避難所，一時避難生活場所，仮住まい，恒久住宅 … ［田中　聡］…106
54 インクルーシブな災害情報 ………………………………………… ［井ノ口宗成］…108
55 外部支援と被災者支援コーディネーション
………………………………………………… ［菅野　拓・阪本真由美・髙田洋介］…110

生活再建・復興過程

56 生活の再建とは・生活復興カレンダー …………………………… ［立木茂雄］…112
57 生活再建7要素……………………………………………………………… ［田村圭子］…114
58 被災前からの不平等と被災後の社会環境変化 …………………… ［立木茂雄］…116
59 災害ケースマネジメント …………………………………………… ［菅野　拓］…118

誰一人取り残さない防災の原則と各論

60 誰一人取り残さない防災の原則：
全体性・連続性・多元性・衡平性・協働性……………………………… ［立木茂雄］…120
61 誰一人取り残さない防災の各論：個別支援計画と
各種計画の連動……………………………………………………………… ［松川杏寧］…122

個別避難計画各論

62 個別避難計画と個人情報の活用 …………………………………… ［山崎栄一］…124
63 「真に支援が必要な方」の決定 …………………………………… ［森保純子］…126
64 福祉専門職等の業務としての関与 ………………………………… ［松川杏寧］…128

◆コミュニティ

65 地域自治の組織　………………………………………………………　［永田　祐］…130

66 地区防災計画　…………………………………………………………　［加藤孝明］…132

67 地区防災計画と個別避難計画の連携　………………………………　［阪本真由美］…134

◆インクルーシブな防災教育

68 学校での防災教育　……………………………………………………　［木村玲欧］…136

69 地域住民，福祉施設職員，行政職員などの研修と人材育成　………　［小山真紀］…138

70 多職種協働を促すゲーミング　………………………………………　［吉川肇子］…140

◆今後の課題

71 広域避難　………………………………………………………　［加藤孝明・髙田洋介］…142

文　献　………………………………………………………………………………145

索　引　………………………………………………………………………………153

防災と福祉ガイドブック
誰一人取り残さない福祉防災の視点

総　　論

防災と福祉の歴史

防災の基本的視点

福祉の基本的視点

防災と福祉の連結

総論

都市計画や工学から見た福祉の重要性

編集委員会

都市計画の始まりに存在した，弱者へのまなざしが現在は希薄化している．標準人間モデルを前提にする工学だけでは生活者の多様な現実が見えてこない．防災は，いま，多様な当事者に焦点をあてるための視点や取り組みが求められている．

▶都市計画の始まりには存在した弱者へのまなざしが現在希薄化している

都市計画の始まりの1つは産業革命である．都市に集住を始めた労働者が劣悪なスラムの環境で居住しているのを何とかしなくてはいけないというのが1つのきっかけであった．そのため，いってみれば社会的な弱者へのまなざしというものが，じつは現在に至るまでずっと通底している．災害は階層の下の方につらく当たる．復興でもつらく当たる．つまり福祉と同様に，弱者に対するまなざしを共有している．

昨今，災害の激甚化によって災害の影響が社会全体に及ぶようになり，加えて経済状況の悪化や超高齢化，人口減少，社会の多様性が進むことによって，ほぼすべての人が何らかの配慮や支援を必要とする状況になってきている．その結果，いままでは弱者に対するまなざしで見ていた（配慮や支援が必要な）範囲が一部の人ではなく，社会全体に広がっている．そのなかで，本来社会として必要な，丁寧なまなざしが相対的に希薄化しているのではないかという問題意識が，本書の出版に至った大きな理由である．

▶標準人間モデルでは生活者の多様な現実が見えてこない

工学に視点を転じてみる．いわゆる防災工学をリードしてきたのは多くの場合，家庭内のケア労働に従事していないフルタイムの男性研究者であるため，生活者視点がほとんど入っていない．また，工学には制度やサービスを考えるときに標準的な人や世帯を対象とする，「標準人間」的な考え方がある．この場合，標準から外れると対象から外れるため，どうしても取りこぼされる人が出てくる．

現在は多様化の時代である．家庭の在り方もいろいろあるし，そこで住み続けてきた人たちばかりではなく，移住者もいる．移民も当たり前に暮らしているし，世代によっても価値観が多様化している．昔は「こう考えるのが一般的」という価値観を大勢が共有していたが，今は世代によって見えている世界が全然違っている．

生活を支える主体としての生活者の視点で被災状況などを見ていくと，あまりにも苛酷な現実がある．しかし防災減災対策の意思決定層に生活者の視点が欠けていた➡ため，そこに気づかない，あるいは政策・対策レベルで取り上げるべき大ごとだという認識をもってもらえないことが繰り返されてきた．次世代も含めて社会を支えているのは多様な生活者の層であり，意思決

➡10 災害弱者の防災対策

定層も実際にはこれらの人々に支えられている現実がある．社会をどうしていくのかという「大きな話」ばかりで「足もとの」生活者の視点がなおざりにされていると，社会そのものが立ち行かなくなる．

▶ポスト福祉国家の福祉の取り組み

人文・社会科学の立場から考えると災害は社会問題の1つとみなせる．産業革命とともに労働問題を中心とするさまざまな社会問題が登場し，だんだんと社会問題は政府が解決していくことが当たり前になっていった．まさに都市計画や社会政策がその典型であり，その1つの帰結が福祉国家だ．

1960〜1970年代から，公害などの環境にかかわる社会問題や，障害者をはじめとするマイノリティにかかわる社会問題が多様に現れ，「新しい社会運動」としての当事者運動が盛んになった➡．このような流れの中で，政府だけでは社会問題に対応できなくなり，福祉国家モデル➡が機能しなくなっていった．現代の社会問題の典型例の1つに貧困，ホームレスの問題がある．日本はその解決の途上にあるが，解決プロセスをよく見てみると，湯浅誠氏や奥田知志氏のような市民セクター側にいる当事者の「代理人」たちが，厚生労働省などの政府とやり取りしたり，政府に入ったりして制度や政策をつくっていった．そのようなプロセスで社会が変わり始めている．

防災や復興のプロセスでも，政府による型にはまったモデルではなく，多様な弱者の権利や尊厳を高めるミッションを掲げた当事者や市民セクター側の代理人が政府と協働して解決を進めるプロセスが重要である➡．

▶防災には多様な当事者に焦点をあてる協働の視角や取り組みが必要

工学者における希薄化というのは対象があまりにも多くなるために起きる．高齢者といっても，お金持ちの人もいれば困窮している人もいる．大家族といっしょの人もいれば，単身の人もいる．みんな助けないといけないが，個人も社会も余裕がなく，どうすればよいのかという話に戻ってしまう．そういうときに福祉においては，「脆弱な人」という概念は属性ではないと考える．たとえば高齢者でも，支え手がいる人，それこそお隣のおばさんが毎日数回訪ねてくれる要介護度5の独居老人と，要支援だけれども単身で周りから孤立している人では，どちらの方が脆弱なのかと考える．つまり主体側の心身機能の状態と，その人がどのような社会環境の中で生活しているのかという客体側の状況，この2つの変数の関数として脆弱性を捉える．これを福祉では社会モデルという．逆に主体の側の心身機能だけに着目したモデルを医学モデルという➡．

工学は医学モデル・標準人間モデルで個人を見ているため，何をしたらよいかが見えにくくなっている．社会モデルで考えることで，誰にもっと目を向けなければならないのかの優先度が割り出せるようになる．さらに当事者への丁寧な取り組みを確保する一番の方法は，政府が当事者や代理人と協働して解決を進めることである．貧困問題の解決で福祉が先行している協働の取り組みを，防災でも真剣に取り込んでいく必要がある．

➡ 33　憲法・障害者権利条約・障害者基本法・障害者差別解消法

➡ 30　残余的モデルと普遍的モデル，脆弱性，災害は日常

➡ 56　生活の再建とは・生活復興カレンダー，57　生活再建7要素

➡ 32　障害の医学モデルから社会モデルへ

当事者・代理人運動と小規模多機能化によるタテ割り制度の解決

編集委員会

福祉と防災は分断されているだけでなく，タテ割りの隙間は近年さらに拡大した．この隙間を埋めるには当事者や代理人の運動を防災対策に組み込むことと，小規模多機能自治のような複合化の2つの解決策がある．

▶ 福祉と防災のタテ割りの隙間の拡大

福祉現場の人たちと本音トークをすると，「福祉業界は非常にオーバーワークで，利用者のケアで手一杯」，「毎日が災害だ」と語る．けれどもその状況で災害が起こると，これまであった矛盾や格差がレンズのように拡大され，半端ではない規模の災難に見舞われる．さらに，誰がより長く苦境の状態に置かれるかというと，元々苦境にあった人たちである．これまでの不公平や不平等がもっと拡大されて，より長くその状況に置かれる．そのため，本音として「毎日が苦境」であるのは確かであるが，災害時には自分たちがケアしている人，あるいは自分たちの業界自体がさらに大変になるのだから，福祉の現場でこそ，平時からいざというときのことを連続して考えて欲しい．

→ 58 被災前からの不平等と被災後の社会環境変化

福祉の人間として防災から学んだことは，いざというときには普段やっていることしかできないということだ．福祉が普段やっていることとそれほど変わらないことを災害時もするのであれば無理なくできるはずである．けれど災害は，それぞれの地域においてはたまにしか起こらないものであるため，自治体も平時の業務で行っていること以外はいきなりできず，過大な負荷がかかる．一般市民も災害対応に当たる人もいきなり被災者になってしまう．そのため，目の前の課題である自分たちの生活を取り戻すための動きはできても，将来の災害のために仕組みを抜本的に見直すことはほとんどなく，結果として昔つくった制度や仕組みを次の災害でもそのまま適用することになり，運用もタテ割りで行われてきた．

国土交通省の河川局長だった竹村公太郎がある小さな集会に来て説明してくれた話では，本来，タテ割りというのは，低コストで高効率に仕事をするために必須なものだという．かつてのタテ割りは風船型で，それぞれのタテのラインが膨らんで社会のニーズをすべてカバーできていた．ただし，横連携が若干できないのがタテ割りの弊害であった．ところがいまのように，縮む社会においては，各タテ割りの膨らんだ部分がなくなり，必要最低限のことしかできず，並べたボトルの首と首のあいだに隙間が山ほど出てきて，社会のニーズに応え切れなくなっている．

▶ 防災にも当事者や代理人の運動が必要

タテ割りの隙間を埋めるためには基本的に2つしか方法がない．1つは，

当事者や代理人の運動に行政が注目することである➡. この点は平時の福祉や社会保障が手本になる. 福祉の世界では防災とは異なるモデルが動いている. 当然, 問題は現場で起きる. そのため, 現在では当事者や代理人が市民セクターから問題の解決に動く. そこに新しい取り組みが現れ, 場合によっては政府の審議会などで取り挙げられて, 当事者や代理人が政府セクターと一緒に検討し, 制度を変更していく. これは当事者や代理人の運動の存在によって社会が変わっていくモデルである.

当事者や代理人が問題を認識して変更しようとするプロセスを平時の問題だけでなく, 防災対策にまで広げて組込むことが➡, 社会問題として見たときの災害や被災者の問題の解決で非常に大事なポイントとなる.

● 小規模多機能化によって資源を調達する

もう1つは, 目的を複合化することである. 防災の部分を福祉にもってくるとか, 福祉なのだけれども実は防災に役立っているとか, 教育なのだけれども防災に役立っているとか, 複数の目的や機能を複合的にとらえて扱えるようにすることで疑似的にボトルの首を太くして隙間を埋めていくことができる. 関連する別制度の資源もあわせ技で使うという発想である. 平時の社会に災害というイベントが起きたときどうするかを考えると別制度の資源が見えてくる. 資源ごと, 部局ごとのタテ割りではなく, 横串で捉えていきたい. 地域包括ケアや包括的支援の体制を防災の視点で組み立てて地域共生社会をつくる➡ことや, さまざまな分野の媒介者になれるところに防災の非常に大きな役割がある.

「地域福祉計画」➡というものがあるが, 日本では, 基本的に福祉というのは, 有償の公的な支援者がケアを提供する世界となっている. 近隣の支援が大事だと言いつつも, 実際に動いてくれるのは, やはり有償のサービス提供者なので, いざというときのことまでは手が回らない. かたや「地区防災計画」は基本的に住民が動くものであるため, ここを防災と福祉の地区計画というものに多目的化すると, 資源が相互に使えるようになるはずだ. 防災分野の「地区防災計画」, 福祉分野の「地域福祉計画」と分けずに, 地域の脆弱性に目を向けて, 多目的化したものを地域の中で始められるならば, 上述のボトルの首は太くなる. そこに当事者や専門家が入って本質的な問題解決に向けた政策提案もできるようになる.

小規模多機能自治がまさにその考え方である[1, 2]. そこでは防災も福祉も小さな地区単位で多機能化している. 本来, 地域は多機能なのである. 多機能を少人数で総合的に担うのが地域コミュニティの本来の姿なのだが, 行政組織の末端とに位置づけられ地域がタテ割りに分断されてきた. 高度経済成長から始まった行政の部局ごとの単機能化の流れを, もう一度コミュニティの本来の多機能な姿に取り戻すことが重要だ. そうすれば固体が液体に, 液体が気体に, さらには気体がプラズマになるような相転移が起こる可能性がある.

➡ 40 生活困窮者自立支援法, 59 災害ケースマネジメント

➡ 62 個別避難計画と個人情報の活用

➡ 43 地域共生社会・包括的支援体制

➡ 42 地域福祉・地域福祉計画

3 調整と協働の官房機能が災害対応の要諦

編集委員会

防災の主流化が国際的に提唱されたが日本ではむしろ防災組織のタコ壺化が進んだ．しかし，防災の要諦は調整と協働を旨とする官房機能を発揮させるところにある．この点で防災は福祉のケース会議から多くを学ぶ必要がある．

→ 26　災害救助法

→ 27　災害対策基本法（防災対策＋福祉的対応＋21年改正）

→ 7　阪神・淡路大震災

→ 4　三倉・恤救規則・備荒儲蓄法・罹災救助基金法，45　災害時における医療・保健と福祉の初動の差を縮めるためにできること

→ 30　残余的モデルと普遍的モデル，脆弱性，災害は日常，45　災害時における医療・保健と福祉の初動の差を縮めるためにできること

▶防災は主流化ではなくタコ壺化した

　災害救助法→は，元々は社会保障として作られた法律で，弱者援護や生存権保障を旨としており，危機時の生活保護のようなものとして生まれた．しかし高度経済成長期に災害対策基本法→や激甚災害法に基づくインフラ整備が主流となっていくなかで，被災者支援のあり方は特殊に進化し，災害弔慰金等法や被災者生活再建支援法→のような，お金を被災者に直接渡すものに変質していった．さらに災害救助法の所管が厚生労働省から内閣府防災に移った結果，福祉的な考え方や専門性のもと柔軟に運用していた部分がなくなり，被災者一人ひとりを見る丁寧なまなざしが行き届かない状況が顕著になった．

　2005年に兵庫県で行われた第2回国連防災世界会議のキーワードの1つは「防災の主流化」であった．しかし，日本で起きたことは，むしろタコ壺化，ピラミッド型のタテ割り化や細分化だった．例えば大都市や都道府県では危機管理監が置かれ，軍事組織を手本にした垂直型の統制モデルが普及し，そのドグマや慣習のようなものができていった．

　一方で，同時期の社会保障側の改革は「措置から契約へ」を合言葉に弱者への施しから誰でも利用可能なものへと変わった．残余型・恩恵型の福祉→から，権利に裏づけられた選択という水平的な契約関係で提供されるユニバーサルな福祉へと大改革が進み，医療も地域包括ケアという形でそこに巻き込まれていった→．このように垂直統制型の防災と水平普遍型の福祉という分断がさらに拡大していった．

▶危機管理部局は時間が経つと原課に変質していった

　これは地域コミュニティレベルで見ると非常にわかりやすい．自主防災組織が地域を構成するタテ割りのボトルの1本に変質し，それでは立ち行かないので地区防災計画が考えられた．これには，地域コミュニティの中にあるいろいろなボトルをヨコにつなぐ，上から網をかぶせるという使命がある．阪神・淡路大震災の後，タテ割りのボトルの1つでは機能しないから市長直下に危機管理室をつくり全体をつなげる組織づくりをした行政が出てきた．が，いつの間にかまた1つのボトルに戻ってしまうケースがほとんどである．これは，平時になり人を減らす，組織をスリム化するという力が働き，ヨコにつなぐ調整機能がそぎ落とされてきたためである．

その一方で福祉は，地域包括ケアや重層的支援，共生社会➡など，今まで生活困窮だ，児童虐待だとそれぞれタテ割りで取り組んでいたものを重層的に束ねようというところに来ているが，防災はそこに入っていない．その理由は，防災は厚生労働省ではなく，内閣府の所管だからである．防災は防災という1つのボトルでやるものだ，という価値観がつくられて，本当は平時からみんなが関わって災害対策をしなければいけないのに，ボトルの1つに押し込めてしまっているのである．

➡43　地域共生社会・包括的支援体制

●防災の要諦は調整を担う官房機能にある

防災は総合調整を行う官房機能が本来の姿で，具体的な行政事務を執行する原課では決してない．それにもかかわらず，原課的になってしまった．小さな自治体でも総務課の一事務のようになっている．企画や調整の機能だったはずが，そうではなくなっている．

繰り返すが，防災は調整である．とくに，災害が起こった後もそうだが，平時の調整も含まれるので，そこには当然福祉も含まれる．実際，個別避難計画の作成手順➡も，庁内外の連携推進体制をつくることから始まる．ところが防災ライン主流の体制だと，連携推進体制づくりを無視して，自分の任期の間に取りあえず1件か2件，モデル計画をつくってお茶を濁し，つくったという実績だけを残して転任していく状況が出現し始めている．一方，平時から庁内の調整を行っている企画や財務が絡んでいるところだと庁内外の連携推進体制の構築に時間をかけ，取り組みが着実に前に進んでいる．

➡61　誰一人取り残さない防災の各論：個別支援計画と各種計画の連動，62　個別避難計画と個人情報の活用，67　地区防災計画と個別避難計画の連携

学会としても調整と協働の研究にもっとフォーカスしていきたい．災害後の自治体の災害対策本部の現場に入ったときに，そこが機能しているかどうか，一目でわかる経験則がある．それは，うろうろしている人がたくさんいるかどうか，立っていろいろ調整している人がいるかどうかである．自席に座っている人が多い災害対策本部はうまく機能していない場合が多い．このように，現場で何が起きているかということを踏まえて，基礎自治体や都道府県でも「調整と協働を重視すると効果的な災害対応ができる」というエビデンスを多数採取し，発信していきたい．

●福祉のケース会議から学べる調整と協働

福祉のケース会議では，1つのケースに関わる多職種や立場の人がみんなで状況を検討し，このケースの達成するべき未来像をみんなで合意し共有し，それをみんなが実行していた．福祉のケース会議に同席する機会があり，その時感銘を受けたのは，在宅医療の医師と看護の人たちが，結構幅の広いグレーゾーンをもっていて，「自分の業務は何か」から考えるのではなく「この人は私たちに何を求めているか」から考えて発言していることだった．手順やマニュアルにこだわるのではなく，実現したいことに向かってそれぞれが何をすべきか考えて動くという調整が行われていた．防災はここから学ぶことができる．「自分の業務は何か」からではなく，「この状況は私たちに何を求めているのか．そのために一人ひとりは何ができるのか」という発想に切り替えることで調整と協働が可能になるのだ．

3　調整と協働の官房機能が災害対応の要諦　7

防災と福祉の歴史

古代から近代

三倉・恤救規則・備荒儲蓄法・罹災救助基金法

山崎栄一

> 古代から災害対策に関する制度が存在しており，自然災害に起因する飢饉や貧困に対応するための備蓄が中心であった．明治時代になると，法制度として整備がなされていき，不十分ではあるが，災害困窮に特化した制度の発展が見られた．

▶三倉

古代から自然災害に対応するための制度が設けられていたが，それは自然災害に起因する飢饉や貧困に備えた穀物の貯蔵をベースとしたものであった．

一般的に知られている制度として三倉があるが，三倉はまさに「備荒救済法」として位置づけられる．三倉は，常平倉[1]，義倉[2]，社倉[3]のことを指す[1]．これらの制度は，中国より伝播されたものであるが，江戸時代において実施されている．常平倉は，国家による穀物価格安定制度，義倉は国家管理による備蓄制度，社倉は共同体管理による備蓄制度という位置づけができるだろう．

▶恤救規則

明治時代に入ると，窮民を対象とする制度が整備されていく．恤救規則は，恒常的な窮民を対象として，1874（明治7）年に制定された．災害に起因して恒常的な窮民になることもあり，災害時における救済制度として位置づけることができる[2]．

基本的には，生活の困窮に対しては人民相互の共助による救済を前提としており，そのような共助も見込めない人々に対してまさに「哀れみ」をもって救済を図るという「慈恵的」な精神に基づく制度であって，権利性というものは備えていなかった．恤救規則の支給対象は，「無告の窮民」に限定されていた．具体的な対象は，極貧で労働能力のない障害者，70歳以上の高齢者，病人，13歳以下の孤児であった．障害者，高齢者に対しては年間1石8斗，病人に対しては男性には1日3合，女性には1日2合，孤児に対しては年間7斗が支給基準となり，現金に換算して支給された[3]．

恤救規則は，困窮者救済の制度として，戦前の救護法（1929（昭和4）年），現在の生活保護法（1945（昭和20）年）へと受け継がれていくことになる．

▶備荒儲蓄法

災害などによる一時的な窮民を対象として，1880（明治13）年に制定された．非常の凶慌苦慮の災害に見舞われた窮民に対して，食料，小屋掛料，農具料，種穀料を支給し，地租納税不能者に対する補助または貸与を行う制度であった．食料の給付期間は30日以内，小屋掛料1戸あたり10円以内，

---

[1] 政府の財力で穀物を貯蔵しておき，飢饉による穀物の高騰を防止すべく穀物の高価買い取り，安価払い下げを行うことで価格の安定を目指したものである．中国では漢の時代より始められ，日本では淳仁天皇（759（天平宝字3）年）の時代に始められた（後に中断をしたが江戸時代に復活している）[1]．

[2] 庶民に貧富の度合いに応じて穀物を拠出させて，政府が貯蔵をしておき，窮民の救済のために給与するものである．中国の隋（589年）・唐（618年）の時代より始められた．日本では大宝律令（701（大宝元）年）の時代から始められた（後に中断をしたが江戸時代に社倉が伝わるとともに復活している）[1]．

[3] 庶民が身分に応じて任意に穀物を拠出し合い，庶民が自治的に共同で貯蔵をしておき，窮民の救済のために給与するものである．中国の宋（968年）の時代より始められた．日本では江戸時代に伝わり実施された[1]．

➡ 3　調整と協働の官房機能が災害対応の要諦，45　災害時における医療・保健と福祉の初動の差を縮めるためにできること

8　古代から近代

農具料，種穀料は1戸あたり20円以内とされていた[1].

備荒儲蓄金は，中央儲蓄金と府県儲蓄金の二本立てから成り立っていた．各府県によって公儲される府県儲蓄金（地租の3%）が設けられる一方，政府は儲蓄金を毎年120万円支出してそのうち30万円は中央儲蓄金として儲蓄をし，残りの90万円は各府県の地租額に応じて各府県に分配をした．備荒儲蓄法は，20年を施行期限とする制度であった[1].

中央儲蓄金が積み立てられてきた結果，十分な準備金が儲蓄されたということで，制度の発足から10年後の1889（明治22）年をもって儲蓄が打ち切られた．ところが，1890（明治23）年以降大規模な地震や風水害が相次ぎ1899（明治32）年には中央儲蓄金が底をついてしまう事態に陥った[2]. 1899年に備荒儲蓄法は廃止され，新たに罹災救助基金法が制定された.

▶罹災救助基金法

罹災救助基金法では，各道府県は最低50万円（北海道は100万円，沖縄県は20万円）の基金を設け，道府県における1年度の救助額が一定の要件を満たした場合，国がその一部について補助金を支出することとされた[4].

当該基金は，都道府県の全部または一部にわたる非常災害により罹災した者を救助するために支出されることになっていた．同様に，罹災の範囲がそうではない場合でも多数の人民が同一の災害により罹災した場合においても支出されることになっていた（県外被災者も救助するという趣旨と思われる）.

支援内容としては，①避難所費，②食糧費，③被服費，④治療費，⑤埋葬費，⑥小屋掛費，⑦就業費，⑧学用品費，⑨運搬用具費，⑩人夫費が原則，現物支給された（必要と認められる場合には金銭支給も認められた）.

これらの支援メニューであるが，支給限度額は地方長官が地方の事情に応じて規定できることになっていたため，各都道府県においてそれぞれの財政力や救助に対する考え方の違いによって大きな差異が見られた[4]. また，実施体制についての規定がなく救助活動が徹底されないという事態も生じた[1].

罹災救助基金法は，幾度かの改正を経て，戦後において災害救助法（1947（昭和22）年）に取って代わられることになった➡.

[4] 災害救助法における「一般基準」は私たちの視点からすれば，一律的な基準に過ぎると考えがちだが，罹災救助基金法の時代においては，最低限の救助内容を全国一律に保障することもかなわない時代であったということがうかがえる.

➡26 災害救助法

戦後日本の災害事例の教訓と対策

5 昭和南海地震・福井地震・伊勢湾台風

重川希志依

戦後間もない時期に発生した大規模災害は，戦争で荒廃した国土に大きな爪痕を残した．一方，後に制定された災害救助法や災害対策基本法によって，計画的かつ組織的に災害に備え，統一的に災害対応に臨むわが国の防災体制が確立された．

▶終戦まで多発した自然災害

昭和の前半期には1000人以上の死者が発生する大規模な自然災害が複数発生している〈表1〉．とりわけ終戦を迎えた昭和20年までに，北丹後地震（1927（昭和2）年），昭和三陸地震（1933（昭和8）年），東南海地震（1944（昭和19）年），三河地震（1945（昭和20）年）が起こり，いずれの地震も多大な被害をもたらした．しかしながら，関東大震災（1923（大正12）年）による震災恐慌や，国際社会において日本の孤立化が進むとともに軍備の拡張が重要な国策となるなどの理由により，自然災害への対応策は重要な政策課題とはならなかった．

終戦間近の1944（昭和19）年12月7日に東南海地震が発生し，死者約1200人の被害が発生した．またその37日後に内陸直下型の三河地震が発生し，死者は約2300人に達した．しかしいずれの地震も日本の戦局が悪化した時期に起きたため，行政による救助活動や援助物資も乏しかった．さらに戦時報道管制のもと，被害に関する報道は厳しく制限されており，また当時の被害状況を示す記録もきわめて少ない．

▶昭和南海地震と災害救助法

終戦直後の1945（昭和20）年12月21日，紀伊半島沖を震源とするM8の巨大地震が起き，和歌山県，徳島県，高知県を中心に南西日本一帯で大きな被害が発生した．房総半島から九州に至る沿岸部が津波に襲われたこの地震は昭和南海地震と呼ばれ，日本の防災対策の推進に重要な役割をもつことになった．この地震を契機に「災害救助法」が制定されたのである．災害救助法ができるまで，災害による被災者救援は自助努力や地域での助け合いによるところが大きく，国内で統一的な基準で行われる公助は現在とは比べものにならないほど脆弱であった．

➡ 26 災害救助法，45 災害時における医療・保健と福祉の初動の差を縮めるためにできること

〈表1〉 1000人以上の死者が発生した昭和前半の自然災害

発生年月日	災害名	死者・行方不明者（人）
昭和2年3月7日	北丹後地震	2912
昭和8年3月3日	昭和三陸地震	3064
昭和19年12月7日	東南海地震	1183
昭和20年1月13日	三河地震	1961
昭和21年12月21日	南海地震	1443
昭和23年6月28日	福井地震	3769
昭和34年9月26日	伊勢湾台風	5098

終戦直後で国土は荒廃し，あらゆる物資が不足する中で，困窮した被災者への対応を是正するため，1947（昭和22）年に災害救助法が制定された．避難所開設や仮設住宅など，現在では当たり前となった公的な被災者救助〈表2〉が実施されるようになった．

▶戦災復興途上を襲った福井地震

日本が戦災復興の途上にあった1948（昭和23）年6月28日，福井平野を震源とする福井地震が発生した．この地震は内陸で発生した活断層地震で，断層直上の都市では建物の全壊率が100％に達し，福井市でも全壊率は80％を超えた．さらに地震の直後から火災が多発し，3年前の福井空襲で市街地全域が焼失し戦災復興都事業を実施しているさなかに，再び市街地は壊滅的な被害を受けた．この地震発生の8か月前に前述した災害救助法が施行されており，被災地で災害救助法が本格的に運用される初めての大災害となった．

福井県下の被災都市では，戦災復興のための都市計画がそのまま，福井地震からの震災復興計画として用いられ，多くのまちづくり事業がそのまま継続して進められることとなった．このため，震災からわずか4年後の1952（昭和27）年の春に，福井の復興ぶりを全国に紹介する博覧会が福井県と福井市の教唆で開催され，「奇跡的」と評される福井市の震災復興となった．

▶伊勢湾台風と災害対策基本法

1959（昭和34）年9月26日〜27日にかけて，明治以降最も多くの犠牲者を生んだ伊勢湾台風（台風15号）が来襲した．この台風による影響はきわめて広範囲に及び，32道府県で死者が発生した．死者が生じた原因の83％は高潮によるもので，とくに名古屋市を中心とした都市部において，人と物が集積した低平地の被害が激甚であった．

伊勢湾台風が発生するまでの間，被災者の救助を組織的に行うための災害救助法（1947（昭和22）年），火災への対応と予防のための消防法（1948年），台風や豪雨災害への対応を定めた水防法（1949年）などの防災に関する法律が定められていた．しかしこれらの法令は，災害の種類ごとに，また所管する省庁ごとに個別に制定されてきたため，災害発生時の国や自治体の対応は一貫性と計画性を欠いていた．伊勢湾台風という事態に遭遇し，この課題を解決するためには体系的な防災体制の構築が不可欠であり，1961（昭和36）年10月に災害対策基本法が成立した▶．災害対策基本法で初めて，以下に示す防災に関する基本的な枠組みが明確にされた．

①防災の概念「災害を未然に防止し，災害が発生した場合における被害の拡大を防ぎ，災害の復旧を図る」

②国・都道府県・市町村・指定公共機関・住民等の防災上の責任

③国，都道府県・市町村などで設置すべき防災の組織と策定すべき防災の計画

この法律ができたことにより，計画性を持ちかつ組織的に災害に備え，また災害発生時には統一的な対応で災害対応に臨むわが国の防災体制が確立した．

〈表2〉 災害救助法に基づいて実施される被災者への救助活動

避難所・仮設住宅の供与
食品・飲料水供与
被服・寝具等の供与
医療・助産
被災者の救出
被災住宅の応急修理
生業に必要な支援
学用品の供与
埋葬

防災と福祉の歴史

▶ 27 災害対策基本法（防災対策＋福祉的対応＋21年改正），51 命を守る事前・応急対策（防火・防災・応急対策）

5 昭和南海地震・福井地震・伊勢湾台風 **11**

6 函館大火・飯田大火・酒田大火

室﨑益輝

社会変革をもたらす災害として大火がある．ここでは，わが国の都市計画や社会福祉に大きな影響を与えた3つの大火を取り上げた．特に，酒田の大火では災害関連死が発生しておらず，行政ケアと地域ケアの融合の重要性を教えてくれた．

▶明治以降の日本の大火

近代の大火史を見ると，明治維新の直後あるいは第二次世界大戦の直後に大火[1]が集中している．明治維新後では，銀座の大火（1872（明治5）年）をはじめ，北の大火（1909（明治42）年）や吉原の大火（1911（明治44）年）などが，終戦後では，能代の大火（1949（昭和24）年）をはじめ，古平の大火（1949年），熱海の大火（1950（昭和25）年）などが起きている．社会の混乱や荒廃が，大火の温床になっている．

ところで，最大の建物焼損面積をもたらした大火を時期別にみると，明治維新以降では1934（昭和9）年の函館大火，第二次大戦以降では1947（昭和22）年の飯田大火，東京オリンピック以降では1976（昭和51）年の酒田大火，21世紀以降では2016（平成28）年の糸魚川大火[2]があげられる．

▶函館大火（1934（昭和9）年）

3月21日の午後7時前，函館市域の南端の木造住宅から出火，折からの強風に煽られて，市街地の1/3を焼失した．11109棟を焼失，溺死者を含め2166名が犠牲になっている〈図1〉．

明治以降の大火で焼損面積も最大，延焼速度も最大である．場所によっては，延焼速度が1000 m/hを超えている．その速さゆえに，退路を失い海に飛びこんで溺死した人が少なくない．溺死者は900名を超え，焼死者よりも多くなっている．大火による「退路喪失型」のリスクを教えてくれている．

この犠牲者では，避難所収容後に死亡した人が100名以上いる．災害関連死の発生が記録され，被災者ケアのあり方が問われた．なお，仮設住宅の建設戸数は，焼失戸数比で約1割であった．阪神・淡路大震災の5割，酒田大火の2割よりも少ない．時代の背景や法制度の水準が異なるので一概に比較できないが，公的なケアよりも私的なケアが優先していた．

函館大火では，戦時体制の中にありながら，安全性と快適性を両立させた，未来につながる近代都市復興が成されている．シカゴ大火の経験を踏まえたグリーンベルトの整備[3]，関東大震災の経験を踏まえた公共施設の整備がはかられている．現在の函館のすばらしい街並みの基礎は，この大火復興でつくられている．

[1] 大火の定義：わが国では，建物の焼損面積が1万坪（33000 m²）を超えるものを，大火と定義している．わが国の戦後の大火は，消防白書に一覧表で示されている．

[2] 糸魚川大火：2016（平成28）年の12月の10時過ぎ，糸魚川市の市街地の中華料理店から出火，昭和初期に建設された木造の市街地が，強風の影響を受け灰燼に帰している．この大火では，147棟，30213 m²が焼損している．消防力が整備された現代であっても，わが国の木造密集地では市街地大火の避けられないことを，教えてくれた事例である．

〈図1〉 函館大火の延焼動態（函館消防本部「函館大火史をもとに作成）

●飯田大火(1947(昭和22)年)

4月20日の11時40分頃,中心部の銀行裏手の民家より出火,木造家屋密集とフェーン現象と消防力未整備の3要素が重なって,大火を許している.約10時間で,中心市街地の7割を焦土と化し,焼失戸数約4千戸,焼損面積約48万m²の被害を生んでいる.延焼速度は,最盛期には400〜600 m/hが記録されている.なお,死者は3名と少ない.

自助と共助を基本とした住宅再建がはかられている.もともとコミュニティの結びつきが強い地域であったこと,GHQによって自力再建を促す方針が取られていたこと,災害救助法制定以前であったことから,約9割の人が自力で住宅再建をはかっている.その一方で,3年間でほぼ再建が終了という迅速な再建につながっている.なお仮設住宅の建設は,焼失戸数比で8.5%と函館大火と同様,低くなっている.

飯田大火では,防火帯の建設,防火用水の確保,裏界線の3つを基本とした復興まちづくりが進められている.防火帯では,りんご並木と桜並木の整備をはかっている.自然と共生する防火インフラの整備に成功している.地元の中学生の発案で実現し,植樹から維持管理までの中心的な役割を中学生が担っている.裏界線は,敷地の裏側の土地を提供して,避難と消火のための通路を確保するもので,市民参画の防火インフラ作りの例と評価できる.

●酒田大火(1976(昭和51)年)[4]

10月29日の17時40分頃,中心市街地の木造映画館から出火,折からの強風に煽られて拡大し,焼失棟数1774棟,焼損面積約15万m²の被害を生んでいる.延焼速度は強風下でありながらも,約100 m/hと遅くなっている.戦後30年を経過し,市街地の難燃化が進んだことが,延焼速度の低下につながっている.10万m²を超える大火は,1956(昭和31)年の魚津の大会以来の20年ぶりである.

難燃化に加えて消防力の整備も進み,強風時の大火は起きないと思い込んでいた中での,大火である.火元に隣接していたRC造のデパートが激しく燃え上がり,無数の飛び火が発生したことが大火につながっている.

酒田大火の復興では,仮設住宅や災害公営住宅さらには仮設店舗の建設がスピーディにはかられている.仮設住宅の4割にあたる77戸は2週間後に,公営住宅の4割にあたる72戸は2か月後に完成している.仮設住宅の建設がスムーズであったこと,親せきや知人宅での受け入れが積極的になされたことから,避難所は1週間で閉鎖されている.避難所外への分散避難が積極的にはかられたことで,避難所での過酷な雑魚寝状態は発生していない.行政ケアと地域ケアが融合した生活再建がはかられ,災害関連死は発生していない.住宅再建のタイムラインを守ることの重要性を教えてくれている.

[3] パークシステム:緑の公園や街路のネットワークにより,まちの快適性と防災性をはかるグリーンインフラのシステムをいう.シカゴ大火(1871年)後の復興において,木造家屋の建ち並ぶ市街地における防火性向上をはかる仕組みとして,積極的に取り入れられた.このシカゴのパークシステムが,関東大震災の帝都復興における防災都市計画に採用され,昭和通りや墨田公園などが実現している.この関東大震災のパークシステムが函館大火後を受けた復興にも取り入れられ,戦前の防空都市計画や戦後の都市復興計画にも取り入れられている.

[4] 酒田大火の報告書:酒田大火の詳細は,内閣府の「災害教訓の継承に関する専門調査会報告」(酒田大火編,2006.3)に詳しい.

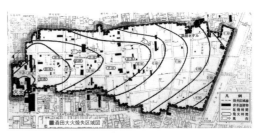

〈図2〉 酒田大火延焼動態図

阪神・淡路大震災

戦後日本の災害事例の教訓と対策

室﨑益輝

阪神・淡路大震災は，防災だけでなく福祉や教育なども含めて，社会のあり方を根本から問いなおすものであった．その問いかけに応える形で，生活を基軸に据えた防災，福祉と融合した防災への新たな転換がはかられた．

→ 15　地震・津波の特徴と対策

▶阪神・淡路大震災

1995（平成7）年の1月17日5時46分に発生した，淡路島の野島断層を震源とするマグニチュード7.3の兵庫県南部地震により，阪神・淡路大震災がもたらされた．震度5以上の地域は，兵庫県を中心に大阪府，京都府，滋賀県などに広がり．淡路島北部から神戸，芦屋，西宮，宝塚にかけて震度7の帯が形成され，死者6434名，住宅被害63万棟，直接経済被害額10兆円の甚大な被害がもたらされた〈表1〉．

阪神・淡路大震災は，戦後50年の節目に発生した大地震であり，戦後初めて大都市を直撃した大地震でもあった．大災害は，その時代や社会の歪みを顕在化するものであるが，戦後の経済成長や都市開発の矛盾を顕在化させた．

▶震災被害の特質

特質の第1は，建物の倒壊による被害が顕著だったことである．激しい揺れにより，64万棟の住家が損壊を受けた．10万棟が全壊，14万棟が半壊である．全壊建物の建設年代を見ると，そのほとんどが耐震基準改訂の1981（昭和56）年以前に建設された既存不適格建築物[1]である．法的に要求される耐震性を充足していないことが，住家の倒壊とそれによる大量の犠牲を生んだ．

震災の犠牲ということで直接死の原因を見ると，建物倒壊や家具転倒による圧死や窒息死が8割を占めた．それに比して，火災による犠牲は1割と少ない．火災による犠牲が少ないのは，無風状態で延焼速度がきわめて遅く，関東大震災のような「取り囲まれ型」[2]の犠牲が生まれなかったためである．

特質の第2は，間接被害が顕著だったことである．水道やガスなどのインフラが長期にわたって停止し，生活障害や機能障害を引き起こした．住宅再建の著しい遅れは，地場産業やコミュニティの再建障害を引き起こした．住宅再建の展望が持てないことから，県外に転出した人が5～10万人おり，長田区や兵庫区などでは，人口減の状態が継続している．この人口流出に加え，抽選方式による仮設住宅の入居などが，コミュニティの衰退や破壊を招いた．

[1] 既存不適格建築物：建設時点の法令では合法であったものの，その後の法令改正による基準を満たしていない建築をいう．法の不遡及の原則により，耐震など現行の基準を満たしていなくとも，その存在が認められている．

〈表1〉阪神・淡路大震災の被害概

被害大項目	被害小項目	被害実数
人的被害	死者	6434 人
	重傷者	10683 人
	負傷者総計	43792 人
住家被害	全壊棟数	104906 棟
	（全壊世帯数）	186715 世帯
	半壊棟数	144274 棟
	（半壊世帯数）	274182 棟
	住家被害総計	639686 棟
火災被害	建物火災件数	269 件
	全焼棟数	7036 棟
	焼損建物総計	7574 棟
	（罹災世帯数）	8969 世帯
経済被害	直接経済被害（建物）	
	直接経済被害総計	99268 億円

出典　阪神淡路大震災について（確定報）消防庁 2006年5月より

被災者に対するケアの不足は，間接被害としての多様な人的被害を生んだ．避難環境が劣悪で生じた「関連死」，仮設住宅や災害復興住宅の生活支援不足で生じた「孤独死」，身体が傷ついた人に対する医療ケア不足で生じた「震災障害」，心理が傷ついた人に対するメンタルケア不足で生じた「PTSD（心的外傷後ストレス障害）」などが，広範囲に起きた．判明しているだけでも，関連死は919名，孤独死は1011名，震災障害者は328名も生まれている．

▶ 住宅再建と生活復興

特質の第3は，被災者の生活再建の苦しみが顕著だったことである．25万棟の46万世帯が全半壊で，住宅の再建や修復を余儀なくされた．ライフラインが復旧しても住宅が確保されなければ，人間らしい生活が取り戻せない．それゆえに復興の重点目標を，都市復興から「人間復興」，インフラ復興から「生活復興」にシフトすることになった．

全壊で19万世帯が住宅を失い，それに対して，約48000戸の仮設住宅が建設され，約72000戸の公的な恒久住宅が供給された．そこに入れない人々は，自力での仮住まいや恒久住宅の確保を迫られた．

この自力再建の被災者の多くが，狭隘で劣悪な民間アパート住まいを余儀なくされる，二重ローンの債務のなかで日々の生活費を切り詰めざるをえないといった，過酷な状態に追いこまれた．それゆえに，自力の住宅再建に対する公的助成を求める市民運動が立ち上がり，2400万名もの署名を集めるまでに高揚した．その結果として，被災者生活再建支援法が成立した➡③．

▶ 被災者支援と市民活動

多くの被災者が生活再建に苦しむなかで，その被災者を救援しようとする市民運動や新たな社会システムを構築しようとする市民運動が活性化し，そのなかで，被災者に対する生活の見守りや包括的支援などの生活福祉の取り組みが進んだ．

被災者の生活支援では「人，カネ，仕組み」が欠かせない．「人」では，災害ボランティアや生活支援団体が重要な役割を果たしている．NPO法は，この市民団体の活動を背景に1998年に成立している．「カネ」では，復興基金④を活用しての自立支援金が力になっている．義援金が40万円しか支給されない状況のなかで，生活再建を支援する共助の基金が必要とされた．復興基金のほか，阪神・淡路コミュニティ基金や阪神・淡路ルネッサンスファンドといった，民間の基金も役立っている．

「仕組み」では，行政と被災者をつなぐ中間支援の仕組み，多様な担い手をつなぐ合議と協働の仕組みなどが必要となった．ラウンドテーブル，まちづくり協議会，中間支援組織が，大きな役割を果たすようになっている．神戸市の防災福祉コミュニティなどの，日常時と非常時，防災と福祉をつなぐ仕組みも生まれた．

②取り込まれ型の犠牲：阪神・淡路大震災は，倒壊した家屋に閉じ込められていて逃げ出せず，押し寄せた火災に巻き込まれる「閉じ込められ型」の犠牲であった．関東大震災は，家屋から逃げ出したものの，押し寄せてきた火災に退路を塞がれる「取り囲まれ型」の犠牲である．延焼速度が速いと取り囲まれ型の犠牲が増える．

➡3 調整と協働の官房機能が災害対応の要諦

③被災者生活再建支援法：被災者の住宅再建などの支援をはかるために，相互扶助の観点から都道府県が支援金を住家被害の程度に応じて支給する制度．阪神・淡路大震災の教訓を踏まえて制定された．「私有財産には公費を投入しない」という従来の国の姿勢に風穴を開けた画期的な法律．被害認定の仕組みが複雑，支援対象の範囲に隙間，支給金額が実態と離間といった問題を抱えている．

④復興基金：既存の枠では予算化できない復興事業を，財政面から弾力的に支援するためにつくられた基金．義援金や貸付金などを基につくられる．阪神・淡路大震災では，雲仙普賢岳噴火でつくられた基金を参考に，被災者の救済や被災教訓の伝承など，復興の隙間を埋める財源として活用されている．阪神・淡路大震災では，被災者の生活再建のために最大120万円の「自立支援金」を支出している．

7 阪神・淡路大震災

戦後日本の災害事例の教訓と対策

東日本大震災がもたらした課題

近藤民代

東日本大震災では多重防御による防災が進んだが，居住移転による環境変化は被災者の生活やコミュニティの復興に大きな影響を与えた．目に見えない復興を防災と福祉の連携で見える化し，被災者・地域支援に結びつける必要がある．

→ 15　地震・津波の特徴と対策

東日本大震災の特徴

東日本大震災の特徴は巨大性，広域性，多様性，長期性にある．最大40 mの高さまで駆け上がった巨大津波は，農村や漁村，都市などの多様なまちを破壊し，復興は長期に及んでいる．被災地に帰還した人，移住した人，広域避難を継続している人など多様な被災者像があり，また中心市街地を再生したまちや内陸部に中心を移したまちなど，地域ごと，個人ごとに異なる状況が生まれた．生活再建の軌道の多彩さに沿い，住宅確保の複数のパターンを用意する複線型の住宅復興施策が登場した[1]．被災者が安全な土地で，安心して生活を再開するプロセスにおいて，福祉に求められる領域について考えてみたい．

見えない復興

東日本大震災の被災地では多重防御による防災が強力に進んだ．防潮堤の建設，災害危険区域の設定，市街地の嵩上げ，集団移転のための住宅地造成などである．これらは「都市」（市町村）を単位として進められる対策である．一方，福祉はどうか．福祉は「個人」の幸福と社会的援助を提供する．一般的に防災・復興は個人に，福祉は都市に対する眼差しが弱い．防災と福祉の狭間で抜け落ちるのは「地域」を単位とした支援である．

実態が目に見えやすい復興は集団移転地や嵩上げ地などの市街地復興事業によって整備された地域である．対象区域が明確であるため，移転先でのコミュニティ支援などは活発に行われる．それとは対照的に実態が目に見えにくいのは，これらの事業区域「外」の地域の状況である．被災者の居住移動は行政の復興計画だけでコントロール・誘導することはできなかった．東日本大震災の被災地では津波リスクの回避や早期の住宅再建をかなえるため，被災者による個人単位の移転再建が発生した．自主住宅移転再建は「できるだけ早く，安心して居住を再開すること」[2]を動機として発生し，彼らの移転先は事業区域外の地域に点在している．逆に自主住宅移転再建者の内陸や高台への移転は，低平地に歯抜け状態の地域を発生させた．地域の環境改善が放置されると，個人の生活回復にも悪影響を及ぼす．

多様な地域，一人ひとりの被災者に対する十分な眼差しはなかった点に課題が残った．多様な地域，多様な被災者があることに気づくのには時間を要した．津波被災直後に避難所には滞在できず自宅にとどまり，十分な修理が

できないまま被災住宅に住み続ける「在宅被災者」の困難が大々的に報道されるようになったのは，震災から約7年以上経過していた頃だった．しかし，宮城県石巻市の在宅被災者に対する医療や福祉による支援は，震災直後からスタートしていた[3]．また前述した多重防御による防災対策を復興計画としてどのように展開するかも震災直後から議論されていた．被災者は避難所→応急仮設住宅→災害公営住宅というルートをたどる人だけではない．避難所の過密状態により住宅流出を免れた被災者は低平地に留まり，応急仮設住宅や災害公営住宅に転居せずに，人口流出によってコミュニティが弱体化し，空地が点在した地域で暮らしている．この「地域」に目を向けたサポートは今も限定的である．

応急仮設住宅はプレファブ建築を用いた建設型仮設住宅と民間賃貸住宅を活用した借り上げ仮設の住宅がある．阪神・淡路大震災ではプレファブの建設型仮設にほぼ限られていたが，東日本大震災では両者がほぼ半分ずつの割合となり，それ以降に国内で発生した災害では借り上げ仮設が主流になりつつある．借り上げ仮設は供給速度や経済性などのメリットはあるものの，見えにくさが最大のネックである．

以上のような状況が，災害ケースマネジメント[4]を要請した．支援制度（例：応急仮設住宅に入居できる権利がある，災害救助法の応急修理で住宅補修の補助金を活用できる等）があってもその存在を知らないこと，知っていても活用方法がわからないこと等を理由に，被災者一人ひとりに応じたサポートが必要であることが明らかになったのである．2023（令和5）年6月に防災基本計画で災害ケースマネジメントの整備促進が明記されるに至った．

▶防災と福祉の連携で見えない復興を可視化して支援をする

災害が発生すると，個人の幸福が脅かされ，社会的援助を必要とする，多様な人々が，短期間に，大量に発生する．災害ケースマネジメントにおいて福祉専門職は非常に重要な位置を占める．被災者の生活再建，地域のコミュニティ回復や住環境再生を進めるには建築士だけでなく福祉専門職に求められる役割は大きい．住宅修理に対する技術的助言を行う建築士が活躍できるのは，住宅修理に用いることができる支援制度の存在を知り，それを活用できる環境になったときである．福祉，建築，弁護士，保健師などの専門職，社会福祉協議会，NPOなどとの連携を強化して，実態が見えにくい個人・地域の復興に目を向けなければならない．復興とは検証し続け，適応し続けるプロセスである．都市・地域・個人の溝に着目し，実態が見えにくい復興を可視化する努力をし，それを被災者支援につなげていくためには防災と福祉の連携と補完が不可欠である．多様な主体の溝を埋める中核として，福祉の役割が期待される．

熊本地震以降

田中正人

> 南海トラフ地震等の巨大地震や気候危機が切迫する一方，人口減少や超高齢化，単身化が進展し，自助・共助の困難さはいっそうの高まりをみせている．要配慮者の避難誘導や生活再建に対し，社会全体としての対応が求められる．

[1] 地区防災計画の策定状況：2020（令和2）年4月1日現在，38都道府県177市区町村の2091地区の地区防災計画が地域防災計画に定められ，さらに45都道府県333市区町村の5162地区が策定中である（令和5年版防災白書）．

[2] 流域治水：西日本豪雨や東日本台風などの被害を受けてとりまとめられた答申（2020（令和2）年7月）を踏まえ，「あらゆる関係者が流域全体で行う持続可能な『流域治水』への転換」という方針が示された．

[3] 災害関連死：たとえば2016（平成28）年の熊本地震では218名，2018（平成30）年の西日本豪雨では82名，2019（令和元）年の東日本台風では31名の災害関連死が発生している．内閣府の定義（2019年4月）は以下の通り．「当該災害による負傷の悪化又は避難生活等における身体的負担による疾病により死亡し，災害弔慰金の支給等に関する法律（昭和48年法律第82号）に基づき災害が原因で死亡したものと認められたもの（実際には災害弔慰金が支給されていないものも含めるが，当該災害が原因で所在が不明なものは除く）」．

▶事前の避難行動をいかに誘導するのか？

　台風や豪雨などによる気象災害は，確度の高い予測が可能であり，事前の避難行動を促すことで人的被害を防ぐことができる．しかしながら，平成28年台風10号では，岩手県岩泉町の高齢者グループホームで9名が犠牲となるなど，高齢者や障害者等の避難行動要支援者の被害がくり返されてきた．

　近年，砂防堰堤や遊砂地の建設，河川改修といった土木構造物によるハザードの制御に加え，2019（令和元）年の「警戒レベル」の導入や2021（令和3）年の「避難勧告」の廃止と「避難指示」への一本化など，避難情報の改善が重ねられている．ただし，避難行動要支援者の問題は情報伝達だけでは解決が困難であり，より多角的な対策が模索されている．

　第1に，個別避難計画である．災害対策基本法の改正（2021（令和3）年5月20日施行）により，市町村に対して作成の努力義務が課された．避難行動支援の実効性を高めるため，災害時の「避難支援者」や「避難場所」などを個別に策定し，市町村や支援者間で共有を図るものとなっている．第2に，地域コミュニティによる共助活動の推進をねらいとした，地区防災計画である．災害対策基本法の改正（2014（平成26）年4月1日施行）において創設された．すでに7000以上の地区で計画が策定済みまたは策定中である[1]．第3に，都市再生特措法等の改正（2022（令和4）年4月1日施行）による災害ハザードエリア内の建築規制の強化や移転促進，すなわち避難行動の不要な環境への誘導がある．

　このように，事前避難のあり方をめぐっては自助を支援する個別避難計画，共助を促す地区防災計画，公助としての居住地等の規制が行われている．さらに2020（令和2）年の答申を起点に，従来の河川区域等に限定した対策ではなく，氾濫域を含めた「流域治水」の考え方へと移行するなかで[2]，上記のそれぞれの取り組みをいかに相互に連携させ，流域全体の居住地をどのように再編していくのかが問われる．

▶危機を逃れたのちの避難生活をいかに支えるのか？

　発災直後の救助活動においては，適切な医療資源の確保が困難となり，いわゆる「防ぎえた災害死」が発生する．一方，発災直後の急性期を過ぎたあとの避難生活においても「防ぎえた災害死」は継続する．そのなかには「災

害関連死」[3]として認定を受けたものもあるが，非認定やそもそも認定申請されないケースも多い．医療資源の逼迫する急性期とは異なり，避難生活中の関連死は明らかに低劣な生活環境の問題に起因する．

避難環境の改善に向けた動きとして，第1に，内閣府による2016（平成28）年の「避難所運営ガイドライン」がある．同ガイドラインには，「『質の向上』に前向きに取り組む」姿勢が打ち出され，国際的な指標を示すスフィア・プロジェクトへの言及もあった[4]．ただし，ガイドラインはいわば市町村が避難所を準備・開設・運営する際の「チェックリスト」であり，最低基準が保障されるかどうかは現場に委ねられている点に留意する必要がある．第2に，民間による環境改善の取り組みがある．具体的には，段ボールベッドやプライバシーを確保するためのパーティションの普及である．こうしたボランタリーな取り組みをいかに標準化していくかが課題といえる．第3に，障害者等の避難を想定した福祉避難所の指定促進に向けた動きがある．1998（平成10）年に旧厚生省によって設置の通達が出されたものの，受入時の混乱が避けられないことなどから指定の進まない状況が続いてきたが，2021（令和3）年の災害対策基本法の改正により，事前に受入対象者を調整し，公示できる仕組みが整えられた．

ただ，より根本的には，本来の受入対象者が名簿に網羅されておらず，そもそも大規模災害時には指定避難所のキャパシティが絶対的に不足するという問題がある．結果として多くの在宅被災者が発生する恐れがある．公的にも私的にも，いかに多様な避難先を確保するかが喫緊の課題となっている．

住宅セーフティネットをどのように組み立てるのか？

自力での住宅確保が困難な被災者に対しては，仮設住宅や災害公営住宅といったセーフティネットが用意される．東日本大震災以降，「みなし仮設」が本格的に導入され，仮住まいを支える新たなオプションとして普及してきた[5]．「みなし仮設」は被災者の顔が見えづらく，支援が行き届かないといった課題がある一方，住宅・居住地の選択肢の拡大につながっている．災害公営住宅に関しても，従来の標準設計や抽選入居ではないあり方が模索され，画一的なシステムからの脱却が図られてきた〈図1〉．

ところが，入居者の社会的孤立や孤独死といった問題は，いまなお積み残されている．現行の制度では，自力再建が難しい場合はセーフティネットに依存するしかなく，その他の選択肢がひらかれていない．たとえば，被災した自宅を修繕するための応急修理制度の拡充や，被災者生活再建支援法による自力再建補助費の増額，家賃補助制度の導入など，多様な住宅確保の選択肢が用意されてよい[1]．近年，注目される「災害ケースマネジメント」[6]の普及も欠かせない[3]．居住地は日常を回復するための生活拠点であるという認識に立ち，被災者一人ひとりの居住地選択機会を保障していくことが必要である[4]．

[4] スフィア・プロジェクト：被災地や紛争地域において人道支援を行うNGO等によるボランタリーな活動．「人道憲章の枠組みに基づき，生命を守るための主要な分野における最低限満たされるべき」基準を定める．

[5] みなし仮設：地方公共団体が民間賃貸住宅を借り上げ，仮設住宅として被災者に供与する制度．東日本大震災において本格的に導入され，以降，建設型仮設住宅に並ぶオプションとして普及．たとえば，2018（平成30）年の西日本豪雨で甚大な被害を受けた岡山県では，ピーク時に3415世帯が仮設住宅に入居していたが，そのうち建設型仮設は266戸にとどまり，みなし仮設が大半を占めた．なお，2019（令和元）年10月の災害救助法の改正により，みなし仮設は「賃貸型応急住宅」に，建設型仮設は「建設型応急住宅」にそれぞれ名称変更されている．

[6] 災害ケースマネジメント：「被災者一人ひとりの被災状況や生活状況の課題等を個別の相談等により把握した上で，(中略)被災者の自立・生活再建が進むようマネジメントする取組」と定義される（内閣府）．内閣府は2022（令和4）年3月に「取組事例集」を，2023（令和5）年3月に「実施の手引」を公表している．

〈図1〉2016年熊本地震の災害公営住宅

高齢者・障害者等の被害からの教訓と対策

 # 10 災害弱者の防災対策

重川希志依

1985（昭和60）年前後，社会福祉施設での火災が相次ぎ，多くの犠牲者が発生した．健常者，すなわち自ら危険を察知し，とるべき対応を判断し，自力で避難することができる人を中心とした防災対策のあり方が，大きく見直されるきっかけとなった．

▶相次いだ社会福祉施設での火災

→ 18　火災の特徴と対策

　昭和60年前後，わが国では社会福祉施設での火災により死者が発生する事故が相次いだ[1]〈表1〉．1986（昭和61）年7月31日23時40分頃，神戸市にある精神薄弱者授産施設『陽気寮』で火災が発生し，入寮者8名が死亡する痛ましい事故が起きた．火災発生当日，61名の寮生が在籍し，夜間当直職員は3名であった．入寮者全員が重度の精神障害の他，言語障害や情緒障害，視覚および聴覚障害等の重複障害を有していた．3名の当直職員で寮生の避難誘導，初期消火，消防署への通報などの対応をしなければならず，結果的に8名の犠牲者を生んでしまった．陽気寮の防火管理に特別重大な欠陥があったとは認められていない．しかし現行の消防法の安全基準を遵守していても，自力避難が困難な人が利用する施設では，犠牲者が発生してしまうという現実を，改めて認識しなければならない火災となった．

→ 48　障害者の災害準備と地域まちづくり

　さらに陽気寮火災からわずか1年後の1987（昭和62）年6月6日，東京都東村山市にある特別養護老人ホーム『松寿園』で火災が発生し，入園者17名が死亡するという事故が起きた．火災発生当日の入園者は74名，そのうち寝たきりが36名であり，当直職員は2名であった．松寿園も陽気寮と同様に，消防用設備等の設置や防火管理の状況はすべて消防法の安全基準が遵守されていた．

　この2件の火災事例を契機として，社会福祉施設の防火安全対策が強化された．また社会福祉施設や病院などにおいて，とくに避難誘導に当たる職員等の人数が少なくなる夜間の防火管理体制を指導するマニュアル（福祉施設避難マニュアル）が作成された．

→ 16　気象ハザードの特徴と災害

▶心身の機能障害がなくても災害弱者となりうる

　社会福祉施設利用者など自力避難が困難な方たちの火災事故に加え，1983（昭和58）年5月26日11時59分に発生した日本海中部地震では，地震によ

〈表1〉　1986（昭和61）〜1987年に発生した福祉施設での火災

発生年月日	出火場所	施設名	用途	建物概要	死者数
昭和61年2月8日	青森県弘前市	草薙園	知的障害者更生施設	RC造平屋建て	2人
昭和61年7月31日	兵庫県神戸市	陽気寮	知的障害者援護施設	鉄骨造2階建て	8人
昭和62年2月11日	静岡県富士市	佛祥院	精神不安定・アルコール中毒患者収容施設	鉄骨造3階建て	3人
昭和62年6月6日	東京都東村山市	松寿園	老人福祉施設（特養）	RC造3階建て	17人

る津波避難の必要性を認識していなかった人たちが，津波の犠牲となってしまった．この地震の震源は秋田・青森県沖で，M7.7，104名の犠牲者がでたがこのうち100名は津波によるものであった．犠牲者の中には，遠足で男鹿市加茂青砂海岸を訪れていた山間にある小学校の児童13名も含まれている．現在ではとうてい考えられないことであるが，当時は「日本海側には津波は来ない」という認識であった人が決して少なくはなかった．さらに地震・津波を経験したことのない外国人観光客も，津波の犠牲となってしまった．心身の機能障害はなくても，正しい災害文化を理解していないこと，あるいは言葉が理解できない外国人なども，災害から命を守ることができない「災害弱者」となりうることが，改めて認識されるようになった[2]．

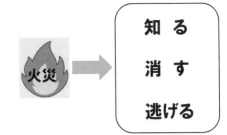

〈図1〉 火災から命を守る一連の防災行動

→ 11 災害時要援護者対策・避難行動要支援者対策，16 気象ハザードの特徴と災害

災害弱者とは？

火災から命を守るためには，①火災の発生を知る，②火災を消す，③火災から逃げるという一連の防災行動をとることが求められる〈図1〉．①〜③のどこかに機能障害があれば，自分の安全を自分で守ることができない．残念ながらそれまでのわが国の防災対策は，これらの対応が自分でとれる健常者を前提としたものであった．たとえば，東京都では震災時に拡大する市街地大火から命を守るために，広域避難場所が指定されてきた．しかし避難場所まで数キロメートル以上の遠距離避難を余儀なくされる地区もあり，震災時に数キロメートル離れた避難所を目指して自力で到達できることを前提とした避難計画であった．

さらに外国語が理解できない場合，入院している傷病者など，普段の生活では健常者であるが，状況によって一時的に災害弱者となってしまうこともある．このような観点で災害弱者を分類し〈表2〉，災害弱者のための防災対策が検討されるようになった．

誰もが安心して暮らせる地域を目指して

潜在的な機能障害を有していなくても，そのときに置かれた状況により災害弱者となり得る．それを前提とした防災対策の基本理念は，災害弱者がどのような場面に出会っても，常に安心を感じる条件を整えていくことといえる→．安心を支えるためには，人の力，資機材や物の力，情報などさまざまなものが必要となる．健常者を前提とした防災対策から，誰もが安心できる防災対策へと大きく舵を切った．

→ 1 都市計画や工学から見た福祉の重要性

〈表2〉 災害弱者の生活機能

機能障害の種類	災害弱者となる可能性のある方の例
情報のやり取りをする際に機能障害がある	視覚障害者，聴覚障害者，外国人（言葉の理解）など
理解や判断をする際に機能障害がある	知的障害者，高齢者（認知機能），乳幼児など
身体行動面で機能障害がある	高齢者（身体機能），肢体不自由者，傷病者，乳幼児など

11 災害時要援護者対策・避難行動要支援者対策

高齢者・障害者等の被害からの教訓と対策

鍵屋　一

　高齢者，障害児者等を災害から守る仕組みは，幾多の災害による多くの犠牲，長い時間と紆余曲折を経て徐々に制度が整えられてきた．とくに，個別避難計画策定において，日常の支援者である福祉関係者の参画が重要である．

▶災害時要援護者対策の黎明期

　1991（平成3）年の防災白書は，身に差し迫った危険を察知するのが難しく適切な行動を取りにくい人や，危険を知らせる情報を受け取りにくく行動をとれない人のことを「災害弱者」と定義づけている．しかし，当時は対策が必要という指摘に留まり，具体的な対策は示されてはいなかった．

　1995（平成7）年の阪神・淡路大震災では，震災関連死が課題となった．避難所開設時に高齢者がトイレに近い寒い廊下に寝るなど，せっかく助かった命を失った方が多数出た．そこで，震災後の1995年12月に改正された災害対策基本法では，国や自治体が「高齢者，障害者，乳幼児等，とくに配慮を要する者に対する防災上必要な措置」の実施に努めることとされた．

　また，自治体は地域の社会福祉施設を「福祉避難所」として指定し，高齢者などの要援護者が福祉サービスも受けられる場所に位置づけるよう，厚生省が1997（平成9）年6月に都道府県に対して指針を示し「防災拠点型地域交流スペース整備事業」として福祉施設への上乗せ補助を2000（平成12）年から行っている．

▶本格的な災害時要援護者の避難支援検討とガイドライン

　2004（平成16）年には，新潟・福島豪雨や10個の台風上陸があり，犠牲者の8割以上が高齢者であった．内閣府は「集中豪雨時等における情報伝達及び高齢者等の避難支援に関する検討会」（座長：廣井脩・東京大学大学院教授）を立ち上げ，要援護者情報の収集・共有や避難支援プランの策定等について検討を進め，「災害時要援護者[1]の避難支援ガイドライン」を2005（平成17）年3月に取りまとめた．座長は，最後の検討会で，かつて自らが関わってきた国土庁防災局の災害弱者対策などを振り返りながら，防災部局中心の支援策から，今後は福祉部局と連携した取り組みを促進する必要性を訴えていた．

　内閣府は翌年に「災害時要援護者の避難対策に関する検討会」を設置し，保健・医療機関，保健師，看護師や福祉関係者，ボランティア等のさまざまな関係機関等の間での連携を強化するなど，同ガイドラインを改訂した．このガイドラインでは，①情報伝達体制の整備，②災害時要援護者情報の共有，③災害時要援護者の避難支援計画の具体化，④避難所における支援，⑤関係機関等の間の連携の必要性を打ち出した．

　2007（平成19）年3月には「災害時要援護者の避難支援における福祉と防災との連携に関する検討会」の検討結果をふまえ，要援護者対策の具体的な

[1] 2004（平成16）年の内閣府検討会において，「災害弱者」から「災害時要援護者」の用語が用いられるようになった．災害弱者には差別的な語感があり，当事者も行政も使いにくい言葉であった．東日本大震災発生後の2013（平成25）年6月の災害対策基本法改正により，高齢者，障害者，乳幼児等の防災施策において特に配慮を必要とする人を要配慮者とし，その中で災害発生時の避難行動に特に支援を要する人を避難行動要支援者と定義した．

進め方や地域の取り組みにあたって有効と考えられる方策例，ガイドラインの「手引き」をまとめている.

▶東日本大震災後の避難支援検討〜削除された福祉事業者の避難支援〜

東日本大震災においても，死者および震災関連死者のうち高齢者の占める割合は，前者は65.8％，後者は89.5％と依然として高かった[1].国は「防災対策の充実・強化に向けた当面の取組方針」（2012.3 中央防災会議決定）を決定し，要援護者の避難支援についても，2012（平成24）年10月，内閣府に「災害時要援護者の避難支援に関する検討会」（座長：田中淳・東京大学大学院情報学環教授）を設け，ガイドラインの見直しを含めた検討を行った.これまで避難支援においては，家族以外では近隣の助け合いが最も重要とされていたが，東日本大震災時の避難情報源，避難支援者としては，福祉関係者が同程度に重要な役割を果たしていた.

検討会報告書では，最後に「東日本大震災を経て，実効性のある要援護者支援を行うためには，基礎自治体だけでなく，要援護者自身，地域，福祉事業者，都道府県，国も要援護者支援に積極的に関わることが適切であることが認識された.これを受けて，内閣府は2013（平成25）年8月に「避難行動要支援者の避難行動支援に関する取組指針」を作成した.しかし，どのような意図によるものか不明だが，福祉事業者の記述はほとんど削除された.

▶個別避難計画の法制度化と福祉関係者の参画▶

2020（令和2）年6月，内閣府は「令和元年台風第19号等を踏まえた高齢者等の避難に関するサブワーキンググループ」（座長：鍵屋一・跡見学園女子大学教授）を設置した.これは，2018年西日本豪雨，2019年東日本台風等の災害を教訓として，激甚化・頻発化する水害・土砂災害に対し，高齢者，障害者等の避難等を検討することを目的としている.主な論点は，避難行動要支援者名簿に関する検討，個別計画に関する検討，福祉避難所等に関する検討，地区防災計画に関する検討であった.

検討会の最終報告書を受けて，内閣府は2021（令和3）年5月の災害対策基本法改正で個別計画を個別避難計画と名称を変更し，市町村の努力義務として制度的に位置づけた.また，この計画を作成する福祉専門職の報酬についても，2021（令和3）年度から地方交付税措置がされた.同時に，福祉避難所ガイドラインを改訂し，福祉避難所への直接避難を原則とすることを明記した.さらに，個別避難計画モデル事業を実施し，自治体による個別避難計画PDCAを意識した取組を実施して課題抽出と検証を行って改善を進め，全国展開することを目指している.

▶一燈照隅から萬燈照国[2]へ──災害時に誰一人取り残されない社会を目指して──

高齢者，障害児者等の要配慮者を災害から守ることは，社会の使命である.各地の一燈照隅の先進的取り組みに学び，全国津々浦々に地域性を活かしつつ水平展開し，萬燈照国の日本にしていくことが重要である.「災害は弱い者いじめ」という社会に訣別し「災害時に誰一人取り残されない」社会を創らなければならない.

➡29 都市計画法等改正等による福祉施設等への土地利用・建築規制

[2] 一燈照隅萬燈照国とは1つの灯火だけでは隅しか照らせないが，それが万にも増えると国中を照らすことができるという教え.
伝教大師最澄の教えを基に安岡正篤がつくった（『安岡正篤 人と思想』）.

防災の基本的視点

理論的枠組み

12 社会的脆弱性の層別性と災害リスクの加減圧（PAR）モデル

立木茂雄

社会的脆弱性を規定する要因の最表層は安全でない状況，中層は制度の欠如等による動的圧力，基層には根本原因としての社会的不平等がある．各層での対策の欠如は災害リスクを加圧し，対策により減圧できる．これを防災対策の加減圧（pressure and release, PAR）モデル➡と呼ぶ．

➡ 13　福祉の視点から考えるPARモデル，58　被災前からの不平等と被災後の社会環境変化

▶安全でない状況

　災害リスクはハザードと社会的脆弱性という二つの要因によって造られる．そして，社会的脆弱性は根本から表層にいたる漸進的な三層構造をもつ．ハザードに曝される最上層に当たるのが「安全でない状況」である．これは，物理的環境・地域経済・社会関係・制度の不備や不足がもたらす危険性である．たとえば立地や建物・構造物の強度不足は物理的な環境上の危険性である．地域住民の生計手段に代替性がなく，しかも低収入によって特徴づけられていれば地域経済に危険性が潜んでいる．年齢・世帯規模・心身の健康・障害や生活困窮・ジェンダー・外国人等の少数者に対する社会関係上の差別・排除・不平等は社会関係上の危険性であり，これらの少数者が被災するとより大きな被害の影響を受ける．さらには，防災教育の欠如等をもたらす公的対策や所掌機関の不備・不足は，制度自体の危険性である．このような四側面の危険性の放置は災害リスクを現実化する圧力を高める一方で，これらに何らかの手を打てば災害リスクは減圧することができる．

▶社会の動的圧力

　「安全でない状況」は，なぜ生まれるのか．その背景には，行政の制度上の欠如や社会動態を左右するマクロな構造的圧力が働いている．たとえば，地方行政組織に防災担当の人員が足りていない，防災訓練を実施できていない，担当者に適切な技能がない，防災にお金をかける余裕がない，問題を公にすることへの忌避や忖度がある，さらにはセクショナリズムが横行し公僕意識が影を潜めている，といった制度や構造上の欠如が安全でない状況を悪化させる圧力となる．

　社会の人口動態の変動も安全でない状況を加速する．戦後社会で最初に5000人以上が犠牲となった1959（昭和34）年伊勢湾台風では，名古屋市南部の臨海工業地域の海抜零メートル地帯の埋め立て地で1600人の住民が被災した．その多くは敗戦による大陸からの引き揚げ者や九州の炭鉱の閉山により移入してきた木造平屋建ての公営住宅居住者であった．伊勢湾台風直後に被災地からレポートを送った疋田桂一郎記者は「こんど低地で被災したのはヒラ社員．部課長以上は山の手の団地にいて助かった」と発信している[1]．

　その後，日本社会は高度経済成長によりさらに急激な都市化が進行し，農村部から都市部への若い働き手の人口移動と，農村部での人口の高齢化が始

まった．60年代・70年代に都市に移入した労働者を受け入れるために，都市郊外に新興住宅地が急激に開発されたが，その立地は，そもそも洪水や土砂くずれ，土石流等の危険区域と重なる場合が多かった．一方，津波や洪水・土砂くずれ等の危険区域への立地規制は，制度の欠如やマクロな社会動態がもたらす動的圧力の減圧を図る防災対策である．

→ 29 都市計画法等改正等による福祉施設等への土地利用・建築規制

根本原因

1959年伊勢湾台風をルポした先述の疋田記者は，引き揚げ者や炭鉱からの移住者が海抜ゼロメートル地帯に住むことを余儀なくされた根本原因について，「名古屋市は不経済な安定よりも，安上がりの繁栄の方を選んだ」と指摘し，名古屋市（そして臨海工業地域の造成に邁進している東京や大阪）の「非情な」都市計画のありように警鐘をならした．なぜ「ヒラ社員」が集中的に被害にあったのか．それは，権力や資源や社会構造の上層に近づくことが「部課長以上」と比べてきわめて困難であったこと，さらには安全な環境から排除されている労働者の苦況を是正する社会的減圧力の不在，経済的繁栄を一義的に推し進める経済と政治の不平等を是認するイデオロギーの働きによるものである．

このような接近困難とイデオロギーの不平等さが根本的な社会の歪みを形成し，これが動的圧力により拡大された結果として，ハザードに曝される危険と隣あわせの状況に人々が暮らしている．このような根本的な災害リスクがもたらす圧力の減圧のためには，声なき層の苦況を広く社会に代弁する社会運動や権力や資源の再分配を可能にする社会構造をめざす政治変革が欠かせない．

防災と福祉の関係者には，危険な状況・動的圧力・根本原因の各層での，圧力の開放をめざす具体的な社会的脆弱性の減圧努力や対策が求められるのである．

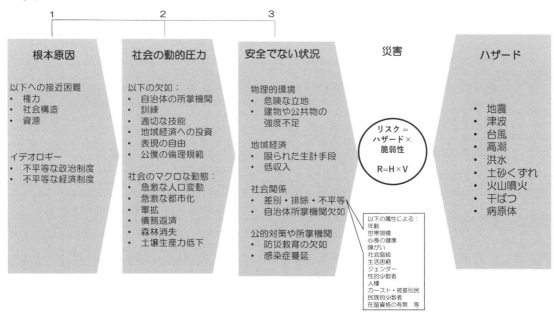

〈図1〉 社会的脆弱性の漸進構造と各層ごとの加減圧を説明するPARモデル[2]

理論的枠組み

福祉の視点から考えるPARモデル

辻岡 綾

PARモデルは，災害リスクを評価する際に，ハザードなどの物理的事象よりも，社会的に形成される脆弱性に重点をおくものである．災害リスクを軽減させるためには，脆弱性の根本的要因や動的圧力に注目して対策を行う必要がある．

▶災害リスクとは？

災害リスクとはハザード（hazard）と脆弱性（vulnerability）が掛け合わさることで生まれる．これが意味するのは，災害はハザード（地震，豪雨，津波）などの自然現象によってのみ起こるのではなく，社会が抱える脆弱性によって大きく影響されるということである．この脆弱性は社会に平等に存在するのではなく，地域や個人によって大きく差がある．特に福祉専門職が日頃から携わるサービス利用者，いわゆる要配慮者と呼ばれる方々は脆弱性の高い層である．彼らの災害リスクを減らすために，どのような防災・減災活動や事前の備え等を行うことができるのかを，これから一緒に考えていただきたい．

▶ 59 災害ケースマネジメント

▶福祉視点のPARモデル

防災対策の加減圧（PAR）モデルはワイズナー[1]やブレイキー[2]らによって提唱されたモデルで，「社会・経済・政治的な要因やプロセスによって生み出された脆弱性」と，「自然災害事象」による影響の双方によって生じる圧力（pressure）によって，災害が引き起こされることを説明するものである．一方でこれらの脆弱性を減少させることで圧力を減圧（release）できれば，災害による影響を緩和することができる．

▶ 12 社会的脆弱性の層別性と災害リスクの加減圧（PAR）モデル

PARモデルでは脆弱性は3つの段階によって説明される．福祉専門職の方であれば，日常業務で関わるサービス利用者（要配慮者と呼ばれる）を取り巻く事例で置き換えるとわかりやすい．

まず1つめの「根本原因」の例としては，日常の福祉的サービスと災害時の防災対策が切り離されていることがあげられる[3]．本来であれば，1人の人間の暮らしを支援するためには，日常と災害時を切り分けて考えることはできないはずである．しかし，福祉専門職が災害時にサービス利用者の避難支援者となりうる地域の自治会長と話をする機会は少ない．また逆も同様に，地域で防災活動を行う自治会長も，サービス利用者がどこに住んでおり，災害時にどのような支援を求めているのかを知る機会は少ない．行政の場合は，同じ要配慮者に関わることであっても，福祉部局は日常の福祉サービスに関する業務だけを担当し，防災部局は災害時に向けた避難行動要支援者の把握や防災訓練などを担当するが，協働で支援をする体制は構築されにくいのが一般的である．

▶ 序，60 誰一人取り残さない防災の原則：全体性・連続性・多元性・衡平性・協働性

2つめの「社会の動的圧力」の例としては，要配慮者になりうる対象者が増加する社会になってきたことがあげられる[3]．日本において高齢化率が21%を超えたのが2007（平成19）年（超高齢社会への突入）で，人口の5人に1人が65歳以上となった[4]．人口ピラミッド（年齢別人口構成図）の構造が逆ピラミッド型になり，配慮が必要な高齢者は増え続け，逆に介護の担い手となる若い世代は減り続けている．高齢化の原因としては，少子化の進行による若年人口の減少，生活環境や食生活の改善，医療技術の進歩による平均寿命の延長などが挙げられるが，それに伴い介護の長期化という課題を生み出した[5], [6]．また過去の時代は，高齢者は家庭内介護が当然であったが，核家族化・単独家族化した世代が増加する中で，外部サービスに頼らざるを得ない社会になっている[3]．介護や福祉支援ニーズが増える一方，サービスを提供できる人材は不足している．つまり，福祉専門職1人が担当するサービス利用者の数も増えている状況である．

3つめの「安全でない状況」の例としては，超高齢社会の影響により，一人暮らし高齢者や老老世帯など，災害に脆弱な世帯の増加があげられる[5]．例えば65歳以上の一人暮らしの者は男女ともに増加しており，1980年には65歳以上の男女それぞれ人口に占める割合は男性4.3%，女性11.2%だったのが，40年後の2020年では男性15.0%，女性22.1%と増加している[5]．若い家族が同居していれば，災害時に支援を得られるが，高齢者のみの世帯では，安全に避難できる可能性が低くなる．また災害時に発信される情報も，若い世代に比べてアクセスしづらい高齢者は取り残されがちになるなど，危険な環境や状況に置かれることが想像できる➡.

➡ 58　被災前からの不平等と被災後の社会環境変化〈図1〉

▶脆弱性を小さくするために

これまであげた3種類の脆弱性を減らしていくことが，災害リスクを減らすことにつながっていく．福祉専門職は，脆弱性が高いサービス利用者に対して，効果的な対策や対応を実施することができる．たとえば，サービス利用者が住む地域の関係者（自治会長や民生委員）と日常から顔見知りになっておくことで，利用者と地域の橋渡しをすることができる．また利用者の居住する地域ハザードを理解し，安全な避難場所を利用者といっしょに確認しておくことで，いざというときに迷いなく避難をしてもらうことができる．サービス利用者にとって，日頃から信頼をおいている福祉専門職の言葉は，誰よりもずっと伝わりやすいはずである．

ただし，これらの脆弱性は地域や人によっても差異が出てくる．ハザードが起こりやすい浸水エリアに住む利用者の方が，高台に住む利用者よりも被害に遭遇しやすく，家族と同居している利用者よりも，独居の利用者の方が高確率で避難支援が必要になると思われる．「安全でない状況」をもつ方へは，より優先的にアプローチを行い，「根本原因」である日常と災害時の対応を隙間なくつなげていく．このような脆弱性の違いを認識したうえで，おのおのの脆弱性に沿った対応を行うことが，要配慮者（あなたの利用者）の命を守ることにつながるのではないだろうか．

理論的枠組み

14 災害マネジメントサイクル

松川杏寧

「災害マネジメントサイクル」は，防災・災害対策の基本概念であり，現在の国際基準とされており，発災前から復興までを1つのプロセスと捉えて，関係機関の協力体制を強化し，効率的かつ総合的な防災・災害対策を進める視点を提供する．

災害マネジメントサイクルとは

現在，防災・災害対策を考える上での基本的な概念として「災害マネジメントサイクル」があり，防災・災害対策の世界標準とされている．災害マネジメントサイクルは，〈図1〉のように，「災害対応」(Response) →「復旧・復興」(Recovery) →「被害抑止」(Mitigation) →「被害軽減」(Preparedness) の4つのフェーズを一連の流れ（プロセス）として定義し，被害抑止，復旧・復興までをも含めた総合的な防災・災害対策を考えるための枠組みである[1]．各プロセスの詳細を見る．

➡ 51 命を守る事前・応急対策（防火・防災・応急対策）

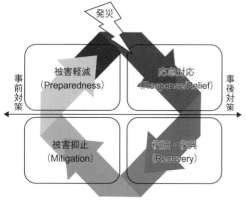

〈図1〉 災害マネジメントサイクル

[1] 災害マネジメントサイクルには，より細かい5フェーズのもの (Prevention, Mitigation, Preparedness, Response, Recovery) と，6フェーズのもの (Mitigation, Preparedness Prevention, Rehabilitation, Response and Recovery) などもある．現在の米国のNational Preparedness GoalはPrevention, Protection, Mitigation, Response, Recoveryの5つのエリアに基づいて32の主要な能力 (Core Capabilities) を定めている．本項では，もっともシンプルで馴染みある4フェーズの概念について記述する．

「災害対応」➡は，災害発生直後の対策であり，内容と実施のタイミングで，命を守るための対策である「緊急対応」(Emergency Response) と「応急対応」(Relief) に分けられる．緊急対応は，災害が発生後，即座に対応が求められる部分である．避難指示や救助活動，医療応急処置，食糧・水の供給，情報提供など，被災者の安全とそのために必要な支援を，政府，地方自治体，緊急援助隊，自衛隊，国際機関などが協力して行うことになる．「応急対応」は，最低限の生活を確保するための対応で，避難所の設置，避難者への食料，水，医療，安全な住居の提供などが含まれる．災害発生後，避難者の安全と健康を確保し，必要な支援を提供することが目標で，政府機関，非営利団体，ボランティアなどが協力して避難生活支援を実施することが求められる．日本では災害救助法に基づいて実施される．

「災害対応」の次に「復旧・復興」対策が実施される．ここでは被害の評価が行われ，復興計画が策定され，実行される．住民の生活の安定と社会経済の復興が目指され，災害からの回復が進められる．災害マネジメントサイクルは繰り返しのプロセスであり，復興が完了すると次の災害が発生するまでの間に，事前対策として「被害抑止」や「被害軽減」対策が実施される．前回の災害からの教訓を活かして「被害抑止」「被害軽減」対策を改善し，「災害対応」と「復旧・復興」のプロセスを効果的に実施するために利用される．これにより，災害の影響を最小限に抑え，地域の安全と回復力を向上させることが目指される．近年はこれをbuild back better（よりよい復興）と

呼び，復旧・復興を実行する1つの重要なコンセプトとして用いられる．

「被害抑止」対策では，災害の発生リスクを低減するための措置が取られる．地域の脆弱性の評価と危険な地域の特定，街の高台移転，建築基準の改善，防災施設の整備など，被害を出さないためのハード対策の実施がこれにあたる．地震，洪水，火災などの自然災害への対策だけでなく，気候変動に関連するリスクへの対策も含まれる．被害抑止の目標は，災害の発生確率を低減することである．

「被害軽減」対策は，災害発生時に備えるための計画とリソースを整えるものであり，緊急避難計画や避難所運営マニュアルの策定，通信システムの整備，災害時の医療・救助活動のシステムの整備やトレーニングの実施などを含む．災害への対応のための人員と資源を確保し，発生した被害を最小限に食い止めるソフト対策が「被害軽減」対策である．これらの一連のプロセスを繰り返し回していくことで，防災力の向上を目指すのが，「災害マネジメントサイクル」の考え方である．

▶災害マネジメントサイクルの成り立ち

災害マネジメントサイクルの成り立ちには，全米知事会（National Governors Association, NGA）とロバート・T・スタッフォード法（Robert T. Stafford Disaster Relief and Emergency Assistance Act），FEMA（Federal Emergency Management Agency）の設立が関連している．1979年全米知事会は，米国での災害対応に関する課題を議論し，提案を行った．この提案では，米国の州知事たちが連邦政府に対して，災害管理と対応における州の役割と連邦の役割を再評価し，改善する必要性が強調された．その後，1988年に連邦政府はスタッフォード法を制定した．この法律は現在の米国における災害対応法であり，米国における災害対応の枠組みを整備するもので，州や地方政府，部族政府に対して災害発生時の連邦支援を提供するための基盤を構築した．

米国の災害対応の指揮調整を行うFEMAは，1979年に設立された．その前身は，連邦政府内での災害対策と緊急事態への対応を分散的に担当していた複数の機関や部局である．FEMAは，スタッフォード法に基づき，連邦政府と地方政府の連携を強化し，資源の調達と配分を行い，災害時の支援を提供すること目的としている．FEMAの設立により，米国内でのあらゆる種類の自然災害や人為的な災害に対する統一された対応を実施することが可能となった[2]．このように米国では，スタッフォード法とFEMAの設立により，州と連邦の協力体制が強化され，災害対応がより効果的かつ効率的に行われるようになった．これは，災害マネジメントサイクルの各段階において，連邦と州が連携し，自然災害・人為災害を問わずオールハザードに対してリソースと支援を提供するための総合的な体制を整え，仕組みを構築している．

[2] 2001年の米国同時多発テロ以降，米国を含む多くの国でテロ対策が危機管理の重要な中心課題となった．米国では2002年に国家安全保障省が創設され，FEMAは国家安全保障省の一部局となり，テロも含む人災も取り組み対象になった．2005年のハリケーン・カトリーナへの災害対応は，同時多発テロ以降テロ対策重視になっていた連邦政府の危機管理・災害対応に対する批判を呼び起こすことになり，再び自然災害対策に関心が寄せられるようになった[1]．

各種ハザード

15 地震・津波の特徴と対策

福和伸夫

> プレートの衝突によりつくられた日本列島では地震が頻発する．山地の多い国土ゆえ，都市は河口部に位置し，強い揺れや液状化に見舞われる．海の地震では津波が襲来し，火山噴出物が堆積した山は崩れやすい．対策の基本は知彼知己百戦不殆[1]である．

[1] 彼を知り己を知れば百戦殆（あやう）からず

[2] 代表的な地震には，フィリピン海プレートと北米プレートが接する相模トラフ沿いで発生した1923年大正関東地震，フィリピン海プレートとユーラシアプレートが接する南海トラフ沿いで発生した1944・46年昭和東南海地震・南海地震，太平洋プレートと北米プレートが接する日本海溝・千島海溝沿いで発生した1952・68・2003年十勝沖地震（➡ 5），2011年東北地方太平洋沖地震などがある．

[3] 近年の代表的な地震には，1995年兵庫県南部地震，2004年新潟県中越地震，2016年熊本地震，2024年能登半島地震などがあり，土砂災害や家屋被害が特徴的である．

➡ 23 災害による被害抑止・軽減対策：耐震化・室内安全性確保・居住地選択

➡ 28 建築基準法・消防法・区分所有法

● 海溝型地震と活断層による地震

日本では，M7.9以上の巨大地震が，おおむね10年に1回の割合で発生する．巨大地震[2]の多くは，海と陸のプレート境界周辺で起きる海溝型地震であり，広域に長く強い揺れと津波が襲う．

一方，プレート運動に伴って副次的に生じた活断層などによる地震[3]では，地震規模はM7程度と相対的に小さいものの，浅部直下での地震のため震度7の強烈な揺れが襲う．

中央防災会議では，南海トラフ地震，首都直下地震，日本海溝・千島海溝沿いの地震，中部圏・近畿圏直下地震に対して被害想定を行い，地震防災対策を策定している．中でも南海トラフ地震は，地震調査研究推進本部が今後30年の地震発生確率を70〜80％と評価しており，国難ともいえる事態が想定されている．

● 揺れと液状化，地盤災害

地震規模が大きいほど震源域が広がり，広域に強い揺れが襲う．Mが1大きくなると，放出エネルギーは32倍となり，短周期の揺れは約3倍（震度は1増加），長周期の揺れは約30倍になる．長周期の揺れは，遠くまで伝わりやすく，大都市が立地する大規模な堆積平野では，厚い堆積層が長周期の揺れを増幅する．このため，大きな地震では，震源から離れた大都市で長周期の揺れが卓越し，超高層ビルが強く揺れる．揺れの震度は地盤の硬軟によって異なり，洪積台地に比べ沖積低地では震度が1程度大きくなる．また，地下水位が浅い緩い砂質地盤では液状化や側方流動が，傾斜地では谷埋め盛土の地すべりなどの地盤災害が発生する．

● 揺れによる被害➡

強い揺れを受けると建築物や土木構造物が損壊する．とくに古い耐震基準による建築物は耐震性が劣るため被害を受けやすい．ただし，新築の場合も万全ではない．建築物は建築基準法➡に基づいて設計されるが，その第一条には，「この法律は，建築物の敷地，構造，設備及び用途に関する最低の基準を定めて，国民の生命，健康及び財産の保護を図り，もって公共の福祉の増進に資することを目的とする．」と記されている．あくまでも最低基準であり，震度7の揺れに対して命を守る法律ではない．一般に用いられている許容応力度等計算法では，地盤や建物の揺れやすさにかかわらず，同等の建物

の揺れに対して安全性を照査している．したがって軟弱な地盤に建つ揺れやすい建物は被害を受けやすい．強い揺れに対しては命を守ることを重視し，構造損傷を許容しているので，地震後の建物の継続使用は保証していない．死傷の原因は，建築物やブロック塀の倒壊，室内の家具転倒などであるが，ライフラインが途絶すれば生活に支障が出る．さらに，木造家屋が密集する大都市では地震火災が心配である．

▶津波による被害

海溝型地震では，海底面の上下変動により津波が生じる．津波の伝播速度は水深の平方根に比例するため，沿岸部で津波高が増大する．さらにリアス海岸などでは，地形効果により局所的に津波が高くなる．海岸近くで海溝型地震が起きると，揺れている最中に津波が到達することもある．津波の波力は大きく構造物も損壊する．また，冠水した自動車のバッテリーがショートし，流出した油に引火して津波火災が発生することもある．津波に対しては，早期避難しか命を守る術はなく，気象庁が発表する津波に関する情報の役割が大きい．「津波てんでんこ」は，東北地方の津波被災地の教訓でもある．本来は，高台移転などの事前復興対策が望まれるが，早期の対応は難しいため，津波避難タワーなどの整備が進められている．

▶南海トラフ地震臨時情報と北海道・三陸沖後発地震注意情報

かつて，東海地震に対する地震対策では，体積ひずみ計のひずみ変化を検知することで直前予知ができると考えていた．しかし，東北地方太平洋沖地震➡では事前に明確な前兆現象が検出できなかったこともあり，予知を前提とする対策は事実上凍結された．一方で，切迫する南海トラフ地震では，東海地震と南海地震が分かれて続発する可能性があり，日本海溝・千島海溝沿いでも$M7$クラスの地震の後に巨大地震が続発する事例が認められる．そこで，南海トラフ地震臨時情報と北海道・三陸沖後発地震注意情報の仕組みが整えられた．前者に関しては，プレート境界上で$M8$を超える地震が起きた場合に臨時情報（巨大地震警戒）が発表され，津波避難➡の時間猶予のない事前避難対象地域の住民に1週間の事前避難が呼びかけられる[4]．

▶緊急地震速報

兵庫県南部地震➡を契機として高密度な地震観測網が整備され，2007年に緊急地震速報が本格導入された．震源近傍の地震計の記録から震源情報を推定し，震源から離れた場所に強い揺れが到達する前に情報を発する仕組みである．2023（令和5）年2月からは，長周期地震動階級も考慮され，震源から離れた場所の超高層ビルへの対策も可能になった．南海トラフ地震臨時情報発表時などには，社会活動を持続するうえで重要な情報になる．

▶知彼知己百戦不殆

地震は風水害や火山災害と異なり猶予時間がなく，突発的に起こるのが基本である．このため，危険地回避と耐震化などの事前対策が肝になる．南海トラフ地震のような巨大災害では被害を減らさないかぎり，事後対応のリソースが不足する．備えを進めたい．

➡8 東日本大震災がもたらした課題

➡24 住民避難の現状と避難行動の促進策

[4] 2024（令和6）年8月8日に発生した日向灘の地震（$M7.1$）で，初めて臨時情報（巨大地震注意）が発表され，1週間の注意の呼びかけが行われた．

➡7 阪神・淡路大震災

防災の基本的視点

各種ハザード

気象ハザードの特徴と災害

竹之内健介

近年，気候変動の影響もあり，雨の降り方にも変化が見られるようになってきている．本項では，今後，激甚化や頻発化が危惧される気象災害について，その特徴とともに，どのような対応が求められるのかを確認する．

▶近年の気象災害

気象災害は身近な災害の1つであるが，時代とともにその様相は変化してきている．近年では，少子高齢化が進むなかで，気象災害による死者・行方不明者の半数以上が65歳以上であるとの報告もあり[1]，高齢者等の災害弱者の対応や支援が大きな課題となっている．ここでは，とくに台風と梅雨前線の2つの災害を中心に，気象災害との向き合い方を確認する．

→10　災害弱者の防災対策

まず台風については，平年値で日本への上陸数は年3.0個，接近数は年11.7個[2]，合計約年15個と，災害発生の有無は別として，毎年影響を受ける可能性が高い災害といえる．近年の事例を振り返ると，2016年台風第10号は，統計史上，初めて東北地方太平洋側に台風が上陸する台風として注目された．岩手県岩泉町では，高齢者施設で9名の方が亡くなるなどの大きな被害となり，要配慮者利用施設における避難確保計画が議論されるきっかけとなった[3]．また2009年台風第9号による大雨では，兵庫県佐用町において20名の死者・行方不明者が発生し，そのうち12名が避難所に向かう途中で流されるなどした[4]．このことで垂直避難[1]の考え方が普及するきっかけとなった．このように，台風の災害事例からは，その対応の難しさも確認される．しかしながら台風については，事前の予測情報もあるため，タイムライン[5]などに代表されるように，あらかじめいつどう行動するか考え，ルール化しておくことが対策として有効である．

[1] 自宅や施設などの上階に避難すること

一方，梅雨前線による災害は，台風とは異なる特徴をもつ．例えば，平成30年7月豪雨（西日本豪雨）と令和元年東日本台風を比べると，最大降水量の観測記録を塗り替えた場所が，西日本豪雨では48時間雨量や72時間雨量で多かったのに対し[6]，東日本台風では12時間雨量や24時間雨量で多くなっている[7]．つまり梅雨前線の場合，洪水のリスクに加え，相対的に長雨による土砂災害のリスクに注意が必要となる．日ごろの雨の感覚だけでは危険を感じ取ることが難しい場合もあり，土砂災害に関連した防災気象情報の活用が重要となる．また近年，線状降水帯と呼ばれる顕著な大雨現象が注目され，梅雨期にも度々発生している．線状降水帯では，長雨が続くなかで突然災害級の大雨に変化し，それが数時間継続する．このような場合，外部からの情報だけでなく，その場の状況判断が重要となることも多い．実際，過去の事例では，情報がないなかで現場判断により難を逃れた事例も多く見

→17　土砂崩れ・土石流ハザードの特徴と対策

32　各種ハザード

られる．周りの様子の変化を災害対応に気持ちを切り替えるスイッチの1つとして[8]活用することも重要である．

そもそも気象災害は頻繁に経験するものでもなく，近年では想定外の形で発生する場合もあり，地域や施設の災害リスクに応じて，対応をしっかり考えておく必要がある．

▶新たな防災気象情報

現在の防災気象情報は，種類も増え，一般人にはやや難解なものとなっている．そのようななかで，大雨に関連するものとしては，「キキクル」[9]▶と呼ばれる1km間隔（町内単位ぐらい）のメッシュ情報が重要な役割を担うようになっている．キキクルの土台となっているのは，流域雨量指数（洪水），表面雨量指数（浸水），土壌雨量指数（土砂災害）といったそれぞれの災害の特徴を考慮した情報である．特別警報や警報などの基準にも利用されており，色の違いは警戒レベルとも対応している．このような情報を適切に活用することが被害を防ぐ有効な手立てとなりうる．たとえば，京都府福知山市荒木地区では，地区で土壌雨量指数を確認し，災害対応に活用している[10]．ただし，利用においては，単にキキクルが危険な状況を示した場合にどう対応するかだけでなく，危険を理解するためにも日ごろから身近な場所のキキクルがどのような雨の際にどのような色を示しているのか確かめておくことも重要である．また他にも，記録的短時間大雨情報（数年に一度の短時間の大雨）や顕著な大雨に関する気象情報（線状降水帯に関する情報）のように，日ごろあまり耳にしない情報が出た際も注意が必要である．

高齢者等の災害弱者は，早目の対応が必要となる場合も多く，対応回数が増える可能性がある．支援する人も含めて，個別避難計画などによって，その人に応じた情報の活用や支援内容の共有を図っておくことも重要である．

▶気候変動と気象災害

近年，気象災害は気候変動との関係が議論されるようになっている．地球温暖化に伴う猛暑日（最高気温35℃以上）の増加等への注意も必要であるが，同時に雨の降り方，台風の強度や進路の変化にも注意が必要である．近年のデータからは，1976～1985年と2013～2022年を比べた場合，1時間降水量80mm以上の短時間の大雨，3時間150mm以上の集中豪雨，日降水量300mm以上の大雨のいずれもが約1.8倍に増加している[11]．将来的には，これまで降雨があまり多くなかった地域でも大雨が増えることが危惧されている．このことは，われわれが過去の経験や感覚で行動することが危険であり，想像を超える大雨がこれから増加する可能性を示している．これまで大雨による被害が発生している地域だけでなく，水害経験の少ない北日本等でも，これまでの雨に対する認識を変えて対応する必要がある．

少子高齢化を踏まえた気象災害への対応だけでなく，気象現象の変化を踏まえた対応も求められている．キキクルなど，新しい防災気象情報が多数登場しているなかで，必要とする情報を適切に選択し，事前の行動ルールに活用することが，これからの気象災害への対応として求められている．

➡17　土砂崩れ・土石流ハザードの特徴と対策，23災害による被害抑止・軽減対策：耐震化・室内安全性確保・居住地選択

防災の基本的視点

16　気象ハザードの特徴と災害　33

各種ハザード

17 土砂崩れ・土石流ハザードの特徴と対策

小山倫史

近年，短時間強雨の頻度の増加に伴い，土砂災害が多発している．深刻な被害をもたらす土砂災害の防止，被害軽減のためには，ハード対策とともにソフト対策が必要不可欠であり，住民の早期警戒・避難において防災情報が重要な役割を果たす．

▶近年の土砂災害の発生傾向

〈図1〉に示すとおり，土砂災害[1]の発生件数は，年によって多い・少ない年があるが，1982（昭和57）年から2022（令和4年）までを平均すると毎年およそ1100件程度であるが，10年ごとの平均をとっていくと，土砂災害発生件数は明らかな増加傾向[2]にある．これは，短時間強雨（時間降水量50 mm以上の「非常に激しい雨」や時間降水量80 mm以上の「猛烈な雨」）の発生頻度の増加傾向と一致している．とくに，平成30年の土砂災害発生件数は3459件と際立って多く，このうち平成30年7月豪雨（西日本豪雨）で発生した土砂災害の件数は2512件であった．

▶土砂災害発生の「どこ」に関する防災情報

土砂災害に備えるためには，まず，自分の身の回りに存在する土砂災害発生の危険個所を知ることが重要であり，自治体から公表されているハザードマップ➡は重要な役割を果たす．ハザードマップは，自治体よって全世帯に冊子体として配布される場合もあるが，近年，インターネット上で公開する自治体が増えており，自治体ごとにさまざまな見せ方の工夫がなされている．国土交通省が運営する「ハザードマップポータルサイト」[2)]では，災害リスク情報などを重ねて表示できる「重ねるハザードマップ」や地域ごとの「わがまちハザードマップ」を閲覧することができる．

[1] 土砂災害：「斜面崩壊（がけ崩れ・土砂崩れ）」，「土石流」，「地すべり」の総称として「土砂災害」と呼ぶ．

[2] 土砂災害発生件数の増加傾向：1983（昭和58）年から2012（平成24）年まで30年間の平均が952件であるのに対し，2013（平成25）年から2022（令和4）年の直近10年の平均をとると1446件（約1.5倍）となっている．

➡ 23 災害による被害抑止・軽減対策：耐震化・室内安全性確保・居住地選択，24 住民避難の現状と避難行動の促進策

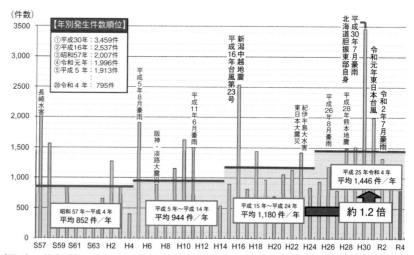

〈図1〉 土砂災害の発生件数の推移 1982（昭和57）年〜2022（令和4）年 [1)]

34　各種ハザード

●土砂災害発生の「いつ」に関する防災情報

　土砂災害に対する防災気象情報としては，気象警報・注意報（注意報，大雨警報，大雨特別警報），記録的短時間大雨情報，土砂災害警戒情報などがある．また，近年，レーダーによる観測精度の著しい向上により，高解像度の雨雲の動き「高解像度降水ナウキャスト」[3)]や解析雨量に基づく降水短時間予報や，線状降水帯に関する「顕著な大雨に関する情報」[4)]なども提供されるようになり，多種多様な情報を取得できるようになった．

　大雨により土砂災害発生の危険度が非常に高まったときに都道府県と気象庁が共同で発表する土砂災害警戒情報は，住民が自主避難の判断の参考となる情報である．土砂災害警戒情報は，「警戒レベル4」と位置づけられ，自治体が避難指示を発令する目安となる情報であり，住民には速やかな避難が求められるレベルである．〈図2〉に示すとおり，土砂災害警戒情報は，横軸と縦軸に土壌雨量指数[3]および60分積算雨量をプロットしたスネーク曲線が，1 km×1 kmの領域（メッシュ）ごとにあらかじめ設定された土砂災害発生基準線（critical line，CL）を2時間先までに超過すると予測された場合に発表される[5)]．

　土砂災害発生危険度は，1 km四方のメッシュごとに「災害切迫」（黒），「危険」（紫色），「警戒」（赤色），「注意」（黄色），「今後の情報等に留意」（無色）として色分けされる（カラー図は文献5のHP参照）．色分けされた地図は，「土砂災害警戒判定メッシュ」と呼ばれ，近年，報道において「土砂災害の発生危険度」や「土中水分の状態」を表す地図として明示されることが多くなった．また，2021（令和3）年3月に運用が開始された気象庁の「キキクル」では，リアルタイムで土砂災害警戒判定メッシュを公開することで，地域の土砂災害発生危険度をリアルタイムで確認することが可能となった．

→ 27　災害対策基本法（防災対策＋福祉的対応＋21年改正）

[3]　土壌雨量指数：タンクモデル（斜面における雨水浸透挙動を，3段に重ねた孔の空いたタンクで表現したもの）を用いて，雨量データから降った雨が土壌中に水分量としてどれだけ溜まっているかを算出したもの．

→ 16　気象ハザードの特徴と災害

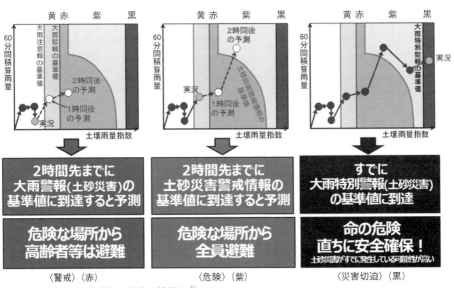

〈図2〉土砂災害警戒情報の発表の仕組み[5)]

各種ハザード

18 火災の特徴と対策

北後明彦

可燃物と酸素に火源が作用すると火災が発生する．発生した火災は加速度的に拡大し避難を困難とする．可燃物と火源の管理による発生抑止，建物構造の備えと消火活動による延焼抑止で危険性を低減することが重要である．

▶火災とは

可燃物と酸素があるところに熱が一定の条件で作用すると，燃焼現象が始まり連鎖反応的に燃焼を継続する〈図1〉．この燃焼現象の発生によって財産や人命が脅かされる場合，この燃焼現象のことを火災という．

▶火災発生のメカニズム

人の生活環境や生産現場となる家屋や施設，交通手段となる車両等には内装材や収納物などの可燃物があり，コンロや電気器具など熱源となるものも設置されている．コンロをつけたままその場を離れるなどの人為的なミスや機器の劣化等によって周辺の可燃物が過熱し一定の温度になると出火するなど，普段の生活・生産のなかで火災が発生している．地震時には，地震動によって電気設備の配線が破断・短絡し火花が出て周辺の可燃物に着火するなど，さまざまな原因によって出火することがある．

森林や野原などの林野では，草木が可燃物となり，自然現象である雷放電や立ち入る人間の火の不始末による残り火などが熱源となって出火する．

▶火災の拡大と消火

火災は，炎が出てから周囲の可燃物に燃え広がる．燃え広がる面積は，火災発生からの時間の2乗に比例して大きくなるので，発生する熱量（発熱量）は加速度的に増え，温度も次第に急上昇する．

火災を消すためには，燃焼の要素である可燃物，酸素，熱が連鎖反応を起こさないようにする．代表的な消火方法は水で火災の温度を下げ，熱を取り去ることである〈図1〉．必要な水量は発熱量に比例するので，火災発生からの時間の2乗におおむね比例すると考えられる．火元近くだけが燃焼している初期火災の場合は，水道栓につないだホース程度の水の勢いで消火できるが，もう少し時間がたって1つの部屋全体が燃焼するような盛期状況となった火災では，消防隊の強力な消防ポンプによって大量の水を注水しなければ消火できない．

〈図1〉燃焼の3要素と消火の原理 （モリタ宮田工業HP掲載の図に加筆）

隣棟延焼から市街地への延焼拡大とその防止

家屋から出火して盛期火災となると，燃焼している部屋の窓や燃え抜けた屋根から火炎が噴出し，火の粉が上昇気流に乗って飛散する（飛び火）．噴出火炎からは，熱放射により，隣の建物の外装材等の可燃物の温度が上昇する．火炎が大きいほど，また，隣棟までの距離が短いほど受熱量は大きくなり，可燃物の温度が上昇して着火し，隣棟延焼となる．飛び火は着地した場所に可燃物があるとそこから出火する．

隣棟延焼を防ぐには，受熱している可燃物にホースで放水し，可燃物の温度を下げて着火しないようにする．木造住宅が密集した地域では隣棟までの距離が短く，容易に延焼して被害を拡大するので，消火活動で延焼を防ぐ努力がなされるが，隣棟へ延焼しにくい建物構造としておくことで消火活動の有効性を高めることができる．

林野火災から家屋等への延焼とその防止

林野火災が発生した場合，対応が遅れると飛び火により延焼する範囲が拡がり，森林資源を大量に消失するばかりでなく，家屋が立地する住宅地に迫って被害が及ぶことがある．近年ではこのような場合に備えて公的に配備されたヘリコプターを活用し，林野火災の延焼状況を把握し，空中消火を積極的に行うようになっている．

火災からの避難

火災が拡大すると，人は火炎や煙からの熱や煙粒子の影響を受けて避難せざるを得なくなる．人のいる空間に濃煙が充満すると視界が遮られ安全な避難方向を見いだせなくなる．切迫した状況での避難は生命の危険を引き起こすので，火災が大きくなる前に避難を開始して安全な場所へ避難することが望ましい．そのため火災が拡がる方向や速度の予測に基づいて，タイミングを失することなく避難誘導することが重要である．

福祉施設➡では，障害者，乳幼児，身体機能が低下した高齢者などが多く，火災発生に関しての情報取得や判断が困難な場合が多く，避難が遅れやすい．これらの人々は，避難をしようとしても移動が困難であり，火災からの影響を受けやすい．避難を介助するスタッフにより，早期に避難誘導できればよいが，これらのスタッフが手薄である状況で火災が発生した場合には，多くの死傷者が発生する恐れがある．

➡10　災害弱者の防災対策

火災危険性への備え

火災が拡がる速度は，可燃物の状況や家屋の構造に左右される．家屋の内装材，特に壁材や天井材が燃えやすい場合，火災は一気に部屋全体に拡がりやすくなり避難危険が高くなるが，壁や天井を不燃化すると避難可能な時間が延長され避難しやすくなる．スプリンクラーなどの自動消火設備を設置すると，火災が大きく拡大する前に消火されるので，福祉施設など，避難が困難な在館者が多い場合は特に有効である．

各種ハザード

19 火山の特徴と対策

石峯康浩

火山災害では，要支援者を迅速に避難させるための事前の備えがきわめて重要である．噴火直後には電気・水道・物流が止まるリスクがある上，長期避難となるケースも多い．火山地域の福祉関係者には高い防災意識が求められる．

▶「火山国」日本

日本は数多くの火山を有する世界有数の火山国である．火山噴火予知連絡会が選定している活火山[1]だけでも111もあり，その多くで過去に噴火災害が発生している．

近年の火山災害として，長野・岐阜の県境にある御嶽山で2014（平成26）年9月に発生し，63名に上る死者・行方不明者を出した噴火を記憶されている読者も多いだろう．この噴火では火口近くに多くの登山客がいたことで被害が大きくなったが，同噴火で噴出した火山灰は約50万m^3と，噴火そのものはきわめて小規模だった．富士山の最後の大噴火である1707年の「宝永噴火」におけるマグマ噴出量は，その1000倍以上に当たる約7億m^3と見積もられており，同様の噴火が近い将来，発生した場合，社会生活への影響はけた違いに大きくなることは避けられない．

富士山の宝永噴火では，富士山麓の村で3m以上の火山灰[2]が積もった．富士山から約150km以上離れた千葉県東部の現在の香取市付近でも降灰が記録されているなど，関東一円で火山灰が降った〈図1〉．近年，日本国内ではこのような大規模噴火は発生していないが，近い将来，発生する可能性は否定できない．現実的な問題として対策を検討し，少しずつでも可能なことから備えを進めることが重要である．

▶一般市民になじみが乏しい火山噴火

火山噴火では，空高く噴煙を噴き上げて大量の火山灰を広域に飛散させる爆発的な噴火の他，火砕流[3]や土石流，溶岩流等，さまざまな現象が発生しうる．しかも，発生頻度が低く，活火山の周辺に暮らす市民でも，生まれてから一度も火山噴火に遭遇したことがないという状況は珍しくない．全国的に見ても，人的被害が出たり長期避難を余儀なくされたりする火山災害は近年，比較的，少なく，テレビや新聞等で取り上げられる機会も多くはない．

このような背景があるため，多くの市民においては，多様な火山現象の違いや，そ

[1] 活火山：火山噴火予知連絡会は気象庁が事務局を務める火山専門家の組織であり，活火山を「概ね過去1万年以内に噴火した火山及び現在活発な噴気活動のある火山」と定義している．調査研究の進展に伴い，活火山の数は増えることがある．

[2] 火山灰：火山学の厳密な定義では2mm以下の火山噴出物のみを火山灰と呼ぶ．2mmより大きいもののうち64mm以下は火山れき，64mmより大きいものは火山岩塊と呼ばれる．火山の近傍の堆積物には相当量の火山れきや火山岩塊が含まれる．

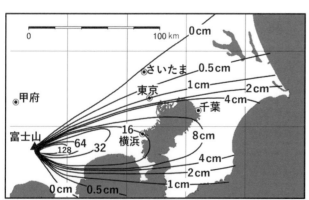

〈図1〉 富士山ハザードマップ検討委員会中間報告（2002）を基に作成した宝永噴火で積もった火山灰の厚さ分布

れに応じた適切な対策についての知識が乏しいものと考えられる．火山噴火にどう対応するか，わがこととして真剣に検討し，日ごろから備えを進めている市民はいっそう少ないと想定せざるを得ないのが実情だろう．そのため，近い将来，国内で大規模噴火が発生した場合，社会全体に大きな混乱が生じることが予想される．

▶事前の域外避難が原則

火山災害における要支援者対策で最初に問題となるのは避難である．火砕流や土石流等は進行速度が速く，現象が発生してからの避難では健常者でも間に合わない．巻き込まれると助かる見込みはかぎりなく小さいため，事前に到達範囲外に避難することが不可欠である．要支援者については早い段階での避難の判断が重要となる．

溶岩流は火砕流や土石流よりも速度が遅いとはいえ，自力歩行が困難な要支援者については，やはり事前避難が原則である．溶岩流に建物が巻き込まれると火災が発生する可能性が高く，堅牢な建物の上層階に移動する垂直避難では対応できないためである．とくに，大人数の避難が必要な病院や福祉施設等▶では，移動手段や移動先の手配を含む具体的な避難計画を立てておくことが命を守る鍵となる．

▶インフラへの影響が深刻な降灰

降灰に関しても，屋根に積もった火山灰の荷重に建物が耐えられないほど降灰が激しい地域では避難が必要になる．ただし，降灰の場合は近隣の堅牢な建物に避難すればよく，長距離避難は必要ない．その一方で，物流が止まることを想定して十分な備蓄をしておく必要がある．大量の火山灰が道路や線路に降り積もると，自動車や鉄道の運行が一定期間，困難になるからである．降灰量が少ない地域でも視界不良やスリップ事故により交通網が麻痺する可能性がある．さらには，停電や断水が発生する可能性も高く，要支援者の健康維持には特段の配慮が必要となる▶．

避難所に指定されることが多い体育館等の建物は屋根の構造が脆弱な場合が多く，降灰時の避難所としては不適切であることにも留意すべきである．

▶長期避難への備えも重要

火山噴火では，長期間，自宅を離れて避難生活をせざるを得ない状況も発生しやすい．2000（平成12）年に伊豆諸島の三宅島（東京都）で噴火が発生した際は，有毒な二酸化硫黄を含む火山ガス▲4の大量放出が続き，全住民が約4年半にわたって島外避難を強いられた．1990年代前半の雲仙普賢岳（長崎県）の噴火災害でも火砕流や土石流が繰り返し発生し，長期避難を余儀なくされた．大量降灰や溶岩流等で住居や田畑が埋まってしまう状況では移住という選択をせざるを得ない地域が発生することも想定される．行政等では，このような状況への対応も事前に検討しておく必要がある．

---

③ 火砕流：高温の火山噴出物が火山ガスや周囲の大気と混然一体となって高速で地表を流れ下る現象．時速100kmを超える場合も多い．雨水等の水によって火山噴出物が押し流されるものは土石流（もしくは泥流）と呼ばれる．

➡10 災害弱者の防災対策

➡51 命を守る事前・応急対策（防火・防災・応急対策）

④ 火山ガス：主成分は水蒸気と二酸化炭素であるが，二酸化硫黄や塩化水素，硫化水素等の有毒成分を含んでいる．そのため，ぜんそくや慢性閉塞性肺疾患（COPD）等の呼吸器疾患の発作の増加をはじめとした健康への悪影響が発生するおそれがある．

防災の基本的視点

19 火山の特徴と対策 **39**

各種ハザード

20 感染症蔓延の特徴と対策

髙田洋介

新型コロナウイルス（COVID-19）が私たちの日常生活を一変させたことから，感染症が防災や福祉分野にも大きく影響することは容易に想像できる．本項では公衆衛生の観点で感染症が災害対策などに及ぼす影響について解説する．

➡ 22 CBRNE災害対策，25 災害時要配慮者のさまざまな避難生活空間

●繰り返す感染症の流行

感染症➡による蔓延は生物学的な自然災害である．本項を執筆している2023年時点では新型コロナウイルス（COVID-19）による影響が残り，感染症を災害として認識するのは容易であろう．歴史的には1347年の黒死病（腺ペスト）や1918年のスペイン風邪が有名ではあるが，これらは衛生環境が悪かった時代の話である．しかし衛生環境が改善した現代においても感染症の流行は繰り返し起きている．近年では，2002年SARS（重症急性呼吸器症候群），2009年新型インフルエンザ（H1N1ウイルス），2015年MERS（中東呼吸器症候群），2019年新型コロナウイルス（COVID-19）と，呼吸器感染症だけでも数年ごとに新たな脅威として世界を震撼させている．そして，国際交通網が発達した現代では，48時間でアフリカ僻地の感染症が日本に入ってくる速さで，感染症は国境を越えて世界中に伝播する．WHO（世界保健機関）は国際保健規則（International Health Regulation，IHR）を設け，196締約国に対して国際的に公衆衛生上の脅威となりうる健康被害事象が発生したときは，WHOに報告するよう法的に定めている．

我々は，新たな感染症は発生するものであると考え，事業継続計画の策定など感染症蔓延時の対応について備えておかなければならない．

●感染症に関する基礎知識

感染症とは，細菌・ウイルス・真菌・寄生虫などの病原体が体内に入りさまざまな症状を引き起こすことである．感染経路には垂直感染（妊娠出産に伴う母子感染）と人から人に広がる水平感染に分類され，さらに接触感染，飛沫感染，空気感染，媒介物感染に分類することができる．感染症は英語でcommunicable diseaseと言われるように，集団の中で伝播していく形で社会機能を低下させる災害である．日本の文脈では，戦後復興のなかで衛生環境が大幅に改善し，真菌や寄生虫症の流行はなくなり，社会機能に影響するほどの感染症の原因は，細菌性かウイルス性になる．

感染症の蔓延が社会機能に影響を及ぼすか否かは，感染力と致死率が鍵となる．感染力は1人の感染者から平均して何人に伝播させることができるかを示した係数でその強さを表す．まだ誰もその免疫をもっていない集団のなかで，1人の感染者が次に平均して何人に感染させるかを示したものを「基本再生産数」といい，英語ではアール・ノート（R naught, R_0）という記

号で示す．すでに感染が蔓延している状況／ワクチン接種などで免疫を獲得している人がいる集団の中で平均して何人に感染させるかを示したものが「実行再生産数」といい，R_tやR_eで示す．R_tが1より大きいとき，感染は拡大傾向であり，1より小さければ縮小傾向となる．R_0は病原体そのものの感染力や感染性の期間が影響するだけでなく，同じ病原体であっても人との接触頻度など行動の違いによっても変動する[1]．致死率は罹患した人のうち死亡した人数の割合を百分率で示したものである．

▶感染症蔓延の対策

感染症は①病原体，②感染経路，③宿主の3つの要因が揃うことで成立する．つまり，これらの要因の1つでも取り除くことができれば感染症の蔓延を止めることができる．例えば手洗いや感染者を隔離する（経路を断つ），ワクチン接種をして免疫をつける（宿主を強化する），アルコール消毒をする（病原体をなくす）などである．ワクチン接種で予防できる感染症であれば，既存の定期ワクチン接種プログラムに従って，幼少期から免疫をつけていることで社会は免疫をもった集団となり，人と人との間での感染伝播を抑止することができる．しかし，季節性インフルエンザのように時間経過とともに免疫が低下するものがあり，定期的に追加の予防接種を受けることが重要である．追加接種により感染症の重症化を防ぎ死亡率を低下させ，社会機能の維持につながるのである〈表1〉．

地震や水害では瓦礫や土砂による粉じんの他にライフライン停止による衛生環境の悪化と，避難所➡で集団生活がかけ合わさることで感染症が蔓延しやすい状況になる．感染症の多くは手を介して体内に入ることが知られており，感染症蔓延の対策としては，流水と石鹸による手洗いが基本であり効果的である．マスクの着用に関して，基本的に感染している人が他人に感染させないために着用することに意味がある．ウイルス性疾患の場合，その粒子が微小のため不織布などの一般的なマスクで自身の感染を防ぐことは難しい．しかし，粉塵などウイルス以外にも空気中を浮遊するものがあり，これらが上気道粘膜を刺激して，炎症や喘息の原因になることも考えられるため，感染していない人が被災地でマスクをすることは一定の意味がある．食中毒もまた災害対応の文脈で気をつけなければならない．とくに夏場は食材が傷みやすいので低温管理もしくは食べ残しの廃棄処分が鍵となるが，揚げ物や煮物などが多くなり，栄養面から考えると，生野菜や果物に含まれる繊維質やビタミンなどが不足する．そのためメニューは行政管理栄養士や日本栄養士会災害支援チーム（JDA-DAT）と検討すべきである．

大規模な感染症流行に対する専門的な助言が必要な時は，厚生労働省から感染症危機管理専門家（Infectious Disease Emergency Specialist, IDES）を派遣するスキームがあるので活用をお勧めする．

〈表1〉感染症の免疫持続期間の目安（ワクチンと対象者）

■麻疹ワクチン
- 1972 年9月30 日以前の生まれ
- 1972年10月1日 から2000年4月1日生まれ
  ともに2回接種を受けていない方は合計2回の接種が必要

■風疹ワクチン
- 1962 年4月1日以前の生まれ
- 1962 年4月2日 から2000年4月1日生まれ
  ともに2回接種を受けていない方は合計2回の接種が必要

■破傷風
- 1967 年以前の生まれ
  基礎免疫として3 回接種を推奨します
- 1968 年以降の生まれ
  予防接種終了から10年以上経過している場合には追加接種（1回）を推奨

■日本脳炎ワクチン
- 1995 年以前の生まれ
- 1995 年4月2日 から2009年10月1日生まれ
  ともに4回接種を受けていない方は合計4回の接種が必要

■ポリオワクチン
- 1975 年から1977年生まれの
  ワクチン接種による抗体保有率が低いため，海外渡航の際には追加接種が推奨

➡ 25 災害時要配慮者のさまざまな避難生活空間，52 復旧までの一時的な暮らしの対策

防災の基本的視点

各種ハザード

21 人為的災害の特徴と対策

髙田洋介

本項では列車事故など人為的に発生する集団災害において，防災と福祉関係者がどのように関わるのかについて事例を通じて解説する．人為災害は自然災害と比べて小規模であるが，人命にかかわることが多く，迅速な対応が求められる．

▶人為災害の種類

航空機や列車などによる大型交通事故（交通災害）が人為災害としてイメージしやすいが，この他に，大気汚染や水質汚濁などの都市公害，鉱山や土木建設現場などで起きる産業災害，手抜き工事，管理不備・怠慢などの管理災害，森林火災に代表される環境災害，内戦や国境戦争などの紛争災害，化学剤や生物剤など主にテロの文脈で用いられるCBRNE災害➡が挙げられる．また，花火大会や大規模スポーツ観戦など「一定期間，限定された地域において，同一目的で集合した多人数の集団」をマスギャザリングと呼び，将棋倒し事故などを多数傷病者事故（Mass Casualty Incident, MCI）と呼ぶ．数千～数万人があつまるイベントにおいては，感染症，熱中症などのリスクとなる．

➡22　CBRNE災害対策

▶人為災害による被害の特徴

人為災害にはさまざまな種類があるが，それによる人的被害の多くは外傷を負うのが特徴である．大型交通事故による被害は航空機や列車などの移動エネルギーが事故によって旅客の身体に伝わり，打撲・骨折・内臓損傷などの外傷を負う点が共通する．航空機の場合は，航空機燃料による火災に伴う熱傷を負う場合もある．列車は自動停止システムや駅ホームドアの設置など安全対策が進み，鉄軌道運転事故の件数および死傷者数は大幅に減少している[1]．航空機に関しては，2019（令和元）年のデータで，年間約6900万便が飛行していたがそのうち死亡事故は23件，死亡者は289名であり[2,3]，事故発生確率はきわめて低い．マスギャザリングでは前述の外傷に加え，機械的圧迫による窒息が特徴である．土木建設現場などでの事故でも落下物に体が当たったり，挟まれたりするなどにより外傷を負う．

大規模火災や紛争，原子力事故においては自然災害と同様に住家被害が発生したり広域避難➡が必要となったり，一時的に避難所の設置が求められる場合もあるが，人為災害の多くは局所的であることが多く，人命の救助や，瓦礫処理は自然災害よりも短期間で終息する．

➡71　広域避難

▶人為災害への対応

人為災害は前述のように被害は限局的であり，その対応は既存の消防，警察などの組織による能動的な活動によって対応され，その後は外傷治療を行う医療機関が主な組織となるため福祉関係者が緊急で対応しなければならな

〈図1〉 JR福知山線脱線事故（提供：千里救命救急センター）

いことはあまりない．

JR福知山線脱線事故の事例

　2005（平成17）年に発生したJR福知山線脱線事故では，地元の尼崎市消防局および兵庫県警察に第一報が入り，ただちに県消防防災ヘリおよび県警察ヘリが離陸し，現場の被害状況をテレビ映像でとらえ，官邸を含む各方面に共有対応している．被害規模の大きさから，国（総務省），兵庫県，尼崎市，尼崎市消防局，兵庫県警察，JR西日本にそれぞれ，災害対策本部が設置され，緊密な連絡体制が構築された．そして県から消防庁長官に緊急消防援助隊の応援要請が発せられ，また自衛隊に対しても災害派遣要請がなされている．兵庫県警察からは近畿管区警察局を通じて広域緊急援助隊の派遣要請がなされ，現場の交通整理，捜索救助，遺体の検死および身元確認などを実施している．当時はドクターヘリがなく，大阪市や神戸市，兵庫県の防災ヘリや消防ヘリが患者搬送を担ったが，このとき，尼崎市消防局および兵庫県消防防災航空隊が近隣の中学校に校庭を臨時ヘリポートとする依頼と承諾を得る手続きをしていた．当時は災害派遣医療チーム（DMAT）[1]が発足して間もないタイミングであったため，ドクターカーを所有する救命救急センターを中心とした医療チームが消防からの要請や報道により現場に参集した[2]．

　尼崎市による現場支援活動として，市立中学校のグラウンドを臨時ヘリポートとして提供，同中学校から毛布やブルーシート，包帯などの物資提供，負傷者への飲料水として給水車の待機，警察や消防車両等への駐車場提供，救助作業を担っている隊員への食糧提供などの後方支援がなされている．県民局は尼崎市役所や消防局，事故現場などにリエゾンを派遣し，県支援本部との連携を図っていた．

　こころのケア対策として，兵庫県では事故発生から2日後にこころのケアについての啓発および相談窓口案内のためのチラシを作成し，搬送先の医療機関，市町等に配布するとともに兵庫県被害者支援連絡協議会を設置し，こころのケアセンター，精神保健福祉センターおよび関係健康福祉事務所が相談窓口になっていることを負傷者や遺族宛に連絡している．また，チラシと同じ内容を兵庫県障害福祉課ホームページに掲載した[4)]．

　これらのことから，人為災害においても行政は災害対策本部を設置し，防災部局が中心となって広域支援の要となる必要がある．

[1] DMAT：Disaster Medical Assistance Team

→ 55　外部支援と被災者支援コーディネーション

[2] 現在，DMATには，厚生労働省管轄の日本DMATと都道府県管轄のローカルDMATが存在し，局所災害においてはローカルDMATが対応することになる．ローカルDMATの派遣要請基準は地域ごとに若干異なるが，基本的には，県または市町村，消防機関からの派遣要請に基づいて派遣される．

各種ハザード

CBRNE 災害対策

中林啓修・髙田洋介

本項では「その他のハザード/災害」として，おもに化学剤や放射性物質などによる人為的な災害について解説する．一見，日本では無縁に見えるが，じつは日本社会においても無視できない身近な災害である．

→ 21 人為的災害の特徴と対策

→ 20 感染症蔓延の特徴と対策

●CBRNE 災害とは

CBRNE災害➡とは，化学剤（Chemical），生物剤（Biological），放射性物質（Radiological），核（Nuclear）および爆発物（Explosive）によって引き起こされる災害のことである．化学剤は，毒性のあるガスや液体などに被ばくすることで，比較的短時間で痛みや痺れ，呼吸困難などの激烈な症状が発生する．生物剤には，細菌やウイルスを用いて感染症➡を引き起こすもので，潜伏期間を経て症状が現れるものが一般的だが炭疽菌のような劇症性のものもある．放射性物質（R）と核（N）は一見，同じもののように見えるが，核（N）がいわゆる「核爆発」に起因する熱線や爆風および放射能汚染による被害を想定しており，日本では核反応を扱う原子力発電所での事故が主に想定される．放射性物質（R）については，核爆発を伴わない，高濃度の放射性物質による大量被ばくのみの被害を想定しおり，放射性物質を吸引したり，付着した食材を食したりすることで，内部被ばく（体の内側から放射線被ばくすること）を起こす．基本的に放射性物質は厳重に安全対策が施されているが，放射性物質災害となる事象を強いていえば，医療機関や研究機関で扱っている放射性物質の輸送車が事故を起こすとか，原子力発電所事故により放射性物質が外界に拡散するような事象が想定される．爆発物（Explosive）は急速に燃焼したエネルギーが球状に拡散し，これに人体が曝されることによって熱傷のほか，飛来物体による穿通創，圧縮空気に伴う肺挫傷や腸管損傷がある．

Global Terrorism Database（GTD）によれば，1970（昭和45）年から2020（令和2）年にかけて発生したテロの件数（被害なしを含む）は約20万件あり，うち半数が爆発物（E）によるものである．他方，爆発物を除いたCBRNテロの発生件数は396件であり，GTDに収録されているテロ事件全体の0.2%にも満たない．爆発物によるテロの被害者が1件あたり死者約2名，負傷者約4名となっているのに対して，CBRNテロの被害者は1件あたりの死者数は約2名と爆発物によるテロと同等だが，負傷者は1件あたり約38名となっており，件数あたりの被害は大きくなる傾向にある[1]．また，CBRNテロには発生地域に特徴があり，G7（カナダ，フランス，ドイツ，イタリア，日本，英国，米国）およびEU諸国におけるCBRNテロの発生件数は132件で，CBRNテロ全体の1/3に上っている．

■日本におけるCBRNE災害対策の制度

日本の災害対策制度は，発生する事象ごとに制度が存在するシングルハザード型と言われている．そのため，CBRNE災害についてもその原因などによって対策制度が異なっている．

まず，災害対策基本法（災対法）▶では，法律が取り扱う災害として規定されている原子力災害や危険物等災害などに含まれうるかぎりにおいてCBRNE災害を取り扱うことになる．ここで想定されるのは，工場火災等に伴う大規模な爆発火災や毒劇物の放出，あるいは原子力発電所事故に伴う汚染などである．これらの災害では，災対法や消防法▶などによる立ち入り制限を行うこともある．また，生物剤についても，炭疽菌など激発性のものについては災対法に基づく対処の範囲に入る可能性がある．他方，同じ生物剤であっても，それ以外のものについては感染者が発症するなどしてから被害が覚知されることが一般的であり，病気の種類に応じて感染症法などに基づく対応を行うことになる．また，放射性物質については，災対法とともに原子力災害対策特別措置法に基づく対応が行われる．

一方，CBRNE災害が悪意ある人物や組織によって引き起こされ，その災害によって多数の死傷者が発生するなどの大きな被害が発生したことから「国家として緊急に対処する必要が認められる事態」となった場合や，外国政府によって意図的に引き起こされた場合には，そのCBRNE災害による被害への対処は国民保護法に基づいて行うことになる．国民保護法の内容は災対法や災害救助法に類したものとなっているが，国による事態の認定と指示に基づいて対処が行われる点が自然災害と大きく異なっている．

■CBRNE災害対策

このような特殊災害に対して自衛隊，消防，警察，海上保安庁において，防護服を着用しての訓練や，医療機関では化学剤や放射性物質を取り除き医療処置を行う除染訓練がなされている．また日本災害医学会が「多数傷病者への対応標準化トレーニングコース：Mass Casualty Life Support（MCLS）」のCBRNE対応コースを開発し，初期対応に関わる消防，警察，医療関係者などが座学とシミュレーションで研鑽を積んでいる．この他に，原子力災害に特化した，緊急被ばく医療支援チーム（Radiation Emergency Medical Assistance Team，REMAT）が2010（平成22）年に発足し，量子科学技術研究開発機構や放射線医学総合研究所緊急被ばく医療研究センターなどを中心に組織化され24時間体制で待機している．

CBRNE災害は，実際の被害だけでなく社会に与える心理的影響の大きさも指摘されている．とくに被害者やその家族，災害対応にあたった関係者へのメンタルケアも重要となる．

▶27　災害対策基本法（防災対策＋福祉的対応＋21年改正）

▶28　建築基準法・消防法・区分所有法

被害抑止・被害軽減等

災害による被害抑止・軽減対策：耐震化・室内安全性確保・居住地選択

小山真紀

災害種別によって，被害抑止・軽減戦略は異なる．地震の場合は建物の耐震化，室内安全確保対策，火災予防対策が有効であり，水害においては，防災気象情報や避難情報の活用と適切な避難行動，避難とのバランスを踏まえた居住地選択が有効である．

① ハザード：地震，浸水，土砂崩れなど，脅威となりうる現象に見舞われる危険性やその大きさのこと．

② ハザードマップ：地震，洪水，土砂災害などの危険性はハザードマップとして市町村から市民に周知されている．国や都道府県では多くの場合インターネット上で確認できるハザードマップが公開されている（例：重ねるハザードマップhttps://disaportal.gsi.go.jp/maps/）．

→ 17 土砂崩れ・土石流ハザードの特徴と対策

→ 15 地震・津波の特徴と対策

③ 建築基準法：改正前，改正後の耐震基準をそれぞれ旧耐震基準，新耐震基準という．

→ 28 建築基準法・消防法・区分所有法

▶災害による被害抑止・軽減対策を行うためのポイント

災害による死傷者の発生は，被災後の生活環境悪化によっても発生するが，本項では災害発生時の直接被害を対象とする．災害抑止・軽減対策は地震，水害，土砂災害などのハザード①によって異なるため，その場所のハザードをハザードマップ②→で確認することが重要である．ただし，ハザードマップはあくまでも「ある想定下での推計結果」を示したものであり，「地図が白ければ安全」とは言えない．これを踏まえたうえで，必要な被害抑止・軽減対策を行うことが肝要である．

▶地震災害

過去の地震における直接死の原因は，1995（平成7）年の阪神・淡路大震災では建物倒壊などによる圧死が83%[1]，1923（大正12）年の関東大震災では火災による死者が87%[2] であった．地震災害の際には火災が発生することが多いが，関東大震災の際には台風の影響で関東地方に強風が吹いており，急速に火災が広がった[3]．これが広範囲の延焼の要因の1つとなり，焼失戸数は447128戸に上った（阪神・淡路大震災は7456戸）[4]．なお，車椅子利用者などの避難行動要支援者の場合，建物が倒壊に至らなくても家具転倒や室内散乱状態になると屋外への移動が困難となり閉じ込め状態になる恐れがある．この状況で火災が発生すると避難困難による焼死リスクが高まる．

海底や海岸付近の地震では津波が発生するおそれがあり，東日本大震災による直接死では津波によるものが92%であった[5]．

建物倒壊抑止 →

建物倒壊を抑止するためには，家屋の耐震性確保が必要である．耐震基準を規定している建築基準法は1981年に大きな改正がなされている[3]．木造住宅については2000（平成12）年にも大きな改正があった→．古い耐震基準で建てられた建物については耐震診断を実施し，耐震性能が低ければ耐震改修を行うことが重要である．なお，新しい耐震基準で建設された建物であっても，過去に被災していたり，メンテナンスが悪い場合には耐震性能が低下するため，十分な耐震性能を確保することが必要である．

耐震診断，耐震改修については，相応に資金が必要になるが，都道府県や市町村で補助事業を実施している場合があるので，活用するとよい．金額的に耐震改修が難しい場合は耐震シェルターを設置することで，建物自体は倒

壊したとしても設置した部屋の安全空間を確保することができる.

室内安全性確保

家具転倒や室内散乱を防ぐためには室内の家具レイアウトの見直し,家具固定,落下防止対策が有効である.家具固定ができない場合には,家具の上部と天井の間に突っ張り棒などを入れて倒れてくる時間を遅らせ,安全確保の時間を少しでも確保することが有効である.落下防止については,扉付きの家具は扉が開かないよう開放防止器具をつける,扉がない家具は落下防止用のガードをつける,ガラス扉やガラス窓には飛散防止フィルムを貼るなどの方法がある.東京消防庁では自宅やオフィスの家具転倒・落下防止対策について動画など詳細な解説ページを公開しているので参考にするとよい[6].

火災予防

昔はかまどやストーブによる火災が多く発生していたが,近年では通電火災[4]など,電気に起因する火災の割合が最も多い.電気に起因する火災を防止するためには,感震ブレーカーを設置したり,地震後避難する際に電気製品のスイッチを切ってブレーカーを落とすなどの対策が有効である[7].

[4] 通電火災:地震に伴って大規模かつ長時間に及ぶ停電が発生した場合に,停電からの復旧後の再通電時に出火することで発生する火災

津波による死亡リスク低減策

地震後に津波が到来するまでの時間は一様ではない.津波による死傷リスクを回避するためには津波危険度の低い場所に居住することが有効である.すでに居住している場所が津波危険度の高い場所である場合は,津波警報発表時には即座に高台など安全な場所に避難することが求められる.

▶風水害と降雨による土砂災害

近年,気候変動による気象災害の激甚化が指摘されており,毎年のように大規模な風水害や土砂災害が発生している.風水害や降雨による土砂災害は地震と違って状況を観測できる状態にあるため,ある程度危険度のモニタリングができるが,安全なうちに避難行動[5]を起こすことができなければ洪水や土砂災害に巻き込まれることになる.

[5] 避難行動:避難行動の目安として,市町村から避難情報[5]が発令されるが,避難の所要時間や事情などはそれぞれ異なるため,避難時間が不足する場合もある.気象庁のキキクル➡ (https://www.jma.go.jp/bosai/risk/) や国土交通省の川の水位情報 (https://k.river.go.jp/) なども活用するとよい.

➡ 16 気象ハザードの特徴と災害

リスクの少ない場所での居住

近年,遊水池として利用していた場所まで宅地化が進んでいる.一方,気候変動による気象災害の激甚化・高頻度化が進み,水害による死傷リスクが増加している.津波と同様,水害・土砂災害による死傷リスクを下げるためには,これらの危険性の低い場所に居住することが有効である.日本は森林面積が大きく,可住地面積が少ない.平野の多くはもともと氾濫原であり,平時から洪水リスクのない土地だけを活用することは現実的ではない.そのため,避難行動要支援者はそのようなリスクの高い場所に居住しないようにし,とくにリスクの高い場所にはそれ以外の人も居住を避ける.その上で安全に避難することが可能な場所は有効活用することになる.

水害を避けるためだけに転居することは経済的にも負担が大きい.進学や就職など転居の機会には,ハザードマップなどを活用して安全な場所,建物を選択すれば,無理なくリスクを低減することができる.避難行動の際には,避難情報[6]が活用できる.

[6] 避難情報:市町村が避難を促すために発令する情報.高齢者等避難(警戒レベル3),避難指示(警戒レベル4),緊急安全確保(警戒レベル5)の3段階がある.危険地域にいる避難行動要支援者はレベル3で避難することが推奨されているが,人によっては避難に時間がかかる人もいるため,避難タイミングを決める際には避難情報だけでなく,キキクルなどの情報も活用することが有効である.

23 災害による被害抑止・軽減対策:耐震化・室内安全性確保・居住地選択 **47**

被害抑止・被害軽減等

24 住民避難の現状と避難行動の促進策

藤本一雄

災害時における住民の避難の現状・問題点について概説した後，避難の意思決定モデルに関する研究事例を紹介し，その知見を踏まえて住民の避難行動を促進するための方策について述べる．

▶住民避難の現状と問題点

　過去の災害においては，住民の避難率が低調なことが多い．たとえば，「1982（昭和57）年長崎水害の時は実際に浸水被害を受けた住民のうち約1割しか避難を実施していなかった」，「2000（平成12）年東海豪雨のときは避難勧告の対象となった住民のうち避難を実施したのは半数以下であった」，「2010（平成22）年チリ地震津波では，避難勧告・指示を見聞きした住民は約8割であったが，実際に避難をした住民は4割弱であった」などである．2011（平成23）年東日本大震災における津波避難行動の実態調査の結果においても，地震の揺れがおさまった後の避難行動パターンでもっとも多かったのは「直後避難」（57%）であるが，「用事後避難」（31%）や「切迫避難」（11%）といった避難遅れも4割を占めていた→.

→ 15　地震・津波の特徴と対策

　このように避難が遅れた理由を，東日本大震災の体験談[1]からみると，「叔父さんの家にもう一度行って「津波が来るから避難しよう」って言ったら「わしはここで死ぬから，いい」って言うんです」（岩手・大槌町の男性・69歳），「自宅に戻り，隣のおばあさんに避難の声がけをしましたが，「ここまで来ないから」と逃げようとしません（岩手・釜石市の女性）」，「すぐに乗客に避難を呼びかけ，バスを降りてもらった．しかし，アルバイトに行かなくてはいけないと言って席を立とうとしない女子高生がいる（福島・いわき市の男性・バス運転手）」，「桟橋で，『もうあとはいいから逃げよう』と言って自分は岸壁に上がったのですが，親父は『こんな津波が来るときは船を沖に避難させなきゃだめなんだ』と，そのまま出て行ったんです（宮城・気仙沼市の男性・養殖業）」などとさまざまである．また，過去の大雨災害での住民避難に関して，避難を阻害する要因は，「情報取得が阻害される」，「避難が必要であると判断できない」，「避難の仕方がわからない」，「家にいても安全だと考える」，「避難したくてもできない」とまとめられている[2]．

　その一方で，上述の調査結果から避難したきっかけをみると，「大きな揺れから津波が来ると思ったから」が最も多く，次いで「家族または近所の人が避難しようといったから」，「津波警報を見聞きしたから」，「近所の人が避難していたから」となっている．このように，津波避難をする際には，個人の災害を認識・判断する能力に加えて，周囲の人（家族，近所）の行動も影響していることがうかがえる．

48　被害抑止・被害軽減等

▶避難の意思決定モデルに基づく避難行動の促進策

　以上みてきたように，人々は，実際の災害の場面において，必ずしも避難行動を迅速に取るとはかぎらない．リスク認知が高まれば災害への不安は高まるものの，それだけでは避難行動にはつながらない．さらに，人々が，避難をするかどうかを意思決定する上で，その行動を取ることによるコスト（心理的・身体的な負担感など）とベネフィット（効果）を勘案したり，社会的な規範なども考慮したり，さまざまな要因が影響を及ぼしている．

　そこで，どのような要因が避難を促すのかについて，避難の意思決定モデルに基づいて避難の促進要因を明らかにしている研究がある．宇田川・他[3]は，避難行動意図に関する要因として，「リスク認知」「効果評価」「実行可能性」「コスト」「主観的規範」「記述的規範」の6要因のモデルを提案している．このモデルに基づいて津波リスクのある地域に居住する住民に対してアンケート調査を実施した結果，「リスク認知」と「主観的規範」が影響を及ぼしており，もっとも大きな影響を及ぼしていたのは「主観的規範」であったと述べている．この結果からは，自分が災害に遭遇する危険性の認識（リスク認知）だけでなく，周囲の人たちから避難することを期待されているとの認識（主観的規範）を高めることも，避難行動を促す効果があることを示唆している．

　また，藤本・他[4]は，3つの理論枠組み（計画的行動理論，防護動機理論，防護行為意思決定モデル）をベースとした防護行動意思決定モデルに基づいて，実際の土砂災害時のリスク回避行動（避難の呼びかけ，避難行動）について尋ねた調査データに対する分析を行っている．その結果，リスク回避行動に影響を及ぼしていたのは，「災害スキーマ」，「状況による促進・阻害」，「防護意図」であり，そのなかでももっとも大きな効果を有していたのは「災害スキーマ」であったと結論づけている．災害スキーマとは，「ある現象を災害だと認識させる」枠組みのことである．そして，この災害スキーマを形成・向上させることが可能な要因として，「防災リテラシー」（脅威の理解，備えの自覚，とっさの行動への自信）と「自宅周辺のハザード認知」（自宅周辺の災害に対する危険性の認識）が挙げられている．

　以上をまとめると，住民の避難行動を促進するには，まず，ハザードマップなどに基づいて，自宅周辺の潜在的な災害の危険性を把握すること（リスク認知）が重要と言える．そのうえで，個人単位でできることとしては，災害情報や外的刺激を受け取ったとき，その情報を素早く処理し，リスク回避行動（避難行動）に移すための「災害スキーマ」を形成・向上させることである．また，周囲の人たち（家族，近所など）と協力してできることとしては，日頃からの家族での防災会議や近所の人らとの避難訓練などを通じて，「災害時には避難する」といったことをお互いに期待する・期待されているといった関係性を築いておくことが有効であると考えられる．

➡ 17　土砂崩れ・土石流ハザードの特徴と対策

➡ 66　地区防災計画

防災に係わる法・制度

25 災害時要配慮者のさまざまな避難生活空間

大西一嘉・木作尚子・髙田洋介

障害者差別解消法🔗（2016（平成28）年）の制定以降，避難所においても合理的な配慮をすることは自治体の義務となっている．しかし，超高齢社会では配慮を要する高齢者が多く，また，多様な災害時要配慮者に対応する避難所の整備は試行錯誤が続いている．

🔗 33 憲法・障害者権利条約・障害者基本法・障害者差別解消法

🔗 25 災害時要配慮者のさまざまな避難生活空間，46 医療的ケア児・者への制度とサービス，49 福祉避難所への避難と退所

🔗 37 介護保険制度

🔗 46 医療的ケア児・者への制度とサービス

🔗 26 災害救助法

◆福祉避難所と法的位置づけ

福祉避難所🔗は，一般避難所で生活することが困難な高齢者や障害のある人など配慮が必要な方に対応する避難所である．一般避難所と同様に災害対策基本法に基づき市町村によって指定を受け開設される．具体的には特別養護老人ホームなどの介護保険施設や障害者施設，特別支援学校などであるが，介護保険施設の多くは民間施設であるため，自治体との協定に基づいて指定を受けている．福祉避難所の対象者は，介護保険施設や医療機関などに入所・入院するに至らない程度の方を対象としている．つまり平時から介護保険法🔗に基づいた居宅介護サービスを受けている寝たきりの方などは，避難ではなく，緊急入所や緊急ショートステイとして介護保険施設を利用する．医療的ケアを必要としている方は医療機関へ入院する場合がある🔗．福祉避難所は原則バリアフリーであるが，介護保険施設などを間借りする形で，多目的ホールなどの空間に簡易ベッドを導入するケースが多く，既存の居室よりも簡易的な設備となる．そして，災害救助法🔗の基準に基づいて食事などが提供されるため，施設入居者と同じ質のサービスは提供されない．

◆要配慮者スペース

指定福祉避難所の基準は満たしていないが，要配慮者のために何らかの配慮がされているスペースを「要配慮者スペース」と称し，一般避難所内などに設置される．空き教室や体育館の一角などを利用し，プライバシーの確保や車椅子の操作に必要な広さなど，一定の配慮がされている．

◆チャイルド・フレンドリー・スペース（CFS）

人道行動における子どもの保護の最低基準において，「子どもにやさしい空間」（child friendly space, CFS）の設置が定められている[1]．これは，子どもたちが安心して自由に体を動かして遊ぶことができ，また学習活動ができる安全な空間のことである．内閣府の避難所運営マニュアルにおいては「キッズスペース」として設置の必要が記載されている[2]．具体的には，屋内で玩具や絵本が楽しめたり，屋外でボールを使った遊びができたりする．また，机と椅子を配置して学習ができる環境をつくる．子どもたちが安心して遊ぶ空間では，専任のおとなのスタッフが常時いる体制であることが求められる．

女性用／母子（妊婦・乳児）避難スペース

避難生活のなかでとくに女性の更衣や授乳は他人から見られないように配慮しなければならない．特に授乳は，母子ともにリラックスして過ごせることが肝要であり，至適温度に管理されたプライバシーが守られた空間であることが望ましい．女性専用空間があることで，性犯罪を防ぐことにもつながる．避難所運営は男性が担っていることが多く，女性のニーズが見落とされることある．そのため，避難所運営に女性が参画することが重要である．女性用スペースの先進的な取り組みとして，東京都文京区では女子大学を活用した妊産婦・乳児救護所がある．災害時に妊婦，乳児およびその母親が利用でき，助産師会や医師会から助産師や医師が派遣され，必要なケアがなされる．また，新生児用紙おむつや非常時用分娩セットなどが備蓄されている．

発熱者等のスペース

発熱や下痢症状がある避難者が集団の中で生活することで感染症➡を拡大させる可能性がある．感染管理の観点から予め有症者用スペースの確保が避難所計画でも求められている．避難所開設時，どんなに避難者が多くても，一般避難スペースとして使わない部屋・スペースを確保することが重要である．また，トイレや洗面所も有症者が専用に使えるように生活動線を一般避難者と区別することが重要である．

➡ 20　感染症蔓延の特徴と対策

トレーラーハウス

タイヤがついたフレームに建造物が載ったもので，トレーラーで牽引して移動できる建物をトレーラーハウスと呼ぶ．福祉避難所としての活用は2次避難先として熊本地震（2016（平成28）年）で導入されたのが初めてである．精神疾患や発達障害などの影響で集団生活が困難な人や，喘息を持っている人などの要配慮者が優先的に入居した．バス・トイレ付の1LDKの家であり，家族3から4人で住むことができる．トレーラーで任意の場所に設置後，電気や上下水道の設備を整える必要がある．

2次避難所と1.5次避難所

災害発生直後に開設された1次避難所に避難した方を公的宿泊施設，旅館，ホテル等に避難させることを2次避難と呼ぶ．体育館の雑魚寝からホテルでのベッドがある個室生活となり，生活空間としては格段の改善が期待される．高齢者や障害者，乳幼児などの要配慮者が優先的に避難することになるが，能登半島地震（2024（令和6）年）では2次避難所への入居までの滞在施設として1.5次避難所➡が総合スポーツセンターなどに設置された．簡易テントで世帯ごとに独立した生活空間が確保され，子どもの遊び場や女性専用スペースがあり，医師・看護師や心理カウンセラーなどの専門職の常駐があり，ハード面もソフト面も手厚いサポートがされた．

➡ 45　災害時における医療・保健と福祉の初動の差を縮めるためにできること

防災に係わる法・制度

26 災害救助法

菅野 拓

災害救助法は，発災直後の被災者支援の主体・方法・財源を規定する重要な法律である．社会保障の一環として構想されたが，現行の社会保障関係の法とは役割分担や運用が大きく異なり，被災者支援の混乱を助長する原因ともなってきた．

▶3 調整と恊働の官房機能が災害対応の要諦，4 三倉・恤救規則・備荒儲蓄法・罹災救助基金法，5 昭和南海地震・福井地震・伊勢湾台風，25 災害時要配慮者のさまざまな避難生活空間，45 災害時における医療・保健と福祉の初動の差を縮めるためにできること

[1] たとえば，避難所の場合は，費用の限度額は1人1日あたり340円以内，救助期間は災害発生の日から7日以内（2023年6月時点）というように，その基準は，救助の種類ごとに定まっている．

▶災害救助法の仕組み

災害救助法▶は，日本国憲法や地方自治法，生活保護法（旧法）と同時期である1947（昭和22）年に成立した，災害時の被災者支援の基本的なルールを定めた古い法律である．災害救助法は，被災者支援における国・地方公共団体などの基本的な役割分担を定めている法であるが，成立が古く，さまざまな適用事例が積み重なっていることもあり，その条文や運用において統一された見解に基づく理路整然とした明瞭性をもつとは言い難い．

災害救助法の基本的な仕組みを見ておきたい[1]．災害が起こると都道府県知事や救助実施市として指定される一部の政令指定都市が一定の基準に基づいて災害救助法の適用を決定する（適用には慣れが必要であり，都道府県等が不慣れな場合，本来は適用すべき災害であっても適用されないこともある）．すると，避難所の設置，応急仮設住宅の供与，炊き出しその他による食品の給与，飲料水の供給，被服，寝具その他生活必需品の給与・貸与，医療・助産，被災者の救出，住宅の応急修理，学用品の給与，埋葬，死体の捜索・処理，障害物の除去といった災害救助にかかった費用の半分以上は国が負担することとなる．

ただし，救助の程度は国がコントロールすることとなる．救助の程度の基本レベルを定めている基準は一般基準と呼ばれ，国が救助の内容に告示として基準を設け，それに従って都道府県等が災害救助法施行細則などとして基準を定めている[1]．また一般基準内で十分な救助ができない場合は，都道府県等が国と協議し，特別基準を設定する．大規模災害での救助は特別基準で運用されることが多いが，都道府県等と国が協議し設定する．

災害救助法の事務が地方自治体の長が国の機関として処理する機関委任事務（現在は法定受託事務）として位置づけられていたことが，上記の複雑な運用を根拠づけている．この位置づけは法の成立当初より変更がない．たとえば，条文には都道府県知事等が必要に応じて自由に現金給付ができるように書かれているものの，近年では現金給付が行われたことはない．

また，成立が古く，大きな法改正が少ないことが影響し，福祉的な支援に活用可能な規定が少ない．福祉避難所は設置可能であるが，たとえば障害があり避難所に行くことが難しい人が在宅避難者として自宅でとどまる場合，現行法では十分な支援は望めない．

52　防災に係わる法・制度

くわえて，平時の福祉サービスの多くは民間組織が実施しているため，福祉的な支援の専門性の多くは民間組織が保有している．しかし，被災者支援への民間組織の参画は不十分である．わずかに現行法第15条に「日本赤十字社の協力義務」として，「救助に関し地方公共団体以外の団体又は個人がする協力」，つまりは，個人のボランティアや民間組織が実施する支援にかかわる連絡調整を日本赤十字社に行わせることが規定されているが，現状，この領域に日本赤十字社は関与していない．代わりに，社会福祉協議会が実施することが多い災害ボランティアセンターや全国災害ボランティア支援団体ネットワーク（JVOAD）➡などの民間非営利組織が対応しているものの，災害救助法による費用負担や行政との連携は必ずしも十分でない．

➡55　外部支援と被災者支援コーディネーション

▶ 災害救助法の成立経緯

以上のように，地方自治体が災害対応を行うものの，実際には国が強く関与し，民間組織は参画しないという災害救助法の基本的な役割分担は，他の法制度とは異なり独特なものである[2]．この役割分担の独特さが，災害経験が必ずしも豊富ではない地方自治体の被災者支援に混乱を生み出してきたことは否めない．以下では，混乱の原因ともなる基本的な役割分担が生み出された災害救助法の成立経緯を簡単に見る[2]．

[2]　たとえば，介護保険制度では，法整備や基準策定は国，実施主体は地方自治体，基本的なサービス提供者は民間組織となり，各主体は制度上緊密に連携している．

災害救助法は，日本国憲法，地方自治法，生活保護法といった日本社会の根幹的な法制度ができあがっていく時期に連合国軍最高司令官総司令部（GHQ/SCAP）の影響のもと成立した．生活保護法を所管する厚生省社会局保護課が災害救助法の所管となったことに表れるように，災害救助法は生存権保障としての弱者援護の発想のもとでつくられた法律である．平時は資産調査を行う生活保護法，有事はその暇はないので誰でも救助対象とできる災害救助法といった機能分担であり，社会保障の一環として構想された．

災害救助法の原案は，戦時の総動員体制を避けることを念頭に，①国家責任，②地方自治，③民間慈善の活用，④反統制という4つの原則を基本としてGHQ/SCAPから日本政府に提示され，ほぼそのままの内容が法として成立した．しかし，①国家責任は受け止められたものの，災害救助は都道府県が国の機関の地位で行うものと解釈され，②地方自治の原則は受け止められなかった．また，④反統制は広く合意されたため民間慈善への統制的な関与はない．しかし，一定の政府関与のもとで民間慈善が調整されるべきものとの認識や社会的な仕組みも生み出されなかったため，現行法第15条に「日本赤十字社の協力義務」として規定されている③民間慈善の活用は受け止められなかった．結果，災害救助は国の責任であり，都道府県は国の機関として災害救助を行い，民間組織は基本的に参入しないという，基本的な役割分担が形づくられていくことになった．

このように，災害救助法は社会保障の一環として構想されながら，社会保障と隔絶された運用となっている．これこそ何度災害があっても被災者支援の混乱が継続する主要な理由であり，変更が目下の課題である．

防災に係わる法・制度

27 災害対策基本法（防災対策＋福祉的対応＋21年改正）

山崎栄一

> 災害対策基本法は1961（昭和36）年に制定された．東日本大震災後になされた法改正を皮切りに，福祉的な対応を求める条文が多く追加された．そのため，被災者支援＝災害時における福祉という位置づけがより強化されることとなった．

➡ 3　調整と協働の官房機能が災害対応の要諦，5　昭和南海地震・福井地震・伊勢湾台風，22　CBRNE災害対策，27　災害対策基本法（防災対策＋福祉的対応＋21年改正），45　災害時における医療・保健と福祉の初動の差を縮めるためにできること，51　命を守る事前・応急対策（防火・防災・応急対策）

➡ 17　土砂崩れ・土石流ハザードの特徴と対策

[1] 災害の発生直後その他必要な情報を収集することが困難なときであっても，できる限り的確に災害の状況を把握し，これに基づき人材，物資その他の必要な資源を適切に配分することにより，人の生命及び身体を最も優先して保護すること．

[2] 被災者による主体的な取組を阻害することのないよう配慮しつつ，被災者の年齢，性別，障害の有無その他の被災者の事情を踏まえ，その時期に応じて適切に被災者を援護すること．

▶防災対策

　災害対策基本法➡（以下「災対法」）は，伊勢湾台風（1959（昭和34）年）を契機に1961（昭和36）年に制定された．災対法の基本構造は，①総則（目的・責務規定）②防災に関する組織（防災会議・災害対策本部）③防災計画（防災基本計画・防災業務計画・地域防災計画・地区防災計画）④災害予防⑤災害応急対策⑥災害復旧⑦被災者保護対策⑧財政緊急措置⑨災害緊急事態からなっており，⑤災害応急対策を基軸に災害時においてとられる対策について規定をしている．災害対応の担い手としては，公助―共助―自助に触れつつ，公助については市町村中心主義を採用しており，市町村長に多くの任務や権限を与えている．

　2021（令和3）年の法改正により，避難情報の見直しが図られた．警戒レベル4➡においては「避難勧告」「避難指示」の二種類の情報があったが，それが「避難指示」に一本化された（60条1項）．警戒レベル3においては「高齢者等避難」について法的な根拠づけが図られた（56条2項）．警戒レベル5においては「緊急安全確保」という情報が創設され，災害が発生あるいは発生しようとしている場合にとるべき行動が示された（60条3項）．

▶福祉的対応―被災者支援

　東日本大震災以降になされた法改正によって，福祉的な対応を求める条文が新設されることになった[1]．

　基本理念の規定（第2条の2）において，地域における自主的な防災活動を促進するとともに，人の生命・身体の保護を最優先すること（4号）[1]，被災者の年齢・性別・障害等への事情を踏まえた適切かつ迅速な被災者援護（5号）[2]が要請されている．

　8条2項は，国・自治体が取り組むべきことを列挙しており，被災者に対する心身の健康の確保，居住の場所の確保（14号），要配慮者の保護（15号），的確な情報提供及び被災者からの相談（17号）があげられている．

　指定緊急避難場所ならびに指定避難所の指定等に関する規定において，市町村長は避難先の確保ならびに周知が義務づけられている（第49条の4～9）．避難生活に関しては，災害応急対策責任者に，避難所における生活環境の整備等（第86条の6），避難所に滞在できない被災者への配慮（第86条の7）が義務づけられている．広域避難に関する調整規定も設けられた（86条

の8〜13)[1].

被災者が円滑な生活再建を図ることができるように，被災者台帳を市町村長が作成できる（90条の3）➡．この台帳には，被災者の被災状況や受給済みの支援制度などが記録されるようになっている．今後，被災者台帳が民間団体も活用しやすい環境が整えば，災害ケースマネジメント➡への活用が期待される．

これらの条文から，①画一的な支援ではなくて個々人のニーズに応じた被災者支援が求められている，②避難所に行ったらそれで終わりなのではなくて，避難生活における居所や健康への配慮も重要になっている，③モノ・カネだけではなくて，情報提供や相談業務も被災者支援の一要素となっている，といったことが読み取れる[1].

以上で取りあげた規定は，被災者支援の法制度の立法ならびに解釈・運用指針として機能することが期待される．まずは，災害対策基本法で掲げられた，被災者支援の基本理念を運用面で定着化させることが肝要で，雨風がしのげておにぎりが平等に配られたらそれでいいという「昭和の被災者支援観」から「現代にふさわしい被災者支援観」への転換が求められている[1].

▶福祉的対応—避難支援

避難支援の場面においても，福祉的な対応が進められている．東日本大震災後の法改正により，災害時において，自分自身で避難することが困難な人（避難行動要支援者[3]）が，地域によって円滑に避難支援がなされるように，避難行動要支援者名簿[4]の作成が市町村長に義務づけられるようになった（第49条の10第1項）．名簿の作成にあたっては，市町村長は保有情報を目的外利用でき，都道府県知事等に情報の提供を求めることができる（49条の10第3項・第4項）．市町村長は，避難支援等の実施に必要な限度で，名簿情報を目的外利用でき，避難支援等関係者に対し避難行動要支援者の同意か条例の特別の定めに基づいて名簿情報を提供することができる（49条の11第1項・第2項）．

次いで2021（令和3）年災対法改正により，市町村長に個別避難計画[5]の作成が努力義務化された（49条の14第1項）．これは，避難行動要支援者名簿の作成が義務づけられたものの，避難行動要支援者個々人を対象にした計画の作成が依然として進まない状況を踏まえてのことであった[2]．計画の作成にあたっては，市町村長は保有情報を目的外利用でき，都道府県知事等に情報の提供を求めることができる（49条の14第4項・第5項）．市町村長は，避難支援等の実施に必要な限度で，個別避難計画情報を目的外利用でき，避難支援等関係者に対し避難行動要支援者及び避難支援等実施者の同意か条例の特別の定めに基づいて名簿情報を提供することができる（49条の15第1項・第2項）．

➡ 54 インクルーシブな災害情報

➡ 59 災害ケースマネジメント

防災の基本的視点

[3] 避難行動要支援者とは，要配慮者のうち，災害が発生し，又は災害が発生するおそれがある場合に自ら避難することが困難な者であつて，その円滑かつ迅速な避難の確保を図るため特に支援を要するものを指す．

[4] 避難行動要支援者名簿とは，避難行動要支援者について避難の支援，安否の確認その他の避難行動要支援者の生命又は身体を災害から保護するために必要な措置（以下「避難支援等」という．）を実施するための基礎とする名簿を指す．

[5] 個別避難計画とは，避難行動要支援者について避難支援等を実施するための計画を指す．

防災に係わる法・制度

28 建築基準法・消防法・区分所有法

大西一嘉

「脱施設」の下で急増する小規模社会福祉施設の夜間火災で，多数の死者が出たことから消防法の規制が強化された．建築物は用法に即した制約を受けるが，法律ごとに用途区分・項判定は異なるため，複雑な問題を引き起こす課題を俯瞰する．

→ 22　CBRNE災害対策

▶小規模福祉施設火災による消防法改正後の防火規制強化

　2013（平成25）年2月8日長崎県認知症高齢者グループホーム（以下GH）の夜間火災（死者5人）を契機に，小規模な福祉施設の火災が続いたことから消防法が改正され，従来は住宅とみなしていたGHを自力避難困難者施設として区分変更し，スプリンクラー等の防火設備を義務づけた．その結果，防火規制が緩やかな高層共同住宅に，消防法上「非住宅（住戸利用施設）」用途に区分変更された．避難困難者とされる障害者GHが混在すると「複合用途区分」として防火規制が厳しくなり，通常の高層住宅であれば11階以上に限定されているスプリンクラー設置義務が建物全体に及ぶなど，多額の改修・維持管理費がかかる．こうした課題に対処するため，一定の範囲であれば建物全体の防火改修は不要とする「共同住宅特例（総務省令第40号）」が設けられている．その後，民泊も含めて特例の対象は大幅に拡張，緩和され，高層共同住宅にGH（住戸利用施設）が入居しても千平方メートルかつ延床面積の5割を超えなければ防火改修不要と大幅に緩和された．一方，建築基準法ではGHは寄宿舎と扱われるが，スプリンクラー設備義務化に伴い防火上主要な間仕切壁の設置規制が合理化され，緩和されている．

▶分譲マンションからのGH退去訴訟の一審判決

　「施設から地域居住へ」の理念の下普及して来た障害者GHは，社会福祉法人が賃貸する借家に数人の障害者が共同居住する形式が一般的である．2023年，マンション管理組合が消防法の規制を受ける負担を過重だとして，障害者GHを運営する社会福祉法人を管理規約違反として退去を求めた民事訴訟で「障害者GHは消防法上『住宅』ではなく，将来その数が増えた場合，特例が適用できず，住民に過分の防火改修費用を負担させるため，区分所有法の「住居専用規定」に反する」として，地裁判決は障害者GHを運営する社会福祉法人に退去を命じた．高裁へ控訴中だが（2024年5月現在），消防法改正による障害者GHの防火規制強化が区分所有法の用途判断に影響を与え，消防法上の解釈によって障害者が住み慣れた生活の基盤を失う危機に直面している．この判決が確定すると，都市部で一般的な高層マンションの住戸を利用した障害者GHはほぼすべて否定されてしまいかねない．

　2021（令和3）年に障害者差別解消法が改正（2021（令和6）年4月施行）され，事業者（管理組合）による障害のある人への合理的配慮の提供が義務

化された．しかし，障害者権利条約に基づく国際的な流れを含めて一審判決ではまったく考慮されず，「福祉法人は他のマンションでGHを運営できる」としてこれを認めなかった．

地裁判決が確定すると，影響は全国の分譲マンションに入居するすべての障害者GHに及ぶため，高裁の控訴審のゆくえを多くの福祉関係者が注視している（2024年5月現在）．

▶共同住宅用スプリンクラー設備の設置義務を要しない緩和規定

消防庁は以下①～③のどれかに該当すれば，GH住戸のスプリンクラー不要としている[1]．①は「人」，②と③は「建物」からみた判断となり，②は延焼阻止性能，③は避難経路性能で総合的に防火安全性が評価された結果，消防設備を緩和している．

① 避難の際に介助を要する者（障害程度区分で判定）の入居が少ない

② 建物自体が火災時に延焼しにくい構造

③ 火災時に容易に避難できる開口部を有する

共同住宅の一室で行う以下の事業（A）と（B）で共用部分を有しないものは，利用実態からみて社会福祉施設ではなく，当面，消防法施行令別表第一（5）項ロ（共同住宅）として扱われ，規制の対象外とする事ができる．

（A）救護施設における「居宅生活訓練事業」

（B）「サテライト（分散）型の障害者グループホーム事業」（H26.4創設）

また，消防法施行令第32条の規定を活用し，消防長又は消防署長が認めた場合には避難時間の検証の要件を緩和する制度の普及，活用技術の開発を進めるべきである．

ＧＨでは障害程度区分の違う利用者への入れ替わりや，特に知的障害者では障害程度区分の判定変更が繰り返される都度，消防法上の項判定が連動して変わるので，消防法違反の状態が常態化しかねない．この問題に対しては，平均的な利用状況（3か月程度を目安）により判断する考え方が提案されている．消防法施行令別表第一（6）項ロの用途区分の認定にあたっては，厚労省から以下の3つの観点から認定項目案が提示されているいずれか1項目でも該当すると「自力避難困難者」に該当し，先述の判例に従えばマンションから退去しなければならない．

① 警報時に避難が認知できない者

② パニックで行動が不安定になる者

③ 重度の運動機能障害を有する者

今後，項判定基準の運用にあたって問題が生じたときは，火災時の避難の容易性を確認できる客観的方法の検討を行い，見直しをはかる必要がある．

建物の条件によるスプリンクラー設備の例外扱いの考え方については，一定面積ごとに準耐火構造等（燃えない石膏ボード等の壁）で仕切り，居室と廊下での延焼拡大を遅らせるために内装制限を行えば，現行の特例措置としてスプリンクラー設備が不要になる．

[1] 小規模な障害者GHは借家が多いため，水道管直結型スプリンクラー設置に際して，下階への漏水を懸念する貸し手や，マンション管理組合の理解を得ることが難航することもある．十分な準備期間や，公的助成による負担軽減が必要とされるが，現在では簡便で安価，効果の高い消火液型消火設備の開発も進んでいる．

防災に係わる法・制度

都市計画法等改正等による福祉施設等への土地利用・建築規制

馬場美智子・加藤孝明・石川永子

都市計画法等，流域治水関連法等において，新たな福祉施設等の立地に対する土地利用・建築規制が強化されたと同時に，安全な場所への移転促進策も充実した．他方，既存の施設に対しては，避難計画などの安全対策が求められる．

[1] 災害レッドゾーン：災害危険区域（出水等），地すべり防止区域，土砂災害特別警戒区域，急傾斜地崩壊危険区域

[2] 都市計画法第34条第11号区域：市街化調整区域内の既存集落において，自然的社会的諸条件から市街化区域と一体的な日常生活圏を構成していると認められる地域であって，おおむね50以上の建築物が連たんしている地域について，条例により都道府県または市が指定する区域
都市計画法第34条12号区域：市街化調整区域内で，周辺における市街化を促進するおそれがないと認められ，かつ，市街化区域内において行うことが困難又は著しく不適当と認められる開発行為として，政令で定める基準に従い，予定建築物の用途を限り定め，条例により都道府県または市が指定する区域

[3] 浸水ハザードエリア：水防法の浸水想定区域等のうち，災害時に人命に危険を及ぼす可能性の高いエリアで想定浸水深が3 m以上となる区域

→ 60　誰一人取り残さない防災の原則：全体性・連続性・多元性・衡平性・協働性

→ 12　社会的脆弱性の層別性と災害リスクの加減圧（PAR）モデル

●近年の福祉施設の被災状況

水害リスクが高い地域に立地する福祉施設は多く，2016（平成28）年の台風10号では岩手県岩泉町の高齢者グループホーム『楽ん楽ん』で9名，2020（令和2）年7月豪雨では球磨村の『千寿園』で14名の人的被害が発生した．高齢者福祉施設には，介護が必要な高齢者が居住することから，河川の氾濫等が発生すると避難するのは困難である．BCPを策定して早期に避難開始するスキームを構築する施設も見られるようになってきたが，それとて容易なことではない．リスクを回避するためには，水害リスクがない場所に施設を建設することが望ましいが，高齢者福祉施設の多くは経営的観点から比較的安価な郊外部の土地に建設されやすい．他方で治水工事等のハード整備ですべての場所で安全を実現するのは現実的ではないことから，水害リスクがあるような場所での建築を可能としない仕組みが必要である．このような状況を解決するため，水害リスクが高い場所での高齢者向けを始めとする福祉施設等の建築を規制するための実効性のある法制度が求められてきた．

●福祉施設に関わる土地利用・建築規制

近年，都市計画的な手段によって高齢者福祉施設等の被害を軽減するための法改正が進んだ．2021（令和3）年の都市計画法の改正においては，都市計画区域全域で，災害レッドゾーン[1]内の自己の業務の用に供する施設の1つとして社会福祉施設や病院の開発が原則禁止された（都市計画法第33条第1項第8号）．都市計画法第34条第11号，12号条例で指定される区域等[2]については，災害レッドゾーン及び浸水ハザードエリア[3]等の除外が徹底されることになり，市街化調整区域における住宅等の開発許可も厳格化され，浸水ハザードエリア等における開発については，安全上及び避難上の対策等が講じられるものに限り許可される．また，市街化調整区域内の災害レッドゾーン内にある住宅や施設が，同一の調整区域のレッドゾーン外に移転する場合については，開発が許可される特例が創設された（都市計画法第34条8号の2）→.

都市再生特別措置法では，立地適正化計画における防災の視点が強化され，居住誘導区域には，原則災害レッドゾーンを除外することが明記された→．そのうえで，居住誘導区域外のレッドゾーンにおいて，3戸以上の住宅または1戸もしくは2戸の住宅で規模が1000 m²以上の開発行為等を行お

うとする場合，市町村は開発等に対して勧告し，事業者がそれに従わない場合は事業者名等を公表できる．移転促進策としては，災害ハザードエリアから居住誘導区域に住宅又は施設を移転する場合，市町村が主体となって移転者等のコーディネートを行い，移転に関する具体的な計画を作成し手続きの代行等を行う新たな制度が創設された．住居の移転に対する支援として，防災集団移転促進事業の要件が緩和（堤防が未整備の場合等，住宅団地の整備要件を10戸から5戸に緩和）される．がけ地近接等危険住宅移転事業による戸別移転の活用も可能である．病院・福祉施設等がハザードエリアから移転する場合，移転支援（都市構造再編集中支援事業）の補助率が上がるため，移転のインセンティブとなることが期待される．加えて，立地適正化計画の記載事項として「防災指針」が追加され，市町村は居住誘導区域内等で行う市民の命を守るための防災対策や安全確保策を記載するが，そこでは防災部局との連携が必須である．

〈図1〉 流域治水のイメージ（国土交通省）[1]

　また，2021年には特定都市河川浸水被害対策法等の一部を改正する法律（通称「流域治水関連法」）に基づいて，ハード・ソフト一体の水災害対策「流域治水」〈図1〉が，対象を特定都市河川から全国の河川に拡大して本格的実践が図られることとなった．ハード整備を加速することに加えて，国・都道府県・市町村・企業等のあらゆる関係者の協議による水害リスクを踏まえたまちづくり・住まいづくりを促進するとともに，貯留・浸透作用の向上を目指すこととされている．そのなかで，福祉施設に関わる土地利用・建築規制として，浸水被害防止区域の指定と防災集団移転事業によって位置づけられた．浸水被害の危険が著しく高いエリアが都道府県知事によって浸水被害防止区域に指定されると，要配慮施設等の開発・建築において業者は洪水または雨水出水に対する構造安全性の基準を満たし，知事の許可を得ることが求められる．また，防災集団移転促進事業のエリア要件の拡充等により，浸水被害防止地区に立地する福祉施設等の移転も対象となった．

▶避難対策

　法律が順守されれば，新規に建設される住宅や福祉施設は災害リスクが低い場所に誘導され，リスクに曝される高齢者等の災害時に支援が必要な人の数も減るはずである．他方，すでに災害リスクが高い場所に建設された多くの住宅や福祉施設は，災害時に備えておく必要がある．個人は自助，共助で避難に備えておく必要がある．福祉施設等は，水防法において，指定された浸水想定区域に立地する要配慮者利用施設と当該施設への洪水予報等の伝達方法について，市町村は地域防災計画に記載することが求められる．また，当該施設の管理者は，避難確保計画➡の作成と訓練の実施が義務づけられた．このような動きは，福祉施設の災害対応力を向上させるとともに，そもそも災害リスクが高い場所に施設が立地していることを意識させ，建て替え等の機会に移転促進につながることが期待される．

➡11 災害時要援護者対策・避難行動要支援者対策，35 福祉サービスの事業継続マネジメント（BCM）により未知を既知化する，36 福祉施設のBCP，51 命を守る事前・応急対策（防火・防災・応急対策），61 誰一人取り残さない防災の各論：個別支援計画と各種計画の連動

福祉の基本的視点

理論枠組み

30 残余的モデルと普遍的モデル，脆弱性，災害は日常

森保純子

日常生活では疾病や失業等さまざまな原因で困窮することがあるが，災害発生時は，心身や経済状態が脆弱である人により深刻な生活困難をもたらす．災害は日常の中に起こるものと考え，社会保障や社会福祉を考えることが大切である．

▶生活を支える制度とその機能

人間が社会という人間の集団をつくり生活を営むなかで，その暮らしを継続し次世代へつなぐために，私たちはさまざまな生活を支える仕組みをつくり，利用している．現代の日本社会には，たとえば，病気や負傷したときに利用する医療機関と医療保険制度があり，就業が困難になったときの雇用保険制度がある．障害がある場合は障害年金や障害福祉サービスの利用が検討される．高齢になったときの生活を支える老齢年金や介護保険制度は，すでに広く利用されているが，課題も明らかになってきた．そのほかにも，子育てを経済的に支援する児童手当の制度や，生活に困窮する場合にはセーフティネットと呼ばれる生活保護制度がある．

上記の各制度の例は，憲法第25条を実現する具体的な制度であり，「社会保障」の制度としてまとめられる．さらに，これらの制度はその仕組みから「社会保険」や「公的扶助」，「社会福祉」に分類でき，防貧・救貧機能をもたらすものである．これらは，私たちの自由な経済活動や身近な人間関係による相互のかかわりと関連し，私たちの生活へかかわっている制度である．

▶社会政策の3つのモデル，暮らしへの政府のかかわり

上記の各種制度はその仕組みごとに分類できる．たとえば，「社会保険」は国民年金保険や介護保険のように保険料を負担することで将来に金銭やサービスを受ける権利を得る仕組みである．保険には民間の市場で扱う生命保険や養老保険，医療保険やがん保険などの商品もあるが，皆保険制度は政府の保険制度でのみ実現できる．また，「公的扶助」である生活保護は，利用に際して所有する資産や能力などを最低限の生活維持のために活用することが前提であり，厳格な資産調査（ミーンズテスト）が実施される．

英国の社会政策学者であるティトマス（R.M. Titmuss）[1]は，社会政策を3つのモデルに分類した．1つめは「残余的モデル」であるが，これは，人々のニーズはまず私的市場および家族により充足されることを前提として，それができない場合に一時的に社会福祉制度によって政府が人々の生活に介入するものである．2つめは，「業績達成モデル」と呼ばれ，残余的モデルとは異なり政府が再分配の仕組みをつくりニーズ充足にかかわるが，それは業績や労働に基づいて充足されるものである[1]．3つめは「普遍的（または制度的再分配）モデル」と呼ばれるが，これは政府が再分配の仕組みをつ

➡1 都市計画や工学から見た福祉の重要性

[1] たとえば社会保険の場合は給与額により保険料が変わり，給料が多いほど高い保険料を支払う代わりに，将来の厚生年金等の受給額は大きくなるため，労働に基づいている制度である．

くるものの，労働状況に影響されるものではなく社会的平等の原理により，政府が社会保障制度を通じて人々の生活に普遍的にかかわるものである➡.

▶暮らしの脆弱性と災害

私たちの日々の生活は，自由に行う経済活動と家族・友人同僚・近隣住民等との人間関係によって成り立っている．日常生活において，その継続が困難となる脆弱性は，たとえば自分自身の病気や負傷，障害や要介護など心身の状況に対し必要な支援がない場合や，失業や保護者の死亡，多子等など経済力に影響を及ぼすことに対し経済を補填する手段が得られない場合等さまざまである．そのような状況に対し，政府は社会福祉や社会保障の各制度を通じて金銭給付やサービス給付により，住民の生活の継続を支える．同時に，私たちの暮らしは，政府だけでなく，周囲の人々との関係と自身の行動により，日常生活の回復へ向かっていくものである．

しかし，上記のような出来事がかぎられた地域で同時に，多数の個人に発現すればどうなるだろうか．その明確な例は，自然災害の発生時である．大勢が負傷し，場合によっては命を失い，家族が失われる．大勢が住む場所を失い，同時に所有財産にも損害を受けることになる．そして，その影響は平常時の生活に脆弱さがある人々に，よりいっそう大きく表れる．

このような状況をもたらす大地震は，すでにいつ起こっても不思議ではない．また，近年の長雨や台風は，洪水や土砂災害を容易に引き起こす．つまり自然災害は「いつか起こるかもしれないもの」という非日常のものではなく，すでに日常の中に潜み，いつでも現れうるリスクである．

▶災害は日常に発生するものとして「全天候型の福祉政策・福祉支援」を

1950（昭和25）年の社会保障制度審議会[2]による「社会保障制度に関する勧告[3]3)」（1950年勧告）では，困窮に陥った国民の最低限度の生活保障について，その責任が国家にあることが記されている．1950年勧告は，戦争が国民の生活を圧迫したこととともに「家族制度の崩壊は彼等からその最後のかくれ場を奪った3)」とも述べる．その後，日本社会は大きく変化し，ICT技術の普及や進化により生活様式も激変し，戦前には一般的であった多世代大家族は，核家族化を経て，現在では単身世帯が増加している．同時に，女性の社会進出は増加し，女性の大学等への進学率や就労数は増加してきた．ただし，日本の経済状況と非正規雇用の状況を考慮すると，現代が社会参加の増加により暮らしやすいものとなったと言い切ることもできない．

このような状況では，就労や家族など社会や人のつながりを主要に考える「残余的モデル」の考え方による生活保障は難しいのかもしれない．しかし，一方で大規模自然災害を想定すると，政府が発災後即座に人命救助や生活支援についてできることは少なく残余的モデルの考え方に倣えることはある．

少なくとも私たちは災害の発生を非日常のものとして想定するのではなく，日常のものとして，日々のなかに大雨や大雪がいつあっても対応できるよう，政府はもちろん，私たちが地域全体で，全天候型の福祉政策や福祉の支援体制の構築に取り組むことが必要である．

➡3　調整と協働の官房機能が災害対応の要諦，45　災害時における医療・保健と福祉の初動の差を縮めるためにできること

2 1948（昭和23）年の社会保障制度審議会法に基づいて設置された内閣総理大臣の諮問機関．2001（平成13）年に廃止された．なお，2001年に中央省庁再編により，現在は社会保障審議会が社会保障制度や関連する問題に取り組む組織として設置されている．

3 いわゆる社会保障制度とは，疾病，負傷，…その他困窮の原因に対し，…経済保障の途を講じ，生活困窮に陥った者に対しては，国家扶助によって最低限度の生活を保障するとともに…もってすべての国民が文化的社会の成員たるに値する生活を営むことができるようにすること．

理論枠組み

31 社会福祉固有の視点と機能

森保純子

> 社会福祉は生活ニーズの充足を個別に支援するが，その支援対象は特定の課題をもつ人ではなく，人と社会の間の不調和等である．社会福祉の役割は，その不調和に関し，本人の意思を尊重しつつ，環境と本人に働きかけるものである．

社会福祉とは

「福祉」という言葉は，私たちの生活において馴染みのある言葉であるが，その意味を説明するとなると，戸惑いを感じる人は少なくないだろう．その言葉の広義な意味として「幸福，安寧」と説明されたり，ときには「社会保障」という言葉と重なる言葉として説明されたりするが，高齢者福祉や障害者福祉のように社会福祉の分野を表す言葉としても使用されている[1]．

しかし，世間において「社会福祉」が何を対象に，何のために，何を行っているかの理解は十分とはいえない．たとえば，医学と医療，教育学と教育，法学と司法制度については多くの人がその役割や働きについてイメージができるであろう．しかし，社会福祉学と社会福祉の認識は，とうていそれらには並ばない．社会福祉は本来，私たちの生活と生活基盤である社会に深くかかわっているはずであるが，その存在を日ごろに意識する機会は多いとはいえない．

社会福祉とは，いったいどのような視点をもち，また，どのような機能を提供でき得るものなのかを解説する．

社会福祉とその固有の視点

社会福祉という用語は，1946（昭和21）年公布に交付された日本国憲法第25条[1]において用いられ，また，1950（昭和25）年の社会保障制度審議会「社会保障制度に関する勧告」[2]でも用いられている[2]．前項では，「福祉」という言葉が時には「社会保障」と似たものとして使用されると述べたが，少なくとも憲法25条と1950年勧告においては，社会福祉は社会保障や公衆衛生と併記する形で使用されていることから，社会保障とは別の意味を持つものと解されていると理解できる．つまり，社会福祉には，少なくとも社会保障や公衆衛生とは異なる役割をもって私たちの生活を支え，その固有の意味や働きがあろうと理解できる．では，いったいそれはどのようなものであろうか．

社会福祉学者である岡村重夫は，社会福祉固有の視点について，固有の対象領域を認識するための基本的な立場であり，また，対象把握のための原理であると同時に，社会福祉的援助の原理でもあると述べる．さらに，生活問題の合理的な解決のためにも，この視点が必要不可欠であると指摘する[3]．ようするに，社会福祉固有の視点とは，それにより，社会福祉が支援の対象とするものを認識，把握し，また具体的に支援を行い，課題を解決すること

[1] 日本国憲法 第25条 第1項：すべて国民は，健康で文化的な最低限度の生活を営む権利を有する．第2項 国は，すべての生活部面について，社会福祉，社会保障及び公衆衛生の向上及び増進に努めなければならない．

[2] 1950（昭和25）年勧告と言われる．社会保障制度について，疾病，死亡，老齢，失業等の困窮の原因を挙げ，生活困窮に陥った者に対して国家によって最低限度の生活を保障することを規定するとともに，「公衆衛生及び社会福祉の向上」を挙げている[2]．

にもつながるものであるといえる.

ここでいう社会福祉の固有の視点とは,その対象を,単純に生活に困窮する人や,病気や障害がある人といった,「主体的側面」の状態によって決めるのではない.また社会保障制度や生活環境といった「客体的側面」だけを見るものでもない.社会福祉の固有の視点は,主体的側面と客体的側面の関係により主体の生活困難が起きている状況,つまり社会生活を送るなかで課題や困難があり,その要求を充足するための社会関係や社会制度に生じている何らかのアンバランスさや不足を見出す視点である.そして,社会福祉とはそのアンバランスや不足・欠損を修復しようとするものである.

▶ 社会福祉の機能

社会福祉の機能とは,上記で述べたアンバランス等を修復し解消するものであるが,具体的には,たとえば制度や関係性のはざまにあり,医療が受けられなかったり,経済的な困窮に陥っていたりすることから,生活上の困難が生じている人に対して,その困難についての支援を行うことである.なお,それぞれの生活は「主体」であるその人が中心となり行われるものであるため,支援の過程では本人の意思を尊重し,「本人中心」による意思決定支援[3]を行うことが大切である.

支援の過程では,まず,その課題の発生について実態や原因を明らかにするため,主体的側面によるものか,客体的側面によるものかをアセスメント（評価）することが必要である.

次に,その課題について主体が理解し,本人中心の取り組みによって,アンバランスが軽減,解消されるように調整を行う.この際に,本人はもとより,支援を行うソーシャルワーカーや関係者らが,共通認識として支援の計画を理解しておくことが大切である.この支援計画の立案や共通理解は,適時振り返り評価し再調整する「PDCAサイクル[4]」としての調整と実行にも不可欠なものである.

また,ときには生活課題を解決する手段が社会に存在しない場合もあるが,その場合は,社会福祉は機能として新たな社会資源をつくり出すこともでき得る.

なお,社会福祉の一連の機能を活用して支援を行う際には,たとえば経済的に困窮している人に対してその経済部分にだけ注目し,生活保護制度の利用につなげることで解決とするような,主体の困りごとに対して,既存の制度を当てはめるだけに留まるものではない.経済的な課題や教育の課題など,それぞれに法や制度が整備されている場合,その解決は経済なら経済政策や制度の範疇である.しかし,社会福祉の固有の視点でその課題を抱える主体をとらえると,課題は単純に個人の財政について留まるのではなく,その状況により本人が社会とのつながりに課題を抱えていることをとらえ,その社会との関係性を改善することを視野に入れることになる.つまり,社会福祉の支援の機能は,主体と客体のバランスを整え,その人の社会との関係性を再構築し,社会参加の促進につながるものといえる.

福祉の基本的視点

[3] かつては障害者や認知症等を罹患している高齢者らの生活については,本人の意思や希望よりも,行政や支援者らにより決定されていた.しかし自分の生活様式を自分で思うように決めることは,誰にとっても尊重されるべき大切なことである.

[4] 戦略実行の管理のためのフレームワーク[4]．Plan-Do-Check-Action：近年は介護保険制度等福祉サービスにおいては,個別の支援計画のなかで短期・長期の目標を立て,PDCAを意識した評価と見直しが広く行われている.

31　社会福祉固有の視点と機能　**63**

理論枠組み

32 障害の医学モデルから社会モデルへ

松川杏寧

「障害」とは何であり，災害時にはどのような問題があり，どう解決するべきものなのか．これを理解するには，まずは正しく「障害の社会モデル」を理解し，その視点で防災・危機管理の取り組みをみる必要がある．

▶障害の医学モデルと社会モデルの違いと成り立ち

　障害の医学モデルは，障害を主に生物学的な観点から理解し，治療やリハビリテーションの必要性を強調するモデルである．このモデルが台頭した背景には，19世紀から20世紀初頭にかけての医学と科学の進歩が影響している．この時期には障害を身体的な病気や異常である機能障害（impairment）として捉え，それを治療する方法を模索する医学的アプローチが強調された．そのため，医学モデル➡では，障害者はその身体的な機能障害（impairment＝インペアメント）によって個人的に社会的不利益（handicap＝ハンディキャップ）を抱えており，その解決には医療専門家の介入が不可欠であるとする考え方である．例を用いて表すと，目が見えないという身体的機能の問題が原因で，書かれた文字を読んで情報を得ることができないという能力障害（disability）が起こり，社会的不利益を被ると考えるのが，障害の医学モデルである➡．

　障害の社会モデルは，1970年代から1980年代にかけて，障害者の権利運動や社会的変革の一環として台頭してきた考え方である．このモデルは，障害を社会的な構造や差別，偏見による問題として捉え，障害者の生活状況を改善するための社会的な取り組みを提唱した．障害の社会モデルは，医学モデルを批判的に捉え，障害者が社会に包括的に参加し，平等な機会を享受する権利を強調するモデルである．そのため，障害の社会モデルでは，社会がもつマジョリティに偏った価値観や設計，デザインによる障壁（barrier）こそが障害（disability）の原因であると考える．これを同様の例を用いて表すと，目が見えないという身体的機能の状態の人に対して，テレビのテロップや電光掲示板などの視覚に頼った情報提供しか行わないという災害情報の仕組みが，命を守る情報を入手できないという障壁を生み出し，災害時に適切な行動が取れないという障害の原因となると考えるのが，障害の社会モデルである[1,2]．

　現在，障害の社会モデルは障害を理解する基本的な考え方の世界的な標準となっている．2006年，国際連合で「国際連合障害者の権利に関する条約（CRPD）」が採択され，日本でも2007（平成19）年よりCRPDに批准するための法的手続きを開始し，2008（平成20）年1月に正式に批准した．これに伴い，障害者差別解消法（後の地方自治体での障碍者権利条例の基礎）や，障害者基本法の改正が行われ，CRPDの規定に合致するように日本国内

➡1　都市計画や工学から見た福祉の重要性

➡61　誰一人取り残さない防災の各論：個別支援計画と各種計画の連動

の法制度が整備された．これは日本も障害の社会モデルを基本的な考え方としていると，世界的に認識されているということである．日本の福祉はもちろん，福祉的な視点を持って取り組むことが求められるようになった防災・危機管理分野でも，障害の社会モデルを基本的な考え方とすることが求められているのである．

▶防災・危機管理分野における障害の社会モデルの有用性

　災害リスクはハザードと脆弱性の関数として説明できる➡．脆弱性には社会そのものがもつ脆弱性と，個人の脆弱性がある．社会の脆弱性はPARモデルで説明されるように，社会的な原因による圧力で特定の人々を危険な状態に押しやる➡．それと同じように，障害の社会モデルで個人の脆弱性を考えるのであれば，個人の脆弱性は，個人のもつ身体的な特質で決定されるのではなく，その個人が生活している社会（たとえば家族，地域，その他のコミュニティ）の状態との関係性の中で構築される．つまり，個人の脆弱性は，個人の状態（主体）とその個人を取り巻く環境（客体）との関数で説明できるのである➡．たとえば，在宅で暮らす障害者の住民と近所の人々があいさつを交わすような関係性になるように努力することは，医療による身体的状態を変えることより，当事者や周囲の努力による実行可能性は高く，防災力を高める方法として有効である．

　また，障害の社会モデルを用いると，災害要配慮者のもつニーズと支援のマッチングをわかりやすく整理し，実行可能性を高めてくれる．世界保健機構（WHO）は，障害の分類を「視覚障害」，「聴覚障害」といった医学モデル的な捉え方をやめ，社会モデル的な捉え方ができるよう「国際生活機能分類（International Classification of Functioning, Disability, and Health）」通称ICFを策定した[3]．ICFは身体的な機能だけでなく，社会生活や社会参加のさまざまな場面でどのように活動や参加が制限されるのかを整理し，それらに影響する社会環境の因子についても整理している．災害時の要配慮者対策でよくあるのが，「視覚障害者への支援ガイドブック」のように，障害の種別ごとの細かな対策を示したものである．このような医学モデルに基づく障害の分類とその分類ごとの対策の検討は，障害の種類や程度のバリエーションの豊富さや，複数の障害をもつ重複障害者の存在を考えれば現実的ではない[1]．しかし，ICFを用いて，「どのような社会活動の際に支援が必要なのか」という考え方で災害時の対策を検討することができれば，その個人が障害者であろうが，高齢者であろうが関係なく，その該当する社会活動の場面に対する支援策を考えれば事足りるのである．たとえば，聴覚障害で耳がまったく聞こえない人も，高齢で耳が遠く補聴器を使っている人も，「音によるコミュニケーションが難しい」という生活機能上の課題があると整理できるため，彼らには「音以外の方法でコミュニケーションをとる」という支援策が必要であると考えられ，避難所では近くで避難生活を送っていただき，彼らのそばに必ずホワイトボードと情報伝達員をおくといった対策が考えられるようになる．

➡13　福祉の視点から考えるPARモデル

➡12　社会的脆弱性の層別性と災害リスクの加減圧（PAR）モデル

➡63　「真に支援が必要な方」の決定

[1] 医学的に分類が難しい場合として，難病児者や重複障害者，LGBTQ＋等への対策が考えられる．

32　障害の医学モデルから社会モデルへ　**65**

福祉の法・制度

33 憲法・障害者権利条約・障害者基本法・障害者差別解消法

山崎栄一

憲法・条約・基本法・個別法律を概観すると，障害者への差別的な取り扱いを禁止するとともに，合理的な配慮について言及をしている条文が見受けられる．また，災害時における情報提供や必要な施策が求められている．

▶憲法13条，14条，25条

憲法13条は「個人の尊重」を掲げているが，ありのままの個人（被災者として，障害者としての個人）を社会が受け入れ尊重するという意味であり，まさに日本国憲法の出発点であるといえる．憲法25条から導き出される「社会国家原理」は，被災者支援の根拠となり得るものであり，当原理から「困っている順に救済を行う」という基準を見いだすことができる▶．ここにいう「困っている順」であるが，憲法14条から導き出される，「実質的平等の原理」と「形式的平等の原理」という二つの観点から捉えなければならない．すなわち，実質的平等の原理からは，困っている人には困っている人なりの支援を行わなければならないという要請がなされ，形式的平等の原理からは，同じくらいに困っているのであれば同等の支援を行わなければならないという要請がなされることになる[1]．

▶障害者権利条約

2006（平成18）年12月の国連総会において採択された障害者権利条約により，日本も批准に向けて国内法の整備を行った（2014（平成26）年1月20日に批准）．その結果，20013（平成25）年6月に障害者基本法が改正され，同時期に障害者差別解消法▶が制定（2016（平成28）年4月施行）されることになった．以下においては，関連条文を見ていくことにする[2]．

5条は，4つの法の平等を定めるとともに，差別の禁止と差別に対する平等かつ効果的な法的保護に加え，合理的配慮の提供を確保するための措置を締結国に義務づけている．11条は，自然災害を含む危険な状況において，障害者の保護及び安全を確保するための全ての措置を締結国に義務づけている．

障害者の権利に関する委員会（第27会期）において採択された「日本の第1回政府報告に関する総括所見」において，11条につきいくつかの懸念が示されている．具体的には，①災害対策基本法において，合理的配慮の否定を含め，障害者のプライバシー及び無差別の権利が限定的であること，②避難所や仮設住宅のアクセシビリティが欠如していること，③防災に関する過程の計画，実施，監視，評価について障害者団体との協議が不十分であること，④災害における情報のアクセシビリティが限定的であること，⑤災害時における仙台防災枠組2015-2030の実施が欠如していること，⑥COVID-19

➡1 都市計画や工学から見た福祉の重要性

➡25 災害時要配慮者のさまざまな避難生活空間

における障害者を包容した対応が欠如していること，及び施設入居障害者に対して過重な影響が及んでいること，といった懸念である．これらを踏まえて災害対策基本法の法改正を含めた勧告がなされている．

▶障害者基本法

4条は，差別の禁止を規定するとともに（1項）[1]，必要かつ合理的な配慮を求めている（2項）[2]．10条2項は，施策を講じるに当たって，障害者その他の関係者の意見を聴き，その意見を尊重する努力義務を課している．22条2項は，災害時その他非常事態における障害者への必要な情報が迅速かつ的確に提供されるよう求めている．26条は，障害者が安全かつ安心に生活できるように，防災及び防犯に関して必要な施策を講じるよう求めている．

▶障害者差別解消法

7条は，行政機関等について，作為に係る「不当な差別的取扱い」（1項）[3]と不作為に係る「合理的配慮の不提供」（2項）[4]を禁止している．8条は，7条同様，事業者について，作為に係る「不当な差別的取扱い」（1項）と不作為に係る「合理的配慮の不提供」（2項）を禁止するものであるが，ここにいう事業者というのは，社会福祉事業者や災害NPO・ボランティアなどが想定されよう[2]．

7条・8条にいうところの「合理的配慮」というのは，障害者個々人が社会的障壁の除去を必要とする旨の「意思の表明」があった場合においてなされうるものである[3]．そうすると，災害前における防災対策の場面においては参画の機会の確保，災害後の被災者支援の場面においては苦情処理や不服申立手続の整備が不可欠となろう[2]．

また，合理的配慮については，「その実施に伴う負担が過重でないとき」とされており，事業規模やその規模から見た負担の程度，財政状況，業務遂行に及ぼす影響などといった要素を個別の事情に応じて考慮したうえで，負担が過重である場合には，本法に基づく義務は発生しないとされている[3]．

5条[5]は，7条・8条が想定している個別具体的場面における「合理的配慮」とは区別される形で，合理的配慮が的確に行われるために，不特定多数の障害者をおもな対象として行われる「事前的改善処置」が，計画的に推進されるように，行政機関等及び事業者の責務を規定したものである[3]．ここでは，平常時に災害対策を手がけている際にどれだけ配慮に向けた努力がなされるか（障害者団体の意見表明の機会の確保，各防災計画における障害者への配慮に関する記載ならびに実現など）がポイントとなる[2]．

[1] 何人も，障害者に対して，障害を理由として，差別することその他の権利利益を侵害する行為をしてはならない．

[2] 社会的障壁の除去は，それを必要としている障害者が現に存し，かつ，その実施に伴う負担が過重でないときは，それを怠ることによつて前項の規定に違反することとならないよう，その実施について必要かつ合理的な配慮がされなければならない．

[3] ……障害を理由として障害者でない者と不当な差別的取扱いをすることにより，障害者の権利利益を侵害してはならない．

[4] ……障害者から現に社会的障壁の除去を必要としている旨の意思の表明があった場合において，その実施に伴う負担が過重でないときは，障害者の権利利益を侵害することとならないよう，当該障害者の性別，年齢及び障害の状態に応じて，社会的障壁の除去の実施について必要かつ合理的な配慮をしなければならない．

[5] 行政機関等及び事業者は，社会的障壁の除去の実施についての必要かつ合理的な配慮を的確に行うため，自ら設置する施設の構造の改善及び設備の整備，関係職員に対する研修その他の必要な環境の整備に努めなければならない．

福祉の基本的視点

34 建築の中でバリアフリー法がどう活きるか

室﨑千重

避難生活を送る場所ともなる公立小中学校，宿泊施設などのバリアフリー化は，バリアフリー法の適合義務化により一定数進んできた．日常生活における誰もが暮らしやすい環境整備の実現が，避難時も含めて生活を支える基盤となる．

■バリアフリー法の概要

2006年に制定されたバリアフリー法（高齢者・障害者等の移動等の円滑化の促進に関する法律）の特筆すべき点に，①身体障害のみならず，知的・発達・精神障害等の全ての障害者を対象とすること，②計画策定時における当事者参加の記載がある．当事者からの意見が入ることで，ハードの整備基準の適合にとどまらず，ソフトの整備も併せて実施する視点が加わり，一人でも多くの人が使いやすいバリアフリー整備が進む機会拡大につながっている．

[1] 建築物移動等円滑化基準は，廊下等の幅や傾斜路の勾配，手すりの設置等のハード整備について最低限のレベルとして提示された数値基準である．

バリアフリー法の対象を〈図1〉に，対象建築物の用途の一部抜粋を〈表1〉に示す．多数の者が利用する建築物（特定建築物）には建築物移動等円滑化基準[1]への適合努力義務がある．このうち，不特定多数の者が利用し，又は主として高齢者，障害者等が利用する建築物（特別特定建築物）で一定規模以上には，同基準への適合義務がある．さらに望ましいレベルとして建築物移動等円滑化誘導基準があり，誘導基準を満たし所管行政庁の認定を受けると，容積率の特例などの支援措置がある．

■地方公共団体の委任条例化による整備対象の拡大

2000 m²未満の特別特定建築物は義務化対象外であるが，地方公共団体はバリアフリー法第14条に基づいて，委任条例により義務づけ対象の建築物用途の追加，義務づけ対象規模の引き下げ，移動等円滑化基準への必要事項の追加が可能である〈図1〉．徳島県は1000 m²以上のすべての学校を義務づけ対象とし，病院・診療所等の義務づけ対象規模を

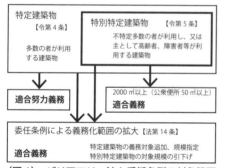

〈図1〉 バリアフリー法と委任条例の対象範囲

〈表1〉 バリアフリー法 対象建築物の用途（避難生活に関わる用途を抜粋）

特定建築物（令第4条一部抜粋）	特別特定建築物（令第5条一部抜粋）
1. 学校	1. 小学校，中学校，義務教育学校で公立のもの又は特別支援学校
2. 病院又は診療所	2. 病院又は診療所
4. 集会場又は公会堂	4. 集会場又は公会堂
7. ホテル又は旅館	7. ホテル又は旅館
8. 事務所	8. 保健所，税務署その他不特定かつ多数の者が利用する官公署
10. 老人ホーム，保育所，福祉ホームその他これらに類するもの	9. 老人ホーム，福祉ホームその他これらに類するもの（主として高齢者，障害者等が利用するものに限る．）
11. 老人福祉センター，児童厚生施設，身体障害者福祉センターその他これらに類するもの	10. 老人福祉センター，児童厚生施設，身体障害者福祉センターその他これらに類するもの
21. 公衆便所	18. 公衆便所
22. 公共用歩廊	19. 公共用歩廊

1000 m²以上に引き下げている．東京都は，ホテル・旅館の義務づけ対象規模を1000 m²以上に引き下げ，一般客室のバリアフリー基準も追加している．国の定めた一律の基準から，対象となる建築物の範囲を広げることで地域の実態に応じた細やかなバリアフリー整備が可能となる．

法律の対象が新築，増築，改築，用途変更等であるため，既存建築のバリアフリー化は進みにくい．2022（令和4）年度から，バリアフリー法委任条例の策定区域内での既存建築ストックのバリアフリー改修工事の支援が受けられるようになり，既存建築のバリアフリー改善の促進が期待される．

▶避難所となる建築物（小中学校，宿泊施設等）のバリアフリー化

公立小中学校は，指定避難所となることが多い．指定福祉避難所はもちろん，指定一般避難所内においても要配慮者スペースを小学校区に1か所程度確保することが目指されており，段差の解消・手すりの設置・バリアフリートイレの設置等のバリアフリー化は不可欠である．2002（平成14）年ハートビル法改正で初めて学校が特定建築物に追加され努力義務の対象となり，2020（令和2）年バリアフリー法改正で，ようやく公立小中学校が特別特定建築物に指定されて適合義務の対象となった．この指定により改訂された学校施設バリアフリー化推進指針には，「良好な避難生活など求められる防災機能を発揮できる学校施設として計画することの重要性とともに，屋内運動場も含めた学校全体のバリアフリー化の重要性」が明記される．法指定による今後の学校バリアフリーの整備加速が期待される．

指定避難所が不足する場合には，要配慮者の実質的な福祉避難所としてのホテル・旅館等の活用が想定されるため，宿泊施設のバリアフリー化は避難生活の視点からも重要となる．バリアフリー法および委任条例による適合義務化[2]により，バリアフリー環境のストックは増えつつある．日常生活における誰もが暮らしやすい環境の実現が，避難時の生活も支える基盤となる．

▶公立小中学校のバリアフリー化の現状と避難所での要配慮者スペース

公立小中学校のバリアフリー化の現状[1]を〈表2〉に示す．2020（令和2）年の特別特定建築物の指定以降，整備が進んでいる．2022（令和4）年9月時点で，バリアフリートイレ整備率は校舎70％，屋内運動場42％であり，空調設備は普通教室が96％，体育館等が15.3％である．要配慮者の避難生活には，施設のバリアフリー化に加えて，通風・換気の確保，冷暖房設備の整備，パニック等の際に落ち着くためのカームダウンスペース確保[3]等が求められる．障害当事者のニーズ調査より，要配慮スペースは個別教室での設置が望ましい．前述の学校のバリアフリー化進捗状況からも，体育館よりも教室の方が要配慮者の生活環境に適している．更なるバリアフリー化推進とともに，バリアフリー達成状況を踏まえて避難所ごとに避難生活時の空間配置，レイアウトなど事前の利用計画の作成も不可欠である．

[2] バリアフリー法では，床面積2000 m²以上かつ50室以上である宿泊施設が新築等される場合は，車椅子使用者用客室を客室総数の1％以上確保等が義務づけられる．

[3] 近年，発達障害等の児童生徒のために，カームダウンをするスペースの確保も議論されている．カームダウンスペースの確保は日常の学校生活に加えて，避難生活においても有効であり，今後の整備が期待される．

〈表2〉 公立小中学校のバリアフリー化の実態（2020（令和2）年，2022（令和4）年）[1]

	調査年	バリアフリートイレ	スロープ等による段差解消※1	冷房設備設置状況※2
校舎	2020年	70.4%	61.1%	93.0%
	2022年	75.6%	66.5%	95.7%
屋内運動場	2020年	41.9%	62.1%	9.0%
	2022年	50.1%	67.1%	15.3%

※1　玄関等から教室またはアリーナまで
※2　校舎は普通教室の設置率

福祉の法・制度

35 福祉サービスの事業継続マネジメント（BCM）により未知を既知化する

立木茂雄

平時の福祉と災害時の防災の分断が要配慮者の脆弱性の根本原因である．その抜本的解決は平時の福祉と災害時の防災・危機管理を切れ目なく連結・連続させること．福祉の事業継続マネジメント（BCM）[1]は，そのための未知を既知化するプロセスとなる．

[1] BCM：business continuity management

→ 1　都市計画や工学から見た福祉の重要性

→ 29　都市計画法等改正による福祉施設等への土地利用・建築規制

[2] 市町村社協，地域包括支援センター，基幹相談支援事業所等

[3] DWAT：disaster welfare assistance team

▶平時と災害時を切れ目なく連続させるために福祉関係者に求められること

福祉と防災の分断という根本原因に対する抜本的対策として，両者を交差・連結させ平時と災害時を切れ目なく連続させる取り組みが2021（令和3）年度から施設管理者に求められるようになってきた→．

切れ目のない連結・連続について〈表1〉を使って説明しよう．平時に組織は，いつもの人員で通常業務をこなす．これが①通常態勢である．すでに施設管理者は，消防計画，非常災害対策計画，避難確保計画（立地に気象災害のリスクがある場合）の策定や訓練を①通常態勢で毎年繰り返すことが法律や省令で義務づけられている．

これに対して（1）施設系サービスの業務継続計画や（2）福祉専門職が業務として参画する個別避難計画，あるいは（3）福祉避難所などの活動はどれも人員拡大と業務拡張による④創発態勢の運用が求められる．たとえば，施設の避難確保計画→や，在宅サービス利用者の個別避難計画では，避難支援にあたる人材は遠くの専門職ではなく近隣の住民が大きな力となる．

住民ボランティアと施設系および在宅系事業者の人材ニーズをマッチングするためには，地域福祉系の専門職[2]による人材発掘やコーディネーションというマネジメント活動が必須だ．このほか福祉避難所の運用や施設系サービスの業務継続では，災害派遣福祉支援活動（DWAT）[3]要員や同業他法人との相互応援協定を通じた人材の融通や利用者・職員の受け入れといった組

〈表1〉 社会福祉（施設系・在宅系・地域福祉系）サービス継続マネジメントが求める組織態勢と業務内容[1]

			業務内容	
			現状　　　目標	
			通常業務	新規業務
組織構造	現状	同じ人員	①通常態勢 ・消防計画 ・非常災害対策計画 ・要配慮者利用施設の避難確保計画 ・民生児童委員の地域見守り	③拡張態勢 ・外部支援者の受け入れ（受援）業務 ・BCMのPDCAプロセス継続
			人員拡大に備えた事前調整 →　拡張業務の定型化	
	目標	人員増加	②拡大態勢 ・地域の支援者増員 ・被災地外専門職による指定避難所，社会福祉施設，福祉避難所運営へのDWAT等の災害福祉支援活動	④創発態勢 ・災害ボランティアセンター ・社会福祉サービスの業務継続計画（BCP）発動 ・拠点施設新設・移転の検討 ・災害ケースマネジメント

Quarantelli, らによるDRCモデル[1]に基づき，組織体制と対応する業務内容を整理した．

織のネットワーク化も求められるだろう．地域福祉系事業者では災害ボランティアセンターの運用も創発業務に含まれる．さらには緊急対応から生活再建へと位相が転じると，被災者を伴走支援する災害ケースマネジメントの運用も地域福祉系組織の創発業務として位置づけられるだろう．

事業継続マネジメントプロセスを通じて未知を既知化する

被災地の施設系事業者や福祉避難所の運営では，被災地外からの福祉関係者の派遣が必須となる．派遣側は，自分たちがふだん行っている業務を，人員を拡大して展開するので②拡大態勢の活動である．一方，被災地側では，外部からの支援者の受援調整が不可欠となる．これは受け入れ側の人員が業務を拡張して対応せざるをえない．また建物や設備，あるいはライフラインが中断した場合の代替策の検討も考えなければならない．さらに事業所が洪水などの災害危険区域内に立地する場合に，災害リスクを完全に抑止するために拠点施設の新設や移転を検討する場合も③拡張態勢として位置づけられる．このような業務を発災前から事前に考えておき④創発態勢に切れ目なく移行できるようにするのが事業継続計画（BCP）作成の目的である．

社会福祉サービスのBCPの策定に当たっては，事業拠点の置かれたリスクの分析と評価から，事業影響度を分析・検討（事業中断の影響度，重要業務と復旧時間の検討，ボトルネックの発見）し，これを基に事業継続戦略を立案・決定する．この戦略に基づいて具体のBCPを策定するわけだが，BCPの維持・更新，それを実現するための予算・資源，事前対策の実施，取り組みを浸透させるための教育・訓練の実施・点検，継続的な改善などを行うふだんからのマネジメント活動は，より広く事業継続マネジメント（BCM）と呼ばれる〈図1〉．

→ 36 福祉施設のBCP

→ 45 災害時における医療・保健と福祉の初動の差を縮めるためにできること

BCMプロセスが目指すことをもう一度，〈表1〉の枠組みに即してまとめると，発災後の人員拡大や業務の拡張プロセスを，そのときになって初めて体験するのではなく，BCMの計画・教育・訓練・点検・見直し・改善を通じて通常態勢の範囲を拡げておく（拡張業務の定型化と人員拡大に備えた事前調整を2つの矢印で表現している），つまり未知を既知化する試みなのである．これを同一の人員で新規業務として繰り返していく③拡張態勢を平時から確立するのがポイントである．

このようなプロセスを通じて，利用者の命，尊厳，そして善き生（well-being）を生きるための諸条件（健康，生存・幸福追求・自己実現への諸権利）を，平時のみならず災害時にも護るという組織のミッション（使命）を実現することが可能となる．

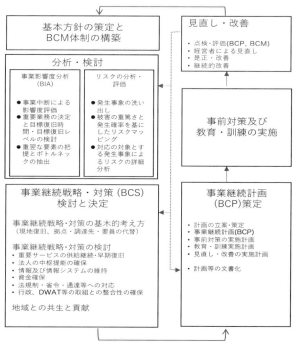

〈図1〉 社会福祉サービス事業継続マネジメント（BCM）の各プロセス（文献2を基に一部筆者加筆）

福祉の法・制度

36 福祉施設のBCP

鍵屋　一

> 高齢者，障害児者等については，災害時の避難だけでなく，避難生活における福祉サービスの継続が必要である．近年の感染症流行，自然災害の頻発をふまえ，2021（令和3）年度から3年以内に介護事業所等にBCP作成が義務づけられた．

[1] BCP：business continuity planning，事業継続計画

➡ 35　福祉サービスの事業継続マネジメント（BCM）により未知を既知化する

➡ 29　都市計画法等改正等による福祉施設等への土地利用・建築規制

[2] BCP：2013（平成25）年度の福祉施設（対象：579施設）の事業継続計画（BCP）の現状は次のような低レベルであった[1]．
- BCPを策定したのは4.5％，策定中が6.9％と他業種と比べるともっとも低い．
- 「BCPとは何かを知らなかった」が全体で40.9％と認知度が非常に低い．

● 災害時の福祉施設とBCP[1] ➡

　阪神・淡路大震災，東日本大震災，熊本地震，能登半島地震や度重なる豪雨災害などには，福祉施設では施設本体や設備が損傷したり，利用者や職員が被災したりライフラインが停止するなかで，懸命な対応が行われてきた．厳しい状況において，情報不足のまま現場で即時に判断する活動であり，事業を継続するにあたって多くの教訓を残した．

　これまで，災害時に要介護高齢者等を支援するために，国は介護保険施設に以下の3つの計画作成と訓練を求めてきた．

（1）消防計画

　火災や地震発生時に，一時的に安全を確保するための，自衛消防隊などを組織し，初期消火，救急救助，避難誘導，応急手当などができるように法定計画として作成し，訓練をするものである．

（2）非常災害対策計画

　消防計画及び火災，風水害，地震等の災害に対処するための計画をいう．介護施設においては「指定介護老人福祉施設の人員，設備及び運営に関する基準」（平成11年厚生省令第39号）に定められる．具体的には，災害発生時における職員の役割分担や基本行動等について，あらかじめ定めておき，訓練するものである．

（3）避難確保計画 ➡

　気象災害に備えて，安全な場所に避難するための計画で，2017（平成29）年6月に浸水想定区域，土砂災害警戒区域内の要配慮者利用施設に対して，法律で作成が義務づけられた．職員は気象情報や警戒情報へのリテラシーを高め，避難確保に必要な計画及び訓練を充実する必要がある．

　上記の（1）〜（3）までは，火災や災害が発生したときの緊急対応，なかでも避難が中心になっている．一方，災害時にも継続すべき福祉サービスについてはほとんど検討されなかった[2]．

新型コロナウィルスの流行とBCP作成の義務化

　BCPの必要性が強く認識されたのは，自然災害ではなく新型コロナウイルス対策である．感染症予防対策を徹底しながら，福祉サービスを継続するためには，感染症予防の知識習得，マスク，消毒薬，ガウンなどの備蓄，職

72　福祉の法・制度

員が感染し少人数になった場合の対応，財務対策など事業継続に必要な計画と訓練が不可欠だからである．2020（令和2）年12月23日の社会保障審議会介護給付費分科会の「令和3年度介護報酬改定に関する審議報告」において，介護施設等のBCP策定の義務付けが初めて記述された[3]．

　この報告を受けて，厚生労働省は，2021（令和3）年度介護報酬改定で，すべての介護サービス事業者に3年以内にBCP作成を義務づける省令改正を行った．続いて障害福祉サービス事業所等についてもBCP作成が義務化された．なお，児童福祉施設については努力義務とされている．

　1.　① 感染症対策の強化（記載略）

　1.　② 業務継続に向けた取組の強化

　感染症や災害が発生した場合であっても，必要な介護サービスが継続的に提供できる体制を構築する観点から，すべての介護サービス事業者を対象に，業務継続に向けた計画等の策定，研修の実施，訓練（シミュレーション）の実施等を義務づける．その際，3年間の経過措置期間を設けることとする．【省令改正】

　1.　③ 災害への地域と連携した対応の強化

　災害への対応においては，地域との連携が不可欠であることを踏まえ，非常災害対策（計画策定，関係機関との連携体制の確保，避難等訓練の実施等）が求められる介護サービス事業者を対象に，小規模多機能型居宅介護等の例を参考に，訓練の実施に当たって，地域住民の参加が得られるよう連携に努めなければならないこととする．【省令改正】

　1.　③は努力義務となっている．しかし，大災害，特に夜間ともなれば施設職員だけで利用者を迅速に避難させるのは困難であり，地域住民との連携が必要になってくる．したがって，努力義務とはいえ「1.　③ 災害への地域と連携した対応の強化」は不可欠な対策である．

▶残る課題〜多様な福祉サービス，地域性，実効性〜

　2020（令和2）年12月，早速，厚労省からBCPガイドラインが示されたが，ここでは3点の課題を指摘したい．1つは，すべての介護事業所向けに作成を義務づけながら，内容はほぼ入所施設向けとなっていて，通所，訪問，居宅介護についてはあまり触れられていない．また，全国一律となっていて，島しょ部と大都市も同じである．さらに実効性についても不安が残る．たとえば安否確認について，「利用者の安否確認方法を検討し，整理しておく．（中略）利用者の安否確認が速やかに行われるよう担当を決めておく．」と記載されている．しかし，安否確認をしたら「逃げ遅れて亡くなっていた」「自宅で衰弱していた」でいいはずがない．もっとも重要なのは「否」にしないことであり，そのための避難支援，避難生活支援が求められる．そうなると地域住民や自治体との連携が不可欠になり，個別避難計画と重なる[4]．

[3] 審議報告のうち，感染症や災害への対応力強化が求められる中での基本認識は以下のとおりである．

- 介護サービスは，利用者やその家族の生活を継続するうえで欠かせないものであり，感染症や災害が発生した場合であっても，利用者に対して必要なサービスが安定的・継続的に提供されることが重要である．
- 昨今の新型コロナウイルス感染症の感染拡大に際しては，（中略）感染症対策を徹底しながら，地域において必要なサービスを継続的に提供していく体制を確保していくことが必要である．
- また，近年，さまざまな地域で大規模な災害が発生しており，介護事業所の被害も発生している．災害への対応力を強化し，災害発生時に避難を含めた適切な対応を行い，その後も利用者に必要なサービスを提供していく体制を確保していくことが必要である．

[4] BCPは作成して終わりではなく，定期的に教育，訓練，改善によりレベル向上を図るものであり，これをBCMという．今後の福祉事業者の取り組みと監査を行う自治体の本気度が問われている．

福祉のしくみ

37 介護保険制度

森保純子

> 介護保険制度は，介護を必要とする高齢者等が自立した生活が送れるように支える制度である．専門職による訪問や通所サービスの提供は災害時の対応が課題であるが，ケアマネジャーらにより介護計画に防災対応も記載され始めている．

➔ 25 災害時要配慮者のさまざまな避難生活空間

[1] 2022（令和4）年1月末において，第1号被保険者（65歳以上）数は，3590万人，要介護（要支援）認定者数は，6897万人[1]．高齢者数も認定者数も年々増加している．

[2] 40歳から64歳の人で生活保護の医療扶助を受給している場合も，特定疾病がある場合は介護保険と同様のサービスの利用が可能であり，介護扶助の利用となる[1]．

●介護保険制度とは

2000（平成12）年から始まった介護保険制度➔は，社会保険のなかではもっとも新しい制度である．2000年以前は，介護は家庭内で家族により行われるものであったが，核家族化や女性の社会進出が進むにつれ，高齢者単身世帯や高齢夫婦のみの世帯が増加し，介護の担い手を家庭で確保することは困難になった．そこで高齢者介護を社会で担うために介護保険制度が導入され，高齢者介護が社会化された．また，以前は施設入所等は行政の措置制度によって行われていたが，介護保険制度の開始により，利用者は必要なサービスについて自らが事業者等を選定し契約利用できるようになった．今日では，多くの人が要介護認定を受け[1]，ヘルパーやデイサービスなどの介護サービスを利用している．

●介護保険制度を理解するための用語

『ケアマネジャー』とは，介護支援専門員や主任介護支援専門員のことをいう．「ケアマネ」と略されることも多い．ケアマネジャーは介護保険サービスを利用する人の相談支援を行い，介護サービス計画（ケアプラン）をつくり，事業者間の調整やサービスの利用管理を行い，各種サービスはケアプランに基づいて提供される．ケアマネジャーは，利用者の心身の状況や生活状況を把握し，生活に寄り添うため，利用者にとっては頼りになる存在である．

『地域包括支援センター』とは，介護保険法 第105条の46に規定されて設置され，主任介護支援専門員，保健師，社会福祉士の資格保持者を配置し，介護保険の利用相談をはじめとした高齢者の生活にかかわる多様な相談や援助をおこなう施設である．

『要介護度等』とは，要介護1〜5または要支援1・2を指す．要支援よりも要介護が，数字がより大きいほうが，介護に要する時間等が多いと判断され，利用できる介護保険サービスの量も多く設定されている．

●介護保険制度とサービスの利用

介護保険制度は，公的医療保険に加入している人が40歳から第2号被保険者として加入し，介護保険料を負担する[2]．第2号被保険者は，特定の疾病等がある場合に要介護認定を受けて介護保険サービスを利用することが可能である．65歳からは第1号被保険者となり，誰でも要介護認定を受けて，

74 福祉のしくみ

必要に応じた介護保険サービスを利用することが可能となる.

介護保険制度を利用する際には，要介護（要支援）度または介護予防・日常生活支援総合事業（以下，総合事業）利用者に該当するかどうかについて，認定を受けることが必要である．要介護1～5と要支援1・2は全国共通の制度であるが，総合事業は地域ごとの状況に合わせて市区町村ごとに異なるサービスを提供する制度である．なお，総合事業のうち一般介護予防事業は，要介護認定等を受けている人は当然のこと，認定を受けていない人や非該当であった人も利用できる[3].

介護保険制度には，大きく分けて在宅生活において利用するもの（訪問サービス，通所サービス等）と，施設入所によって利用するものの2つのサービスがあり，要介護（要支援）度によって利用できる種類や量が設定されている.

在宅生活を支えるサービスは，訪問介護（ホームヘルパー），通所介護（デイサービス），短期入所（ショートステイ），福祉用具貸与等の日々の生活で利用するものや，自宅に手すりをつける等の住宅改修費の支給などがある.

施設入所サービスは，介護老人保健施設（老健）や介護老人福祉施設（特別養護老人ホーム，特養），認知症対応型共同生活介護（グループホーム）等への入所利用があり，これらを利用する場合は在宅生活で使うデイサービス等のサービスは使えず，入所施設において必要な支援を行う.

▶️介護保険導入による課題と，ケアマネジャー等による防災への取り組み

介護保険制度の普及と介護サービスの利用により，高齢者の介護はケアマネジャーや介護福祉士等の福祉専門職により担われることになった．かつては，家族や隣近所の支えにより暮らしていた高齢者夫婦や独居高齢者は，介護や医療の専門職による在宅訪問や通所サービスの利用により，最期まで地域生活を送ることも可能となった.

しかしその背景では，平日の日中をデイサービスで過ごしたり，数週間や数か月単位での老健入所やショートステイ施設の利用を繰り返したりするなどにより，利用者がそれまで参加していた地域活動から離れてしまい，日頃から行き来のあった近隣住民らとの交流が減少することにつながっている[4].とくに在宅と施設の行き来を繰り返す場合には，発災時に在宅で生活をしていても，近所の人がそれを把握できていなければ，助けが来ることはなく避難ができなくなる.

これまで，介護保険制度のなかでは平時のみを前提としたケアプランが作成されていたが，今日ではケアプランのなかに災害に備える項目の記載を求める自治体も増加している．地域住民との交流再開や社会参加の機会の増加も含めて，本人とケアマネジャーやその他介護保険事業者等，地域住民との協力体制の構築は，災害時の支援確保だけでなく，これからの超高齢化社会での日常の生活を安心して行うために必要な取り組みである.

---

[3] 介護保険サービス利用の費用負担は，収入により負担する割合が決定され「介護保険負担割合証」によって示される1～3割の自己負担が必要である.

[4] 筆者が経験したケースでは，隣家で以前は交流があったものの，介護保険サービス利用開始後の数年間は一度も出会わず，個別避難計画作成のための避難訓練で再会し，お互いに安否状況を知らない状況だったことが判明したことがあった.

福祉の基本的視点

福祉のしくみ

38 障害者総合支援法

森保純子

障害者総合支援法は，障害のある人が基本的人権を享有する個人としての尊厳にふさわしい日常生活・社会生活を営めるよう制定され，地域生活を幅広く支える障害福祉サービスの提供について定めている.

→ 39 福祉関係法

▶障害者総合支援法とは

障害者総合支援法→は，それまでに施行されていた障害者自立支援法に代わり，2013（平成25）年4月に施行された法律である．障害者基本法の基本理念に沿い，障害のある人が基本的人権を享受する個人としての尊厳にふさわしい生活が送れるよう，必要な障害福祉サービスや地域生活支援事業の提供を総合的に行う．その実施の責務は，主に市町村および都道府県にあるが，国は市町村・都道府県への助言や情報提供等の援助の責務があり，また国と地方公共団体は，障害者等が自立した生活を営めるよう，サービス等の提供体制の確保に努める責務が定められている．また，国民には，障害の有無にかかわらず，障害者等が自立した日常生活または社会生活を営めるような地域社会の実現への協力するよう努める責務が記されている.

障害者福祉は，長らく行政が支援を決める「措置制度」により運用され，利用者自身によるサービスの決定は行われていなかった．高齢者福祉では2000（平成12）年から「措置から契約へ」転換する介護保険制度がスタートし，障害者福祉ではその3年後である2003（平成15）年から，利用者がサービスを決める「支援費制度」が実施された．その後，2006（平成18）年に身体・知的・精神障害の共通の制度として地域生活を支援する障害者自立支援法が施行されている.

▶障害者総合支援法と障害福祉サービス

障害者総合支援法では障害者に対する福祉サービスについて規定し，全国一律で行われる「自立支援給付」と，地域特性や状況に合わせて行われる「地域生活支援事業」の2つのサービス体系で構成されている．このうち自立支援給付とは，障害福祉サービス，自立支援医療，補装具等であり，さらに，障害福祉サービスには，介護給付と訓練等給付が設定されている.

これらは，相談支援に基づき提供されるため，相談支援専門員による相談と計画の作成，またはセルフプランと呼ばれる利用者自身による計画の作成を行い，必要なサービスを利用することとなる[1]．なお，障害児の通所支援や入所支援，相談支援は，児童福祉法に基づき提供されている．また，介護保険法において，自立支援給付に相当するサービスを受けられる場合は，介護保険の利用となり，自立支援給付はその該当部分には行われない.

[1] 計画相談支援，障害児相談支援は，利用者数，事業所数，相談支援専門員数（従事者数）とも継続して増加傾向にあるが，相談支援専門員については，その人員の不足や更なる資質の向上を求める声がある[1].

▶対象者

障害者総合支援法では，サービスや支援の対象者を障害者・児とする．従

76　福祉のしくみ

来は区別のあった身体障害，知的障害，精神障害等の障害種別にかかわらず，共通の制度として，その人に必要なサービスを提供する．また，障害者総合支援法では，対象に難病等の人も含んでいる．

なお，対象者は障害者手帳の有無にかかわらず，障害支援区分認定等の手続きを経て，必要と認められたサービスを利用できるようになる．つまり，障害者総合支援法では，障害者・児であるか否かを障害者手帳の有無によって決めるのではなく，難病[2]の人も含み，障害者総合支援法による支援が必要な人を対象としている．

▶障害支援区分と地域生活の障害福祉サービス

障害福祉サービスや，地域生活支援事業の介護給付費や共同生活援助（グループホーム）の訓練等給付の支給決定を受けるためには，障害支援区分の認定を受ける必要がある．

市町村へ申請を行うと，本人を訪問し状況を確認する認定調査[3]と，主治医により心身の状況を回答する主治医意見書の作成が行われ，判定のための情報が収集される．その情報をもとに，コンピュータによる一次判定と，審査会による二次判定を経て障害支援区分が決定される[4]．

障害支援区分によって利用できるサービスは異なるが，暮らしの場や日中生活を支援するさまざまなサービスが用意されている．たとえば，日中活動の場として，就労等を支援する就労定着支援，就労移行支援，就労継続支援A型・B型の各サービスがある．また日中の生活を支援する生活介護サービス等がある．利用者は自身の望む就労や生活に合わせて事業所を選び契約し，利用する．また，在宅での生活を支援するための訪問サービスとして居宅介護，重度訪問介護や，外出時の支援を行う行動援護，同行援護，移動支援等がある．生活の場は，家族とともに暮らす自宅や独り暮らしのアパート等の選択に加え，居住サービスとしてグループホームや施設入所支援を検討することもできる．これらの利用や生活について相談支援を行う機関として，発達障害者支援センターや地域定着支援，相談支援事業所や基幹相談支援センターが設置されている．

▶相談支援と相談支援専門員

相談支援専門員とは，相談支援事業所に所属し，障害のある人が自立した日常生活や社会生活を営むことができるように，障害福祉サービスなどの利用計画の作成や，地域生活への支援など，障害のある人の全般的な相談支援を行う専門職である．資格は，実務経験と相談支援従事者初任者研修の受講により取得でき，以後，五年ごとに現認研修を受けて更新することになる．

相談支援専門員は，いわゆる介護保険制度でのケアマネジャーに相当する役割を担う．介護保険制度は異なり，毎月のサービス利用費に関して本人や事業所の給付管理作業を行わず，モニタリングも本人の状況に合わせて毎月～数か月に1度の範囲で設定する点で異なるが，本人の心身や生活の状況をもっともよく知る専門職として，本人の生活に伴走して支援を行う相談支援専門員は防災支援でも本人の状況を考え支える役割を担うことができる．

---

[2] 総合支援法では，難病法の基準より緩和された要件により難病を定め，2021（令和3）年11月から366疾患が対象とされている[2]．

[3] 本人の心身の機能やコミュニケーションの状態等80の調査項目があり，その個別の状況は特記事項に記載され二次判定に反映される．また調査時には，あわせて家族の状況や現在の生活での家族の介護状況等も概況調査として調査する．

[4] 障害支援区分は非該当および区分1〜6があり，支援の必要な度合いは区分1で低く，区分6が高い．

福祉の基本的視点

福祉のしくみ

39 福祉関係法

山崎栄一

> 福祉関係法の各領域において，災害時特有の状況や困難に対応した特例措置がとられる[1]．具体的には，所得の保障，給付，施設定数等の基準の緩和，福祉サービス・給付の受給要件の緩和措置，保険料・利用料などの免除・軽減・猶予がなされる[1)]．

[1] ちなみに，福祉避難所における福祉サービスは，災害救助法ではなく個別の福祉関係法により提供されることになっているが（『災害救助事務取扱要領』より），これは災害救助法においても生活保護と同様の「他法他施策優先の原理」が通用しているものと解釈することができる．

➡45 災害時における医療・保健と福祉の初動の差を縮めるためにできること

➡38 障害者総合支援法

● 高齢者福祉法・障害者福祉法

高齢者への福祉サービス・給付については老人福祉法と介護保険法が施設サービスと居宅サービスの根拠法となっている[2)]．災害時においては，保険料・利用料の免除・軽減・猶予，被保険者証の紛失に対する特例措置や定数の特例，災害時特例入所といった措置がとられる➡．

障害者への福祉サービス・給付については，身体障害者福祉法，知的障害者福祉法，精神保健福祉法，障害者総合支援法が根拠法となっている➡[2)]．災害時においては，利用料の免除・軽減・猶予，受給者証等の紛失に対する特例措置や障害者支援施設等における要援護障害者等の受入れといった措置がとられる．

これらの福祉サービス・給付については，災害時においても途絶えることなく提供されること，仮に途絶えたとしてもいち早く再開がなされることが強く求められるところであり，業務継続計画（BCP）の策定が促進されなければならない．

● 児童福祉法

児童への福祉サービス・給付については，児童福祉法が総合法規としてサービス・給付を図る一方，子ども・子育て支援法，母子・父子・寡婦福祉法，各児童手当法といった法律が個別的なサービス・給付の根拠法となっている[2)]．以下において，特例措置の具体例を見ていくことにする．

子ども・子育て支援法につき，子どものための教育・保育給付の支給要件（法19条2号）および，子育てのための施設等利用給付の支給要件（法30条の4）として，「震災，風水害，火災その他の災害の復旧に当たっていること」とある（施行規則1条の5第5号）．

母子・父子・寡婦福祉法につき，被災者に対して母子父子寡婦福祉資金制度の緩和等の措置（償還金の支払猶予，貸付要件の緩和）が行われる．

児童手当法につき，自然災害によりやむを得ず児童手当の認定の請求ができなかった場合，やむを得ない理由がやんだ後15日以内に請求をすれば，請求することのできなくなった月の翌月から支給が始まる（8条3項）．

児童扶養手当法・特別児童扶養手当法につき，自然災害により所有住宅や家財等の財産が2分の1以上の損害を受けたとき，所得制限の適用を受けず，全部支給になる特例措置を受けられる（児童扶養手当法12条1項，特別児童

扶養手当法9条1項).

▶社会保険法

　ここでは，社会保険に関する法制度（介護保険法については高齢者福祉ですでに述べた）について概観をしていくことにする[3].

　年金保険法は，老齢，障害または死亡による収入の途絶を現金給付により救済する所得保障の制度である．自然災害によって家族を失った場合には遺族年金が支給される．また，障害をもつに至った，あるいは障害が重度化した場合には障害年金が支給される．自然災害により所有住宅や家財等の財産が2分の1以上の損害を受けたとき，国民年金保険料の全額または一部の免除がなされる（国民年金法90条1項4号，90条の2第1項3号，第2項3号，第3項3号，90条の3第1項3号).

　医療保険法は，傷病の治療等に関する「療養の給付」等を現物給付で国民全体に保障する制度である[2].災害時における医療サービスであるが，被保険者・被扶養者が罹災した旨[3]を申し立てた場合には，一部負担金等の支払が猶予・免除される（国保法44条，健保法75条の2).被保険者証の紛失に対する特例措置もとられる.

　労災保険法は，労働者の業務上の事由または通勤による労働者の傷病等に対して，必要な保険給付を行う制度である．自然災害時に業務に従事していたあるいは通勤途中であった場合，業務災害あるいは通勤災害として労災認定される可能性が出てくる.

　雇用保険法は，失業という保険事故に対する保険給付を行う制度である．自然災害により失業した場合には，失業等給付が行われる．失業保険が打ち切られた場合には，以下に説明をする生活保護の活用を検討することになる.

▶生活保護法

　生活保護法は，生活が困窮した場合に，最後の救済手段として活用が検討される．生活保護を受給するためには，いくつかの要件が存在するが[4]，自然災害時においてネックとされるのが，義援金や支援金の扱いである．義援金や支援金については収入認定除外の取り扱いがなされる．そのため，義援金や支援金が受給されたとしても，申請が認められなかったり，生活保護が打ち切られたりすることがないような運用が求められる.

　被災をした生活保護世帯はどのように生活再建を果たしていくのか．生活用品が滅失してしまった場合，家具什器費が支給されることになっている（3万2300円以内　特別基準5万1500円以内）．また，居住している家屋の修理等のために補修等住宅維持費が支給されることになっている（12万8000円以内　特別基準19万2000円以内）[4).

[2] 災害救助法による医療サービスが無料で提供されることもある.

[3] ① 住家の全半壊，全半焼，床上浸水又はこれに準ずる被災をした旨，② 主たる生計維持者が死亡又は重篤な傷病を負った旨，③ 主たる生計維持者の行方が不明である場合，④ 主たる生計維持者が業務を廃止し，又は休止した旨，⑤ 主たる生計維持者が失職し，現在収入がない旨

[4] 生活保護法の受給要件としては，資産の活用，稼働能力の活用，他法他施策の活用，扶養義務者による扶養が見込めないことが挙げられる.

福祉のしくみ

40 生活困窮者自立支援法

菅野 拓

> 生活困窮者自立支援制度は，伴走型の相談支援を中核として，就労支援，家計改善，居住支援などの事業とともに，他の福祉制度などの社会資源も利用して支援を行うことで，制度の「狭間」に置かれてきた生活困窮者の自立を目指すものである．

➡ 43 地域共生社会・包括的支援体制

▶ 制度創設の背景

　生活困窮者自立支援法➡は2013（平成25）年12月6日に成立し，2015（平成27）年4月1日から施行された（2018（平成30）年6月8日に一部改正）．この法に基づく生活困窮者自立支援制度は，制度の「狭間」に置かれてきた生活困窮者に対して，「本人中心」の相談支援を中核に据え，多様な就労支援や家計改善，居住支援等を包括的に実施することを目指すものである[1]．

　制度創設の背景は，地縁・血縁・社縁が弱体化するなかで生活困窮が社会問題化したことである[1]．とくに2008（平成20）年のリーマンショックの影響は大きく，日比谷公園での「年越し派遣村」など生活困窮が急速に前景化した[1]．

[1] たとえば生活保護世帯の世帯類型に占める「その他世帯」（高齢者世帯，母子世帯，傷病・障害者世帯のいずれでもない稼働年齢層の世帯）の割合は，2000（平成12）年度の7.4%から2010（平成22）年度の16.2%へと大きく上昇した．

　こうした状況に対して，ホームレス支援に代表されるように，全国ではNPOなどのインフォーマルな支援が実施されていた．政府も基金訓練や住宅手当，パーソナル・サポート・モデル事業などを「第2のセーフティネット」として順次実施していた．2012（平成24）年2月17日に閣議決定された社会保障・税一体改革大綱において，生活困窮者対策と生活保護制度の見直しを総合的に取り組むための「生活支援戦略」を策定することが盛り込まれた．これを皮切りに，同年4月26日に社会保障審議会に「生活困窮者の生活支援の在り方に関する特別部会」が設置され，インフォーマルな支援を実施していたNPOの代表者なども参与しながら報告書が取りまとめられた．これをもとに法制的な調整のうえ，生活困窮者自立支援法が成立した．

▶ 基本的な考え方と事業

　生活困窮者自立支援法には，自立相談支援事業の実施や住居確保給付金の支給などの措置を講ずることで，生活困窮者[2]の自立の促進を図ることが目的として規定され，また，基本理念として，①生活困窮者の尊厳の保持を図りつつ，生活困窮者の就労の状況，心身の状況，地域社会からの孤立の状況その他の状況に応じて，包括的かつ早期に行うこと，および，②地域における福祉，就労，教育，住宅その他の生活困窮者に対する支援に関する業務を行う関係機関や民間団体との緊密な連携その他必要な支援体制の整備に配慮して行うことが規定されている[2]．基本理念②に表れる通り，介護保険を含む高齢者福祉，障害者福祉，児童福祉，生活保護という福祉分野と，横並びに生活困窮者支援が追加されたというわけではなく，本制度の特徴である「断らない相談支援」という言葉に表れる通り，相談支援をベースとして他

[2] 生活困窮者自立支援法における生活困窮者は「就労の状況，心身の状況，地域社会との関係性その他の事情により，現に経済的に困窮し，最低限度の生活を維持することができなくなるおそれのある者」と定義されている．

80　福祉のしくみ

の分野に横串を通し連携しながら個人を支援することが目指されている[1].

生活困窮者自立支援制度は，都道府県や市などの福祉事務所設置自治体に実施義務が課せられている．具体的には以下のような事業が行われる．

自立相談支援事業：本人や家族などからの相談をもとに，どのような支援が必要かをいっしょに考え，具体的な支援プランを作成し，寄り添いながら自立に向けた支援を実施する．この事業によって生活困窮者自立支援制度のみならず，他の福祉分野の制度や社会資源を制度利用者につなぎつつ伴走型の支援を実施する．［必須事業］

住居確保給付金の支給：離職などにより住居を失った方，または失うおそれの高い方には，就職に向けた活動をするなどを条件に，一定期間，家賃相当額を支給する．［必須事業］

就労準備支援事業：直ちに就労が困難な方に6か月から1年の間，プログラムにそって，一般就労に向けた基礎能力を養いながら就労に向けた支援や就労機会を提供する．［努力義務事業］

家計改善支援事業：家計状況の「見える化」と根本的な課題を把握し，相談者が自ら家計を管理できるように，状況に応じた支援計画の作成，相談支援，関係機関へのつなぎ，必要に応じて貸付のあっせんなどを行う．［努力義務事業］

就労訓練事業：直ちに一般就労することが難しい方のために，その方に合った作業機会を提供しながら，個別の就労支援プログラムに基づき，一般就労に向けた支援を中・長期的に実施する．［任意事業］

生活困窮世帯の子どもの学習・生活支援事業：子どもの学習支援をはじめ，日常的な生活習慣，仲間と出会い活動ができる居場所づくり，進学に関する支援，高校進学者の中退防止に関する支援等，子どもと保護者の双方に必要な支援を行う．［任意事業］

一時生活支援事業：住居をもたない方，またはネットカフェ等の不安定な住居形態にある方に，一定期間，宿泊場所や衣食を提供する．［任意事業］

▶災害時の制度活用

生活困窮者自立支援制度は困難な状況にあるさまざまな人に対して相談支援や就労支援を実施できる制度であるため，災害時，とくに災害ケースマネジメント**▶**実施過程において，制度が積極活用される場合がある．

代表例として東日本大震災における仙台市の被災者生活再建支援があげられる．災害ケースマネジメントの発端となった仙台市の被災者生活再建支援は，戸別の訪問調査により把握されたケースデータをもとに，福祉的支援の必要性といった生活能力と，金銭・生活再建の見通しといった住まいの再建能力の2つの基準の高低を基に，世帯を4類型に分類し支援を実施するものであった．そのなかでも失業・低所得・解決が容易ではない生活上の問題などを理由として，もっとも生活再建が困難な被災者には，生活困窮者自立支援制度を活用して支援が行われた[3]．ほかにも，平成30年7月豪雨における岡山県倉敷市の被災者生活再建支援においても積極活用されている．

➡ 2 当事者・代理人運動と小規模多機能化によるタテ割り制度の解決，59 災害ケースマネジメント

福祉のしくみ

 民生委員・児童委員

永田　祐

> 民生委員は，住民の身近な相談役であり，専門機関や行政とのつなぎ役として，100年以上の歴史をもつ．防災との関係では，避難行動要支援者の支援や個別避難計画にかかる避難支援等関係者として大きな役割を果たしている．一方で，その負担の重さからなり手不足の問題なども指摘されており，各地域で適切な協働のあり方を考える必要がある．

▶民生委員とは

　民生委員は，1948（昭和23）年に公布された民生委員法に基づいて配置されている．民生委員法は，民生委員の役割を「社会奉仕の精神をもって，常に住民の立場に立って相談に応じ，必要な援助を行い，もって社会福祉の増進に努める」（法第1条）とし，具体的な職務として，担当する区域における住民の生活状態を把握すること，生活に関する相談に応じ，助言や援助，適切な情報提供を行うこと，関係機関と連携しその活動を支援すること，行政の業務に協力することを規定している（法第14条）．また，任期は3年とされており（ただし再任できる），給与の支給はなくボランティアとして活動しているが（法第10条），住民の私生活に立入り，その一身上の問題に介入することも多いため，法律で守秘義務が課せられている（法第15条）．

　民生委員には，地域住民の中からふさわしい人が，市町村に設置された「民生委員推薦会」を通じて都道府県知事に推薦され，都道府県知事がその人を厚生労働大臣に推薦し，厚生労働大臣から委員として委嘱されることになっている（法第4条）．「民生委員にふさわしい人」は，実際には自治会・町内会などの地縁組織や民生委員・児童委員協議会[1]の中で適切な人を選出することが一般的である．なお，民生委員は児童福祉法に基づく児童委員も兼務しているため，正式には民生委員・児童委員と呼ばれている．

▶民生委員の実際の活動

　次に，民生委員の実際の活動について確認する．民生委員には担当地区があり，厚生労働大臣が定める基準を参酌して，区域ごとに都道府県の条例で定められている．民生委員は担当する区域の中の高齢者や障害者，子育て世帯を定期的に訪問してその状態を把握し，相談にのるとともに必要があれば専門職につなぐ役割を果たしている．このように民生委員は，住民に身近な場所で福祉課題をキャッチできる重要な存在であり，市町村が中核となって包括的な支援体制を構築していくことが求められる中で，福祉課題の早期発見や要配慮者の見守りに大きな役割を期待されている．さらに，居場所づくりや災害時要援護者の台帳づくりといった小地域福祉活動のリーダーとしても大きな役割を果たしている．

[1] 民生委員児童委員協議会（民児協）は，市町村の一定区域ごとに（町村の場合は原則として全域で一区域）に設置されることになっている（法第20条）．民児協は，孤立しがちな民生委員の活動を組織として支え，地域課題の共有や事例検討や研修などを行っている．また，民生委員法に「民生委員の職務に関して必要と認める意見を関係各庁に具申することができる」（法第24条2項）と規定されている通り，民児協には，行政等への意見を具申する役割も規定されている．

▶災害時における民生委員の役割

最後に，災害時の民生委員の役割について，ここでは2013年の災害対策基本法改正において規定された「避難行動要支援者名簿」の作成と「避難支援等関係者」への提供，同法の2021（令和3）年の改正で規定された「個別避難計画」の作成を例に確認しておきたい．

内閣府と消防庁が実施した「避難行動要支援者名簿及び個別避難計画の作成等に係る取組状況の調査結果」[2]によれば，民生委員は，消防や警察，市町村社会福祉協議会，自主防災組織等と並んで，避難支援等関係者とされているが，「避難行動要支援者名簿の提供先」を見ると，民生委員が，その他の地域の関係者（たとえば，自主防災組織，消防団）と比べもっとも多くなっている．また，「個別避難計画にかかる避難支援等関係者」を見ても，民生委員がもっとも多くなっている．しかしながら，民生委員が担当区域のすべての避難行動要支援者や要配慮者に配慮することは現実的ではなく，幅広い関係者との名簿や計画の共有が進まないと，民生委員の負担が大きくなり，避難支援の実効性が確保できないことが懸念される．訓練などを通じて要支援者の身近なところで気にかけてくれる人を増やす取り組みを並行して進めていくことが重要になる．

東日本大震災においては，56名の民生委員が活動中に尊い命を落とし，その後の災害でも，避難支援等にあたる民生委員が亡くなる事例が発生している．このような事案を受けて，国や全国民生委員児童委員連合会は，「民生委員自身の安全確保」の重要性を強調してきたが，「水害時に率先して避難したところ，地域住民から『民生委員が真っ先に逃げるとはいかがなものか』と批判された」[1]といったような地域の心ない声は，物理的な負担だけでなく，精神的な負担として民生委員に重くのしかかっているいるように思われる．多くの自治体では，民生委員の担い手の定数の確保に苦労しており，その理由として「民生委員業務の負担感」[2]が挙げられている．民生委員は個別の支援活動だけでなく多くの地域福祉活動に関わっているが，その負担に配慮した役割を考えていくことも同時に求められるだろう．

[2] 内閣府・消防庁「避難行動要支援者名簿及び個別避難計画の作成等にかかる取組状況の調査（2022（令和4）年1月1日現在）」

福祉のしくみ

42 地域福祉・地域福祉計画

永田　祐

> 地域福祉計画は，2000（平成12）年の社会福祉法改正で法制化された社会福祉に係る総合計画である．防災との関連でいえば，災害対策基本法に規定される市町村地域防災計画等とは，一部共有化や一体的な展開が期待されており，策定にあたっては関連部局と協働した策定体制を確保するなど一体化のための工夫が求められる．

▶社会福祉法上の地域福祉の位置づけと地域福祉計画の特徴

2000（平成12）年に社会福祉事業法が改正され，社会福祉法が施行された．この改正のポイントの1つは，社会福祉の全分野における共通的基本事項を定める同法が地域福祉の推進を目的の1つに掲げたことにあり（社福法第1条），同法第4条では「地域福祉の推進」として「地域住民，社会福祉を目的とする事業を経営する者及び社会福祉に関する活動を行う者」が，地域福祉の推進に努めなければならないと規定している．市町村がこのような意味での地域福祉を推進していくために策定する計画が市町村地域福祉計画であり，それを支援するために都道府県が策定する計画が都道府県地域福祉支援計画である（社福法第107条，108条）．

社会福祉法の施行に先立つ1998（平成10）年の中央社会福祉審議会社会福祉基礎構造改革分科会「中間まとめ」は，「現在，老人，障害者，児童といった対象者ごとに策定されている計画を統合し，都道府県及び市町村のそれぞれを主体とし，当事者である住民が参加して策定される地域福祉計画を導入する必要がある」と提言していた．このように，地域福祉計画➡の特徴は，①他分野の計画を総合化し（総合化），それを②住民参加で策定すること（住民参加）にある．

▶社会福祉法における地域福祉計画の規定

2017（平成29）年および2020（令和2）年の社会福祉法改正では，市町村地域福祉計画に含むべき内容は以下の5点に整理されている[1]（福祉法第107条1項）．すなわち，①地域における高齢者の福祉，障害者の福祉，児童の福祉その他の福祉に関し，共通して取り組むべき事項，②地域における福祉サービスの適切な利用の推進に関する事項，③地域における社会福祉を目的とする事業の健全な発達に関する事項，④地域福祉に関する活動への住民の参加の促進に関する事項，⑤地域生活課題の解決に資する支援が包括的に提供される体制の整備に関する事項である．このうち，①は，地域福祉計画が，高齢者，障害者，児童の各分野の「共通的な事項」を定める上位計画であることを示している．また，⑤は，2017（平成29）年の改正で市町村が構築することになった包括的な支援体制[2]のことを指しており，地域福祉計画は，市町村がこの体制をどのように構築していくかを記載することになっ

➡2　当事者・代理人運動と小規模多機能化によるタテ割り制度の解決

[1]　このうち，1号と5号（①と⑤）の各号は，2017（平成29）年の改正で追加され，⑤については2020（令和2）年の改正でより明確に規定されることになった．

[2]　包括的な支援体制とは，社会福祉法第106条の3第1項で位置づけられている①住民に身近な圏域において，地域住民等が主体的に地域生活課題を把握し解決を試みることができる環境整備（第1号），②住民に身近な圏域において，地域生活課題に関する相談を包括的に受けとめる体制の整備（第2号），③多機関の協働による市町村における包括的な相談支援体制の構築（第3号）のことをいう．

84　福祉のしくみ

ている．

　さらに，107条2項は，「市町村は，市町村地域福祉計画を策定し，又は変更しようとするときは，あらかじめ，地域住民等の意見を反映させるよう努めるとともに，その内容を公表するよう努めるものとする」と規定して，住民参加を位置づけるとともに，第3項では「市町村は，定期的に，その策定した市町村地域福祉計画について，調査，分析および評価を行うよう努めるとともに必要があると認められるときは，当該市町村地域福祉計画を変更するものとする」と規定して，進行管理の必要性を規定している．

▶市町村地域防災計画との関係

　以上のように，市町村地域福祉計画は，いわゆる福祉分野の他計画（介護保険法に基づく介護保険事業計画や障害者総合支援法に基づく障害福祉計画）と異なり，法定サービスの整備に関する計画ではなく，法定サービスの内容にとどまらない独自の施策や住民活動を地域住民や多様な関係者とともに構想していく地域共生社会の実現を目指した市町村における福祉の総合計画である．

　そのため，いわゆる福祉分野以外の計画，例えば，住宅セーフティネット法による賃貸住宅供給促進計画，自殺対策基本法に規定される市町村自殺対策計画，再犯防止推進法に規定される地方再犯防止推進計画，災害対策基本法に規定される市町村地域防災計画等の策定にあたっては，地域福祉計画と一体的に展開することが望ましい内容については，地域福祉計画にも位置づけるなど，一部共有化や一体的な策定が期待されている[1]．地域防災計画と地域福祉計画の関係については，地域福祉計画策定済み1,476市町村のうち46.3％が，「地域福祉計画と共通の内容を盛り込んでいる」としており，7.1％の市町村は「地域福祉計画を活用して策定した」と回答している2022（令和4）年 市町村地域福祉計画策定状況等の調査結果）．

　具体的な内容についてみると，たとえば，市町村地域防災計画に定める避難行動要支援者の避難支援等の計画（個別避難計画）と，地域福祉計画に盛り込むべき事項として例示されている「避難行動要支援者の把握及び日常的な見守り・支援の推進方策」が共通する内容にあたる．両計画における記載事項の整合性を図ることはもちろん，関係性を体系的に整理し，実務での連携・協働関係の明確化を図るためには，地域福祉計画の策定にあたって，関連部局と合同で事務局やプロジェクトチームを構成するなどして，屋上屋を重ねないような工夫が必要になる．

福祉の基本的視点

42　地域福祉・地域福祉計画　**85**

福祉のしくみ

 地域共生社会・包括的支援体制

菅野 拓

地域共生社会という理念を実現する1つの方策として，「断らない相談支援」「参加支援」「地域づくりに向けた支援」を実施する包括的な支援体制の整備が市町村ごとに試みられている．

▶包括的な支援体制の整備の提唱と地域共生社会という理念

若手職員を中心とした厚生労働省内の横断的なプロジェクトチームが，2015年9月に提出した「誰もが支え合う地域の構築に向けた福祉サービスの実現―新たな時代に対応した福祉の提供ビジョン―」で，人的支援を中核にした相談支援を，生活困窮者自立支援制度➡や地域包括ケア以外の分野にも拡大していくことを提唱したことが，「包括的な支援体制の整備」の嚆矢である．生活困窮者自立支援室が中心となって，このビジョンを策定したことからもわかるとおり，高齢・障害などの他の福祉制度にも横串を刺して伴走型の相談支援を行う生活困窮者自立支援制度で見えてきたニーズ・理念・対策をさらに広い分野に広げたものである[1]．

➡ 40 生活困窮者自立支援法

その後，2016（平成28）年4月18日の経済財政諮問会議における塩崎恭久厚生労働大臣の資料に「地域共生社会」➡という言葉が用いられ，同年6月2日の「経済財政運営と改革の基本方針2016」および「ニッポン一億総活躍プラン」に定義も含め明確に地域共生社会という理念が位置づけられた[1]．

➡ 2 当事者・代理人運動と小規模多機能化によるタテ割り制度の解決，3 調整と協働の官房機能が災害対応の要諦，59 災害ケースマネジメント

2017（平成29）年2月7日に厚生労働省「我が事・丸ごと」地域共生社会実現本部が提出した「「地域共生社会」の実現に向けて（当面の改革工程）」において，地域共生社会という理念は「制度・分野ごとの『縦割り』や「支え手」「受け手」という関係を超えて，地域住民や地域の多様な主体が『我が事』として参画し，人と人，人と資源が世代や分野を超えて『丸ごと』つながることで，住民一人ひとりの暮らしと生きがい，地域をともに創っていく社会」として提示されている．

[1] 2016年度に「多機関の協働による包括的支援体制構築事業」，2017年度に「「我が事・丸ごと」の地域づくりの強化に向けたモデル事業」，2018年度に「「地域共生社会」の実現に向けた地域づくりの強化に向けたモデル事業」が厚生労働省で予算化され，包括的な支援体制の整備を地域ごとに検討するモデル事業が順次実施されてきた．また，2016年10月に設置された「地域における住民主体の課題解決力強化・相談支援体制の在り方に関する検討会」において，包括的な支援体制の整備などが検討された．

上記の経緯からもわかるとおり包括的な支援体制の整備は，地域共生社会という理念の下で行われている検討事項の1つとして位置づけられる[1]．

▶包括的な支援体制の整備と重層的支援体制整備事業

モデル事業や検討会を受けて，2017（平成29）年に社会福祉法が改正され，第4条第2項を新設して地域福祉の推進理念を明確にした[1]．また，第106条の2においてさまざまな福祉制度の相談支援事業者に対し相談者を適切な支援関係機関につなぐことを努力義務化し，第106条の3において市町村が包括的な支援体制の整備を目指す事業を実施することを努力義務化した[1]．

2019（令和元）年度に「地域共生社会に向けた包括的支援と多様な参加・協働の推進に関する検討会」が9回にわたって開催され，モデル事業の実施状況も踏まえ方策の検討が行われた．その「最終とりまとめ」では，「具体的

86 福祉のしくみ

な課題解決を目指すアプローチ」と「つながり続けることを目指すアプローチ」という2つのアプローチのもと，「断らない相談支援」「参加支援」「地域づくりに向けた支援」という3つの支援を提示した．この2つのアプローチと3つの支援を骨格として，2020（令和2）年に社会福祉法が改正された[1]．第106条の4が新設され，既存の相談支援等の取組を活かしつつ，地域住民の複雑化・複合化した支援ニーズに対応する包括的な支援体制を構築するため，包括的相談支援事業，参加支援事業，地域づくり事業，アウトリーチ等を通じた継続的支援事業，多機関協働事業，支援プランの作成を一体的に実施する「重層的支援体制整備事業」が創設された．

　重層的支援体制整備事業は市町村の手上げに基づく任意事業であり，一見茫漠として見えるが，そこに特徴がある．なぜなら，世代や属性を問わずすべての人を対象にしたセーフティネットをつくり出すためには，新たな制度をつくるというよりは，地域におけるこれまでの取り組みや既存制度の専門性など，地域ごとに個性が伴う蓄積を活用する必要があり，必ずしも地域を越えて同じ仕組みとはならないためだ．また，それぞれの支援機関が各々の役割の枠組みを超えて少しずつ折り重なることも求められる．そのため，専門分野ごとに交付される補助金では目的外使用となるところを，本事業に伴う補助金は，たとえば地域包括支援センター運営等の事業や生活困窮者自立支援制度の自立相談支援事業など，介護，障害，子ども，生活困窮の分野の相談支援や地域づくりに関する既存事業の補助金を一体化するとともに，参加支援，アウトリーチ等を通じた継続的支援，多機関協働といった，重層的支援体制の強化に資する新たな機能を追加して一括して交付される．つまり，各地域は，世代・属性を越えて相談を受け止められる包括的な支援体制を実現するために，地域ごとの個性を活かしながら重層的支援体制整備事業を活用することで，専門分化した福祉制度間の協働と，制度と制度外の取り組みの協働を模索することになる[2]．

▶災害時の制度活用

　包括的な支援体制の構築を目指す過程で大規模災害が発生し，包括的な支援体制を活かして被災者生活再建支援を行った自治体の事例として，愛媛県宇和島市がある．宇和島市では2017（平成29）年度に「我が事・丸ごと」の地域づくりの強化に向けたモデル事業，2018（平成30）〜2020（令和2）年度に「地域共生社会」の実現に向けた地域づくりの強化に向けたモデル事業を行う過程で，平成30年7月豪雨の被害を受けた．死者13人，全壊61件をはじめ住宅被害1780件と被害は大きく，建設型・借上げ型合わせ応急仮設住宅は92軒，公営住宅など40軒が被災者に提供された．宇和島市では包括的な支援体制を活かしながら，厚生労働省の「被災者見守り・相談支援事業」を活用して，仮設住宅入居者や困難を抱える在宅被災者に対し災害ケースマネジメント▶型の被災者生活再建支援を実施した．2021（令和3）年度から重層的支援体制整備事業を実施し，2022（令和4）年度以降は継続的な対応が必要な被災者については本事業の枠組みで支援を実施した．

➔ 59　災害ケースマネジメント

福祉のしくみ

44 社会福祉協議会（都道府県・市区町村）

今井遊子

> 社会福祉協議会は，地域福祉の推進を図ることを目的として，社会福祉法に基づき設置されている民間非営利団体である．社会福祉協議会は，ボランティアセンターを運営していることや日ごろから地域のなかの要配慮者を把握している等の特性を活かし，平時から災害に備えるとともに，災害発生時にはさまざまな災害福祉支援活動を展開している．

　社会福祉協議会（以下，「社協」）は，1951（昭和26）年に制定された社会福祉事業法（現在の「社会福祉法」）に基づき設置されている民間非営利組織である．2000（平成12）年の社会福祉法改正では，社会福祉法第109条に「地域福祉の推進を図ることを目的とする団体」と位置づけられており，地域のニーズに基づき，住民や社会福祉関係者とともに課題解決に取り組んできている．

　社協は，すべての市区町村，都道府県，そして全国の段階で組織されており，それぞれが社会福祉法人格を有する独立した組織となっている〈図1〉．

　また，社協は，地域の住民組織，社会福祉法人・福祉施設，民生委員・児童委員等の関係者等による「協議体」であり，地域福祉を推進する中核的な団体として，これらの関係者の連携・協働により地域生活課題の解決に取り組み，誰もが支え合いながら安心して暮らすことができる「ともに生きる豊かな地域社会」づくりを推進している．

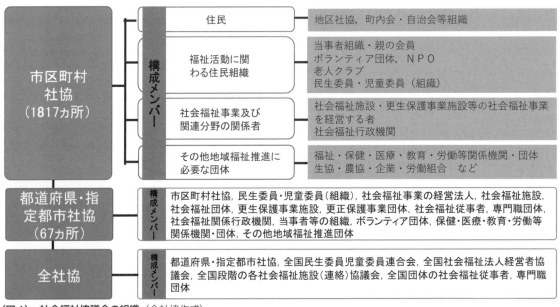

〈図1〉 社会福祉協議会の組織 （全社協作成）

▶社協の災害福祉支援活動

社協は，平時から「ボランティアセンター」を運営していることが多く，また市町村社協は地域福祉を推進する組織として，地域のなかの要配慮者を日頃から把握している等の特性を活かし，災害福祉支援活動を展開している．近年では，災害発生後，自治体からの要請を受けて，災害ボランティアセンターを社協が中心になって設置・運営することが多くなってきている．また，災害ボランティアセンター閉所後も，社協の本来的機能として生活復興センターやささえあいセンター等を設置し，生活支援相談員等による支援等，被災者の生活支援に関わっている．

最近では，社会福祉法人・福祉施設関係者による災害派遣福祉チーム（DWAT）活動[1]を推進したり，平時から地域における避難行動要支援者の個別避難計画や社会福祉施設のBCP等の策定支援を進めたり，支援が必要な人に寄り添って支援を展開する「災害ケースマネジメント」等を展開する社協も増えている．

▶「災害福祉支援活動の強化に向けた検討会報告書」

全国社会福祉協議会では，こうした社協による災害福祉支援活動の強化に向けて，2022（令和4）年3月に「災害から地域の人びとを守るために 〜災害福祉支援活動の強化に向けた検討会報告書」[1)]（委員長：同志社大学・立木茂雄教授）の取りまとめを行った．報告書では，災害福祉支援には被災者（住民）の視点に立って求められるニーズを把握し，支援活動を展開することが重要であり，「平時から福祉に災害支援の視点を，災害発生時には災害対応に福祉の視点を」入れることが必要であるとしている．

そのため，①災害法制等を改正し，「福祉」の位置づけを図ること，②平時から社会的脆弱性を抱えた人びとに寄り添い，支援を行うことができるよう，「災害福祉支援センター」の整備を推進することを提起している．

[1] 避難所等において福祉的な視点からの支援を行い，要配慮者の要介護度の重度化や災害関連死等を防止するとともに，日常生活への移行を支援する専門職チーム．2024（令和6）年4月現在，全都道府県でDWATが設置，そのうち35都道府県で社協が関係している．

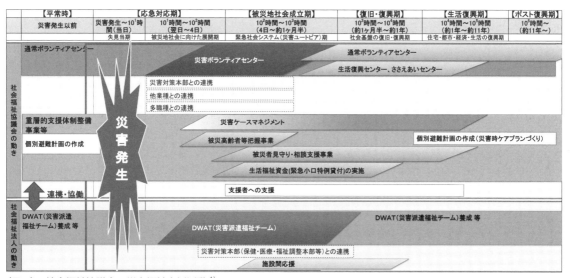

〈図2〉 社会福祉協議会の災害福祉支援活動[1)]

45 災害時における医療・保健と福祉の初動の差を縮めるためにできること

立木茂雄

発災後迅速に展開される医療・保健と比べ，福祉の初動は遅れる．その根本原因は災害救助法の他法他施策優先の原理にある．災害福祉支援の迅速化のためには，災害派遣福祉人材を調達する人的サプライチェーンの構築が欠かせない．

▶発災後，迅速に展開する災害医療と初動が遅れる災害福祉

2024（令和6）年1月の能登半島地震では，発災直後から災害派遣医療チーム（DMAT）等が能登半島各地を始め富山県・新潟県で機動的な活動を展開した．一方，災害派遣福祉チーム（DWAT）を始めとする福祉関係者も発災から1週間後に金沢市で開設された1.5次避難所➡で福祉ニーズに対応するべく活動を始めたが，激甚な被害が集中した奥能登地域の輪島市・珠洲市・穴水町・能登町の避難所等への福祉関係者の派遣は1月の4週以降にずれ込んだ．

➡ 25 災害時要配慮者のさまざまな避難生活空間

災害医療関係者の迅速な活動展開に比べて福祉関係者の初動が遅れるという事態は，繰り返し起こってきた．その背景には，1995（平成7）年阪神・淡路大震災を契機として，災害医療や災害看護の実践枠組みや研修を含む運用や研修・訓練の体制の構築がいち早く確立されたことが大きい．さらにそれ以上に，迅速な展開を可能とする構造的な要因も存在する．それは，阪神・淡路大震災以降，災害医療や看護チームの派遣を前提とした地域防災計画の拡充が日本全国の都道府県，そして市町村で進められてきたことである．このため災害対策本部には，すぐさま保健・医療の担当班が設置され，そこには医師会（DMATとつながっている）のリエゾン（自治体と医療機関・資源との連携・調整要員）が配置され，機動的な人員の展開を可能にする体制が確立されている．また，平時から自治体の防災会議にも災害対策基本法➡上の指定公共機関として代表者を送り，防災関係者とは顔の見える関係を維持している．これに対して，たとえば社会福祉協議会➡が地域防災計画に指定公共機関として位置づけられているのは全国の3分の1（17道県）に過ぎない[1]．災害派遣福祉チームの募集や受け入れに関わる全国的な調整窓口は，2024年能登半島地震時に全国社会協議会内に初めて設置された．円滑な調整のための研修や訓練はこれからの課題であるのが現状である．

➡ 27 災害対策基本法（防災対策＋福祉的対応＋21年改正）

➡ 44 社会福祉協議会（都道府県・市区町村）

▶災害救助法には「福祉」がない

災害対策基本法の2012年改正では，要配慮者の保護，避難所の生活環境の整備等，避難所に滞在できない被災者への配慮などの福祉的対応が義務として明記されるとともに，広域避難に関する調整も明文化された➡．一方，災害救助法第四条は「救助の種類」を明記しているが，このなかで「医療及び助産」は規定があるのに対して，高齢者や障害者，生活困窮者などへの福

➡ 27 災害対策基本法（防災対策＋福祉的対応＋21年改正）

祉的支援は位置づけられていない．これは，たとえば特別養護老人ホームなどの施設が被災した場合には介護保険法に基づく緊急入所で対応するという「他法他施策優先の原理」が法運用上の基本にあるからである[2] ➡．災害救助法➡は1947（昭和22）年の成立から2013（平成25）年までは生活保護行政を司る厚生労働省社会援護局が所管していた．これは平時には資産の厳密な査定を通じて始まる生活保護の仕組みでは緊急時の救護には柔軟に対応できないことを踏まえて，困窮者への対応に長けた生活援護局が災害時も引き続き業務を主管するという論理に基づくものであった[3] ➡．この時代は救助法と他法による支援も同じ省・局内で完結していた．さらに1990年代末までの日本の社会福祉行政は措置の時代で，行政には福祉事業者への強い指導・監督権があった．このため救助法上の救助には明記されていない「保健」と同様に「福祉」も行政の指揮命令系統を通じて最小の調整コストで機能させることが可能であった．

21世紀の社会福祉基礎構造改革により福祉制度は行政による措置から利用者による選択を前提とし，対象を困窮者に限定する救貧法（残余）的枠組みから社会保障の一環として誰でも利用できる普遍的サービスの枠組みへと大転換した➡．これにともない福祉サービスの供給主体は民間の福祉事業者となり，行政は市場からサービスを調達する仕組みへと変わった．

● 福祉サービス事業継続の人的サプライチェーンの確保が求められる

2024年能登半島地震における医療の初動の速さは，災害医療・看護といった実践枠組みとその運用体制の確立によるとともに，災害救助法上の救助として位置づけられ，同法上の指定公共機関として医師会が指定され，ふだんから災害対策本部要員と顔の見える関係が形成されていることによるところも大きい．保健は，医療のように救助としては位置づけられていないが，自治体自らが内部あるいは近隣自治体の人的資源を緊急動員することができる体制になっている．一方，福祉については福祉避難所の運用が災害救助法ならびに事務取扱要領には記載されているが，他法他施策優先の原則により，すでに何らかの福祉サービスと平時からつながっている入所ならびに在宅のサービス利用者には，福祉制度の側で対応することが前提である．

一方，2024（令和6）年能登半島地震では福祉避難所として指定していた施設自体が物的被害にあい，介護職員の被災等による人手不足といった事態も想定されていなかった．これを受けて国は応援職員の派遣の窓口を立ち上げ，被災施設や避難所等への派遣を図った．また在宅等の被災者への福祉的ケアの必要性については福祉職が個別訪問してニーズ把握・緊急調整を図る枠組みも急遽立ち上げたが，これらの支援は市場から調達するために実装までに時間を要した．これを短くする必要がある．そのためには2024年から義務化された事業継続計画（BCP）策定だけではなく，外部支援者の調達やその受援調整という拡大・拡張態勢の運用を可能とする広域的な事業継続マネジメント（BCM）の導入や防災会議への福祉セクターの指定公共機関としての参画が求められる[4] ➡．

➡ 39　福祉関係法①
➡ 26　災害救助法

➡ 4　三倉・恤救規則・備荒儲蓄法，5 昭和南海地震・福井地震・伊勢湾台風，45　災害時における医療・保健と福祉の初動の差を縮めるためにできること

➡ 3　調整と協働の官房機能が災害対応の要諦，30　残余的モデルと普遍的モデル，脆弱性，災害は日常

➡ 35　福祉サービスの事業継続マネジメント（BCM）により未知を既知化する

福祉の基本的視点

福祉のしくみ

46 医療的ケア児・者への制度とサービス

髙田洋介・大西一嘉

> 小児周産期医療の発達により，自宅で人工呼吸器などを装着したまま生活できるようになったが，大災害時は生命維持に必要な電源や薬剤の確保，医療的ケアに必要な資源および療養環境の確保が課題となる．

➡ 25 災害時要配慮者のさまざまな避難生活空間

▶医療的ケア児・者とは

医療的ケア➡とは医療機関ではない場所で生活をするうえで必要とされる医療的な生活援助行為で，長期かつ継続的に必要なケアを指す．具体的には，気管切開の管理や経管栄養，導尿など14類型の医療行為である[1]．これらのケアを必要とする障害児・者が医療的ケア児・者と呼ばれ，2016年に障害者総合支援法及び児童福祉法で自治体などに支援の努力義務が定められた．2021年には医療的ケア児支援法（医療的ケア児及びその家族に対する支援に関する法律）が施行され，医療的ケア児支援センターの設置や教育現場での最大限の配慮の責務，災害時での適切な医療的ケアの提供について定められた．

医療的ケア児の内訳には，脳性麻痺や重度心身障害児などが含まれ，全国の医療的ケア児は2005（平成17）年の推計で9987人だったのに対し，2021（令和3）年は20180人と約2倍となり，支援ニーズが高まっている[2]．

▶医療的ケア児・者の把握と個別避難計画

医療的ケア児・者が適切な支援を受けるためには，行政がその存在を把握する必要がある．2019（令和元）年の都道府県を対象とした調査では，8割の都道府県は医療的ケア児・者を把握と回答した[3]．自治体が実施する把握方法としては，身体障害者手帳や精神障害者保健福祉手帳，療育手帳の交付時や，新生児訪問事業による情報提供，地域の医療機関からの個別ケースに関する情報提供によって把握されていた．医療的ケアを必要とする当事者は，能動的に避難行動要支援者名簿制度／災害時要援護者登録制度を活用し，行政とつながる必要がある．2021（令和3）年に施行された改正災害対策基本法では個別避難計画の作成は市区町村の努力義務となったが，2022（令和4）年の内閣府と消防庁の調査では3割の自治体が未作成と回答し，需要に対して供給が追いついていないのが現状である．

➡ 62 個別避難計画と個人情報の活用，67 地区防災計画と個別避難計画の連携

医療的ケア児・者の個別避難計画➡の作成では，医師など医療の専門家や医療的ケア児等コーディネーター，平時に利用している施設や学校との連携がより重要となる．

▶医療的ケア児等医療情報共有システム（MEIS）

MEIS（Medical Emergency Information Share）は医療的ケア児・者が救急時や災害時に，その対応にあたる医師・医療機関が全国どこからでも迅

速に必要な患者情報を把握できるシステムである．こども家庭庁が所管する MEIS のホームページ（https://meis.cfa.go.jp/user/login）にログインすると必要な情報が閲覧可能となる．MEIS の情報はかかりつけ医や常用薬などの「基本情報」，検査画像や輸血情報などを含む「診察記録」，日々の状態や行動を記録する「ケア記録」，救急時に確認する「救急サマリー」の4つから構成され，情報を入力・共有することが可能である．医療的ケア児・者のなかにはまれな疾患の方もおり，医療者が初見で正常と異常を判断することが困難な場合があるが，このシステムを活用することで，災害時でもこれまでの経過を把握することができ，より適切な対応をとることができ，本人やその家族にとっても安心を与えることができる．

▶**最低3日間は「自分で身を守る」準備**

医療的ケア児・者のなかで，災害時にもっとも危機となることは，停電による人工呼吸器，酸素濃縮器の停止である．バッテリーが搭載されていても3〜15時間程度しかもたない．この課題に対して，各自治体で非常用電源の購入費用の一部助成をしている．近年，ポータブル電源（非常用電源）の性能が向上し，以前に比して安価で軽量コンパクトかつ大容量の製品が市販されるようになり，入手しやすくなった．長野県社会福祉協議会では電気自動車（EV）の所有者と医療機器を使用している家庭を募り，1家庭に対して近隣の複数のEV所有者をマッチングする事業を行っており，災害時の電源確保を地域で取り組んでいる．燃料を用いた発電機も有用であるが，電力出力が不安定になることがあるため，人工呼吸器に直接つないで使用することは推奨されていない．そのため，外部バッテリーの充電に活用するのがいいだろう．しかし，まったく電気が使えない最悪の状況を想定する必要はあり，バッグバルブマスクによる用手換気や手動式吸引器も併せて備えておくことが重要である．酸素濃縮器を使用している家庭では，予備の酸素ボンベ，その他，必要に応じて経管栄養剤や吸引操作に必要なアルコール消毒などの衛生用品，常備薬などは，平時から少し多めに準備しておき，予備を使ったら，新しい予備を補充する，ローリングストックの形で備蓄しておくといい．

▶**どこに避難するのか**

医療的ケアを必要とする人は一般の避難所では対応が困難であるため，2021（令和3）年から福祉避難所▶への直接避難が推進されることになった[4]．そのためには地区防災計画や個別避難計画等の作成プロセスを通じて，事前に指定福祉避難所と受入れ調整を行っておくことが必要である．また受入れ施設となる，障害者福祉施設や特別支援学校は事業継続計画（BCP）を策定し，受入れ体制の整備を平時から行う必要があり，行政はそれを支援する必要がある．しかし，過去の事例では，医療的ケア児・者は避難所に入ることができず，自宅避難や車中泊や親戚宅に身を寄せている事例が多く報告されている．そのため，訪問看護など障害福祉サービス等の事業者はそれぞれの避難場所においても継続してサービスを提供できるようBCPを策定しておく必要がある．

➔ 25 災害時要配慮者のさまざまな避難生活空間，49 福祉避難所への避難と退所

福祉のしくみ

47 ノーマライゼーションと地域移行

森保純子

誰もが自分にとってノーマルな生活を，自分自身で決定して営みたいと思うであろう．以前は施設や病院での集団生活が障害者の生活の場であったが，現代では地域生活への移行が進められている．

▶ノーマライゼーションとは

　障害のある人もない人も，互いに支え合い，地域で生き生きと明るく豊かに暮らしていける社会を目指す「ノーマライゼーション」の理念[1]は，知的障害者への支援に関して，デンマークのバンク・ミケルセン（B. Mikkelsen）により提唱され，スウェーデンのニリエ（B. Nirje）によって体系化された概念である[2]．

　ノーマライゼーションの原理は，「1日のノーマルなリズム」「1週間のノーマルなリズム」「1年間のノーマルなリズム」「ライフサイクルにおけるノーマルな発達的経験」「ノーマルな個人の尊厳と自己決定権」「その文化におけるノーマルな性的関係」「その社会におけるノーマルな経済水準とそれを得る権利」「その地域におけるノーマルな環境形態と水準」を挙げ[3]，これらをごく普通の生活状況を得られるように行使する平等の権利とする．

　当初は知的障害者の支援に関してまとめられたが，現在ではすべての障害者や高齢者の支援の際にも意識すべき理念である．ノーマルな生活とは人によって当然差異があるが，価値観や習慣や好みがそれぞれ異なることも当然ととらえ，個人の主体性を尊重する支援が必要である．

　施設や病院では，日課に合わせるように起床時間や食事の時間，余暇活動やお風呂の時間が決められていることが多い．しかし，私たちのノーマルな毎日は，仕事や学校の時間に影響を受けて1日の流れが決まりやすいが，それ以外の食事や起床就寝，入浴時間や余暇の過ごし方は個人の自由であり，施設や病院の生活とは大きく異なる．また，仕事や学校の選択自体も，私たちはある程度の自由と決定権をもっている．障害があるからといって，障害がない人が当たり前に営む生活ができないわけではなく，自分の暮らしを自分で決める自由はすべての人にある．

▶障害のある人の暮らしと地域移行

　以前は障害がある人の生活場所は施設や病院であることが多かったが，現在は障害者総合支援法により，障害がある人の生活を障害福祉サービス等によって，自宅やグループホーム[1]など地域社会の中で居を構え生活できるように支援を行っている．これを「地域移行」といい，その支援を地域移行支援，また，暮らし続けるように支援することを地域定着支援と呼ぶ．

　第二次世界大戦後，1947（昭和22）年の児童福祉法の制定により戦争孤児が施設収容された後，障害児の施設が分けてつくられた．その後1950

[1] グループホームは，障害者が1名〜数名ごとに地域の住宅で暮らし，日々の生活をグループホーム職員（世話人等）が常駐または巡回して支援する．グループホームから完全な独り暮らしに向けて，さらに地域移行をすることもできる．

（昭和25）年には精神衛生法が制定され，都道府県に対して精神科病院の設置義務や指定入院制度が設けられ，以後，入院を中心とした処遇がなされることとなった．さらに，1951（昭和26）年に社会事業法が制定され，施設福祉の基盤が固められた．1960（昭和35）年の精神薄弱者福祉法の制定以後，18歳以上の人について精神薄弱者更生施設・授産施設の2種類の施設を設け，以後，施設への措置入所が障害者施策の中心となった[4]．このようにして，施設や精神科病院への入院が障害者の生活の場であった時代が長く続いていたが，1993（平成5）年の障害者基本法の成立と1995（平成7）年の精神保健及び精神障害者福祉に関する法律の改正を経て，施設処遇中心から地域移行へ取り組むように変化した．

地域移行支援は，障害者入所支援施設に入所している障害者や，精神科病院，救護施設，更生施設，刑事施設，更生保護施設等に入所している障害者を対象として，地域移行支援計画を作成し，住居の確保，地域生活を行うための相談，障害福祉サービスの体験利用，外出への同行を行い，地域での生活実現を支援する．

▶ 地域移行支援と災害への備え

施設や病院では集団生活であり，24時間365日いつでも職員が身近にいて，必要な時には支援を得ることができるが，生活は施設側の日課に合わせる必要があり，個人の自由は制限される．一方，地域移行し，一人暮らしや小規模の施設での暮らしは，自分の意思で行動できる自由が多いが，支援者が常時近くにいない場合が多く，一人で過ごす時間も多くなる[2]．

地域移行支援のなかで，ある程度は突発的なことが起こった場合の対応の想定と練習は可能だが，しかし，やはり想定外の事態が起こった場合に対応できる体制づくりは必要である．

これまで福祉サービスによる支援では，障害者福祉も高齢者福祉も，災害発生時の支援については具体的に想定や企画をせず，地域移行支援や在宅生活支援を行ってきた．東日本大震災では，地域移行が進んでいた宮城県は岩手県と福島県と比較すると，障害者手帳交付者の死亡数が2.3倍になっていた[5]．地域で暮らすことは，施設での暮らしと違い，計画に従って定期的に訪問する専門職やサービスが来ない間は，障害者自身が自分自身への対応をする必要がある．地域や近隣住民としっかりとした関係ができている場合は，災害発生時にも手助けを得られるかもしれないが，地域においても専門職の支援者やサービスだけに頼っている場合は，災害発生時には支援を得ることが難しい．

しかし，だからといって地域移行を諦めるべきではないし，住み慣れた地域での在宅生活を止めるべきでもない．これから必須とすべきことは，地域移行の際に，"災害が発生し，専門職支援者が駆け付けられない場合にどうするか[3]" を考え，備えを進めることである．地域に住むということは，福祉専門職の支援を受けて生活する場所を地域の賃貸アパートにするだけではなく，地域社会に参加することが本来の地域移行の醍醐味ではなかろうか．

[2] 1990年代以前に精神科病院へ入院し，数十年にわたり入院生活をしている精神障害者の退院および地域移行支援の際は，入院期間中の社会や生活様式の変化（とくにインターネットは1990年代前半にはなかった）と適応にも配慮が必要である．

[3] 発災に備える方法の一つとして，個別避難計画の作成が挙げられる．地域へ参加し顔が見える関係づくりを進めることで，災害時の支援者を見つけることにもつながり，また，発災時以外にも地域で安心して暮らしやすくなる．

47　ノーマライゼーションと地域移行　**95**

福祉のしくみ

障害者の災害準備と地域まちづくり

北村弥生

災害時に,障害者はより多くの困難に出会うことは知られているが,準備と対策は進んでいない.物理的環境,情報環境,人的環境を整備した地域まちづくりを進め,「一緒に助かる」ための工夫が地域全体の安全性を高めることに注目したい.

▶障害者の災害での被害と対策

消防白書（総務省消防庁）には古くから,火災の際に「死に至った経過と年齢別の死者発生状況」の表があり,「逃げ遅れ」の理由として「病気・身体不自由」「乳幼児」「老衰」がある[1]. すなわち,要配慮状態により,火災に気づかなかったり,避難の判断ができなかったり,避難行動に遅れが出ることは知られていた.

1995（平成7）年阪神・淡路大震災で大規模地震時に障害者に多様な苦労があることが注目され,2004年に多発した風水害と新潟県中越地震による高齢者と障害者の被害事例から国よる災害時要支援者対策が開始された．しかし,要支援者の8割は高齢者であり,多様な障害種別と状況に応じた準備と対策を整備することの困難は続いている．2011（平成23）年東日本大震災では,障害者手帳所持者の死亡率が全体の死亡率の2倍であることが指摘された[2]. 阪神・淡路大震災では近隣住民等による救助が約8割であったことはよく引用されるが,障害者が地域とどう関係をもつかは課題である[2]. 障害があると,町内会等の活動に参加しにくいからである.

▶地域まちづくり

地域まちづくりは,物理的環境の整備,情報環境の整備,人的環境の整備から構成されると考えられる.

避難経路・避難所の物理的環境整備の例としては,①歩道は90cm幅を確保し倒れやすい看板や自転車をおかない,②歩道の左右の傾きを減らす,③避難経路と避難所には段差をなくす（スロープと手すりを設置する）,④避難所のトイレは洋式で車いすが入れる幅で手すりをつける,⑤視覚障害者は壁沿いの場所に配置する,⑥間仕切りや個室が使えるようにする,⑦立ち上がりが容易なベッドを調達する,⑧脱衣所やトイレに椅子を置く,⑨身体介助をするヘルパーを派遣する等が知られている.

情報環境の整備には,①避難所の掲示は定期的にアナウンスあるいは個別に伝える,②避難所のアナウンスは掲示する,③情報伝達をする手話通訳者,要約筆記者,ガイドヘルパーを調整・派遣する,④利用できる医療機関に関する情報提供等が知られている．そのほかに,自治体等が発行するハザードマップや防災マニュアルを障害者が読めるようにするアクセシビリティの確保も情報環境の整備である．視覚障害者に対しては音声版（アクセ

→10 災害弱者の防災対策

→序

[1]（編集委員注）より正確には,障害者の死亡率が全体の死亡率の約2倍であったのは,障害者の地域移行（→47）が群を抜いて進んでいた宮城県での生じていた．この根本原因は,本書の序にあるように,平時の福祉と災害時の対応が分断されていることにある,というのが編集委員会の見解である（→60）.

[2]（編集委員注）障害者と地域の関係づくりについて2021（令和3）年の災害対策基本法の改正では,平時に係わる相談支援専門員や社会福祉協議会などの福祉専門職が障害当事者と地域との関係づくりに業宇として参画することを標準的な取組みとして求めることになった．

〈図1〉 DAISY版避難マニュアル（(社福)浦河べてるの家，NPO支援技術開発機構作成）をAMISで再生した画面

シブルなPDF，DAISY（Digital Information Accessible System），録音等），ろう者に対しては手話版，知的障害者に対してはルビ付き・やさしい日本語版・画像等でハザードマップや防災マニュアルを作成し，利用方法を教習する試行も始まっている．〈図1〉のように，道順を示すだけでなく，知り合いが避難している写真を示し，知り合いの音声で説明するDAISYマニュアルの視聴により，避難行動を具体的に知り，身近に感じることが，訓練参加あるいは避難の動機づけになることも示された[3]．

人的環境の整備は，互いに声掛けをして個々のニーズを解消することと考えられる．たとえば，避難誘導では，①安全な経路を教える，②ドアを開ける，③荷物を持つ，④搬送する等が期待される．障害者・家族・支援者は何をどう頼むかを準備する必要がある．近隣住民は周囲を気に掛けて依頼に応じる，あるいは依頼されたことができる人を探す姿勢をもつことが望まれる．近隣住民は頼まれたら何でもしなければならないわけではない．初めてのことは，できるかどうかわからない場合も多いからである．災害時に初対面では，誰に何を頼んだら実現可能かがわからないため，平時から近隣が災害時を意識して共同して活動する機会が求められる．

▶要支援者を防災資源として活用する

障害者への配慮が全員の利益になる事例も多い．たとえば，視覚障害者と聴覚障害者のために避難所でLINEグループによる情報提供を行えば，在宅避難者にも使える．「助けてあげる」でなく「一緒に助かる」ための工夫が，地域全体の安全性を高めることに注目したい．

49 福祉避難所への避難と退所

木作尚子

2016（平成28）年に発生した熊本地震では，障害特性や要介護度によって，福祉避難所への移送時期や滞在期間が異なる傾向がみられた．要配慮者が速やかに福祉避難所へ避難するための整備や，福祉避難所退所に向けた生活再建支援が重要である．

→ 25 災害時要配慮者のさまざまな避難生活空間，46 医療的ケア児・者への制度とサービス

福祉避難所への移送時期と滞在期間

2016（平成28）年熊本地震時に福祉避難所へ避難した要配慮者の移送時期や滞在期間，福祉避難所退所後の行先についての調査結果から[1]，以下に示す傾向が見られた〈図1〉．①要介護の高齢者は比較的早い時期に移送され，滞在期間は比較的短い．また，4分の1程度の方が福祉施設やサービス付き高齢者向け住宅へ入居（入所）するかたちで，福祉避難所を退所している．②自立または要支援程度の高齢者は，福祉避難所への移送時期が遅く，長期間滞在する．③身体障害者は比較的早い時期に移送され，滞在期間はやや長い．④知的障害者および精神障害者は発災後，日時が経ってから移送され，短期間で退所する．

自立または要支援程度の高齢者や身体障害者の一部は，自宅の大きな被災または家族等支援者の不足ゆえに自力で福祉避難所退所後の行先を確保できず，長期間の避難生活を余儀なくされた可能性がある．福祉避難所での生活のサポートのみならず，退所を見据えた相談・支援体制を整えるとともに，要配慮者に対応した仮設住宅をできるかぎり早く建設する必要がある．

知的障害者や精神障害者は福祉避難所へ直接避難しないかぎり，対応が遅

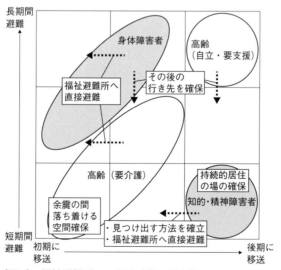

〈図1〉 福祉避難所への移送時期と滞在期間（2016（平成28）年熊本地震における傾向）

れがちである．地域の保健師等の専門職とさまざまな外部支援チーム（医療・保健・福祉）が連携して避難行動要支援者名簿を基に地域を巡回することが有効であると思われる．また，避難空間になかなか適応できない，または周りに理解されないために避難空間を転々とせざるを得ない可能性もあるため，知的障害者や精神障害者の空間確保は，避難所，退所後の行先ともに重大な課題である．

▶ 直接避難の促進

障害特性等により，一般の避難所で過ごすことが困難な場合には，一般の避難所への避難行動にためらいが生じる可能性がある．そのため，地区防災計画や個別避難計画等の作成プロセスを通じて，事前に指定福祉避難所ごとに受入対象者の調整等を行い，避難が必要となった際に福祉避難所等への直接の避難を促進することが適当である．

2021（令和3）年5月に福祉避難所の確保・運営ガイドラインが改定され，指定福祉避難所について，受入対象者を特定し，特定された要配慮者やその家族のみが避難できる施設であることを公示することとなった．令和4年度に実施した兵庫県内自治体への調査[2]によると，回答のあった40市町のうち，「指定福祉避難所」と「協定による福祉避難所」のどちらもある自治体が13件，指定福祉避難所のみの自治体が16件，協定による福祉避難所のみの自治体が11件で，福祉避難所がない自治体はみられない．今後，さらに福祉避難所の指定を促進するとともに，事前に受入対象者を調整して，人的物的体制の整備を図ることで，災害時に要配慮者が日頃から利用している施設へ直接の避難等を促進する等，要配慮者の支援を強化することが期待される．

▶ 南海トラフ地震臨時情報に係る防災対応

南海トラフ地震臨時情報（巨大地震警戒）[1]が発表されると，後発地震発生後の浸水により避難が間に合わない可能性のある地域（事前避難対象地域）に対し，事前避難が呼びかけられる．避難先は知人宅や親戚宅への避難が基本とされるが，それが難しい住民に対しては，市町村が避難所の確保を行うこととなっている．その際市町村は，要配慮者が利用可能（福祉避難所としての機能を有している）な避難所を指定する等，合理的配慮の提供が求められる．一方で，要配慮者やその家族および支援者は，避難先や避難経路，避難生活に必要な食料や日用品等を検討しておくなど，個別避難計画を作成・見直してほしい．

▶ 福祉避難所の統廃合，解消

前述の通り，要配慮者は自宅の大きな被災または家族等支援者の不足故に自力で福祉避難所退所後の行先を確保できず，長期間の避難生活を余儀なくされる可能性がある．災害ケースマネジメント➡を実施し，生活再建に向けて支援が必要とされる要配慮者を把握することで，福祉仮設住宅等への入居，サービス付き高齢者向け住宅やグループホーム等への入居，福祉施設等への入所など支援体制をつないでいくことが重要である．

[1] 南海トラフ地震臨時情報（巨大地震警戒）：南海トラフ沿いで異常現象が観測され，巨大地震が一定の期間内（1週間程度）に発生する可能性が通常よりも高まっていることを社会に警告するために，気象庁が発表する情報．

➡ 59 災害ケースマネジメント

福祉のしくみ

50 災害障害者

阪本真由美

> 災害により精神・身体に障害を負う人を災害障害者という．阪神・淡路大震災の復興過程では，既存の制度では救済されていない災害障害者がいることが社会的に認識されるようになった．

▶災害による負傷者への支援をめぐる課題

災害をきっかけとした負傷や疾病により，精神・身体に障害を負う人を「災害障害者」という．災害障害者の問題は，国際連合災害救済調整官事務所（UNDRO）の報告書「災害と障害者」[1]において指摘されており，とくに大規模地震災害では，建築物の倒壊により多数の人が負傷するものの，適切な医療支援を受けられずに障害が深刻化することから，医療支援を拡充する等の事前対策の必要性が述べられている．

日本では，災害により負傷した人を支援するための仕組みとして，1か月以上の療養を必要とする人を対象とした「災害援護金貸付制度」が1973（昭和48）年に，災害により精神又は身体に重度の障害を受けた人を対象とした「災害障害見舞金制度」が1982（昭和57）年に創設された[2]．いずれも，「災害弔慰金の支給に関する法律」（昭和48年9月18日法律第82号）に位置づけられており，災害により身体・精神的に被害を受けたことにより社会経済活動への参画が制限される者をサポートする個人救済の仕組みとなっている．

▶災害障害者という課題の表面化

阪神・淡路大震災による負傷者は43792名であり，そのうち重症者は10683名であった．重症者のなかには，障害を負ったことにより困難に直面した人がいることが時間の経過とともに明らかになっていった．震災からほぼ半年が経過した時点の新聞では，地震で負傷し入院した人の1割以上が半年経過後も治療を続けていること，なかには家族や自宅を失い，生きる目的すら失っている人がいるという記事がみられた．災害により負傷したものの適切な医療処置を受けることができず苦しむ障害当事者やその家族による体験談も紹介された．NPO法人による災害障害者へのサポート活動も行われるようになった．震災から10年を迎えるにあたり行われた阪神・淡路大震災復興フォローアップ委員会では，「震災障害者」「障害者」という問題の積み残しがあることが指摘された．阪神・淡路大震災により災害障害見舞金を受給した人は61名であったが，これらの事例は，災害傷害見舞金制度や既存の社会福祉制度等の制度では救済されていない災害障害者の存在を示すものであった．

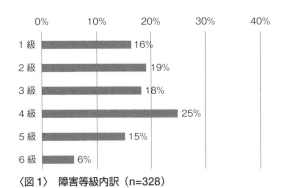

〈図1〉 障害等級内訳（n=328）

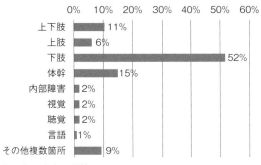

〈図2〉 障害の部位

災害障害者の実態把握

　フォローアップ委員会の提言を受けて，2010（平成22）年に兵庫県と神戸市は，阪神・淡路大震災による災害障害者の実態把握を行なった[3]．その結果，328名（男性131名，女性197名）の災害障害者がいることが明らかになった．障害等級別にみると1級が54名（16％），2級以下が274名（84％）であり，8割以上は災害障害見舞金の支給要件を満たしていなかった〈図1〉．障害部位は下肢が52％と最多であり，身体的に移動が制約された人が多いことがうかがえた〈図2〉．地震による被害との関係を見ると，自宅の全壊が69名（77％）と多数を占め，負傷の原因は家屋倒壊が43名（53％），家具転倒が9名（10％）であった．負傷したことにより仕事を失った人は24名（28％）であり，なかには同居家族を失った，同居家族も負傷したというように複数の被害に直面した人もいた．身体障害者手帳の取得時期は，1995（平成7）年が9名（3％），1996（平成8）年が138名（42％）であり，負傷から1年前後の間に身体障害者と認定された人が45％であった．ただし，その後も申請は続いており，福祉制度が適応されるまでに時間を要した人もいた．兵庫県では，震災直後に「福祉なんでも相談窓口」やこころのケアのための精神科救護所，こころのケアセンター等の相談窓口を設置していた．しかしながら，震災当時にこれらの相談窓口があることを知らなかった，相談窓口を利用しなかったという回答が多数あった．

　このように，阪神・淡路大震災からほぼ15年が経過した時点で，災害障害者という問題が明らかになった．災害障害者の多くは，災害障害見舞金の対象外であり，負傷による心身機能の低下に加えて，住宅を失う，家族を失う，職を失うというように複数の困難に直面した人もいた．そのため，災害見舞金の適応基準を見直し，より多くの人が受給できる体制を整える必要がある．また，被災直後に日常のさまざまな悩みを相談できる窓口を行政は設置していたが，これらの窓口は周知されておらず，利用も少なかった．災害ケースマネジメントのような，震災後早い段階から負傷者に寄り添い，生活再建をサポートする仕組みづくりが重要である．

防災と福祉の連結

災害過程

51 命を守る事前・応急対策（防火・防災・応急対策）

田中　聡

命を守る事前対策は，災害の危険がない地域で外力に耐える建物に住むことである．応急対策としては避難があるが，高齢者などの要配慮者の避難行動は，屋内安全確保であっても課題が多い．避難確保計画や個別避難計画を作成し，日ごろからの訓練が重要である．

→ 14　災害マネジメントサイクル

→ 27　災害対策基本法（防災対策＋福祉的対応＋21年改正）

▶いのちと財産を守る事前対策

　災害対策基本法は，国民の生命・身体，財産，国土を災害から保護することを目的としている．このうち生命・身体すなわち「いのち」と「財産」の保護には，市民の貢献が重要である．

　まずいのちと財産の両方を守るためには，居住場所や居住建物の選択が鍵となる．洪水や津波，土砂災害など地形に依存する災害では，同じ場所で何度も災害が発生する可能性が高い．一般にこれら危険地域はハザードマップに示されており，危険性が存在する地域を居住地として選択しないことがもっとも有効な対策となる．一方，地震や台風災害は，どこにいても被災する可能性がある．これらの災害に対しては，外力に耐える建物を選択することが重要である．これらの対策は，これから居住地や建物を選択しようとする人には有効であるが，すでにどこかに住まいを構えている人には，難しい対応である．

→ 64　福祉専門職等の業務としての関与

▶要配慮者利用施設の避難確保計画

　次善の策は，「財産」はあきらめ，「いのち」を守ることに対策を集中することである．これが避難である．避難とは一般的に，災害が発生する可能性がある場所からより安全と考えられる場所に移動することである．一般的には，危険な場所から遠く離れた安全な場所に移動する立ち退き避難（水平避難）が求められる．また屋外へ出るのが危険な状態である場合には，建物の上層階などに避難する屋内安全確保（垂直避難）もある．ただし垂直避難は，災害発生地域内にとどまることになり，当面の「いのち」を守ることはできても，ライフラインの停止や外出不能など，当面の「生活の継続」には大変な困難をともなうことが多い．避難の課題は，いつ（時間），どこに（目的地），どのように（経路），どうやって（手段）避難するかという点である．そこでさまざまな避難計画がたてられ，訓練が実施されている．とくに要配慮者利用施設等には，水防法や土砂災害防止法において，施設管理者に避難確保計画を作成し，避難訓練を実施することが義務づけられている．しかしながら，2020（令和2）年7月球磨川流域の豪雨災害では，避難確保計画を作成していたにもかかわらず高齢者施設で14名の方が犠牲になる痛ましい被害が発生した．この災害であきらかになった課題として，
①避難確保計画は，土砂災害に対応した内容になっていたものの，洪水によ

→ 19　火山の特徴と対策

→ 29　都市計画法等改正等による福祉施設等への土地利用・建築規制，69　地域住民，福祉施設職員，行政職員などの研修と人材育成

る浸水のリスクについては認識が薄く，十分に対応できていなかった．

②警戒レベル4 避難指示（緊急）が発令された段階になると，職員が施設まで移動する際に災害に巻き込まれるなど事故の危険性が高くなり，災害対応の指揮を執る施設長を含めて，職員が施設に駆けつけるのは困難になった．

③建物の浸水が始まったところで垂直避難に切り替えたが，幅1.2m程度の階段を使った2階への避難には多くの時間がかかり，1階の水没で14名の救助は間に合わなかった

など複数の要因が絡み合って発生したと報告されている[1]．

国の調査によると，全国の高齢者福祉施設の実態として，全体の約43%の施設が洪水浸水想定区域や土砂災害警戒区域の中に存在していることが明らかになった．この洪水浸水想定区域内にある施設について，想定されている浸水深が3m未満の施設は全体の75%であり，2階建て以上の建物であれば，上階に垂直避難場所等を確保することが避難の実効性を高める上で有効な策であると報告されている[1]．

一方で，立ち退き避難については，さまざまな課題が指摘されている．とくに，「利用者が安全に避難先まで移動できるか」あるいは「避難先で利用者のケアの継続ができるかどうか」などの点については，計画上は検討されていてもその実効性についてはケースバイケースの可能性が高く，今後さらなる検討が必要な事項である．

▶避難行動要支援者の個別避難計画

在宅の要支援者の避難については，さらに難しい課題がある．戸建て住宅の場合，高齢者は建物の1階を寝室としている場合が多い．過去の災害では，歩行に困難をかかえている高齢者等が浸水時に，垂直避難ができずに死亡したケースもあった．そこで，平成25年の災害対策基本法の改正により，災害時に自ら避難することが困難な高齢者や障害者等の避難行動要支援者について，避難行動要支援者名簿を作成することが市町村の義務とされた．さらに令和3年の災害対策基本法の改正により，避難行動要支援者について，個別避難計画を作成することが市町村の努力義務化された．

2023（令和5）年の内閣府の調査によると[2,3]，全国すべての市町村で避難行動要支援者名簿は作成済みであり，うち90%の自治体は年1回の名簿更新を実施している．さらに85%の自治体が個別避難計画の策定に着手済みであると回答しているが，なかなか進展していない．とくに地域における避難支援等関係者の決定において，民生委員，社会福祉協議会，自主防災会，町内会など地域からさまざまな協力者を得る必要があるが，この協力者の確保が難しいという課題がある．大分県別府市などの先進事例[1]では，防災の担当者と福祉の担当者が連携して計画の作成にあたることで，一人ひとりの要支援者にあった個別避難計画ができたといわれており，今後参考にすべき事例であろう．

[1] 別府市では，当事者・市民団体・事業者・地域・行政の5者協議による災害時の個別支援計画づくりがすすめられている．特に地域住民と当事者をつなぐインクルージョンマネジャーが調整役となって協働で災害時ケアプランを作成し，当事者による確認のもと訓練に結びつけている．

災害過程

52 復旧までの一時的な暮らしの対策

田中　聡

> 災害でライフラインシステムが途絶すると，私たちの生活を支えている社会サービスに大きな障害が発生する．ライフライン復旧までは避難所がこれらサービスの代替拠点となる．この運営には被災者とボランティアの協働が欠かせない．

▶ ライフラインの途絶

　災害が発生しライフラインシステムに損傷が発生すると，私たちの生活を支えている社会サービスに大きな障害が発生する．

　まず供給系である，電気，水道，ガスの供給が停止すると，住居が損傷を受けていなくても生活を継続することが難しくなる．とくに電気，水道の供給停止は，食事，洗濯・風呂・トイレなどの衛生面，さらに冷暖房の停止など，基本的な生活を継続することができない．そのため自宅が損壊していなくても，多くの人が避難所に避難してくる．

　代替手段として飲料水については，自治体や自衛隊による応急給水活動によって提供されるが，給水ポイントからポリタンクなどの容器で運搬する必要がある．電気については代替手段がない．ガスは，プロパンガス使用地域ではほとんど影響はないが，都市ガスは長期間の供給停止になる．

　一方，トイレ，風呂，洗濯などの生活用水については，自主的なくみ置き水を使用する以外は，水道の復旧を待つ必要がある．また，上水道が復旧しても下水道がすぐに使えるわけではない．下水道は自然流下方式であるため，地震動や液状化によって下水管が損傷している場合，損傷部分から下水があふれ出し，衛生面で大きな被害をもたらすことがある．そのため，復旧までは避難所などに仮設トイレを設置して対応する．ただし近年は公共下水道の発達で，バキュームカーを所有している自治体が少なくなっており，仮設トイレからの汚物の回収が課題となっている．風呂は自衛隊の仮設風呂，被災地外の公衆浴場，友人宅の風呂などが利用されており，ボランティアによる送迎サービスもある．洗濯については，洗濯業者による洗濯サービスの提供，ボランティアによる洗濯活動などがある．このような手段を駆使して，一時的な暮らしを維持する必要がある．一般にこれら供給系のライフラインシステムの復旧順序は，①電気，②水道，③都市ガスの順になる〈図1〉．とくに都市ガスは，個々の

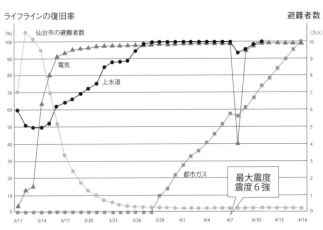

〈図1〉東日本大震災における仙台市のライフラインの復旧状況と避難者の推移[1]

配管にガス漏れがないことを確認する必要があるため，その復旧には多くの時間がかかる．電気，水道のライフラインが復旧すると避難所の避難者数は大きく減少する〈図1〉．

▶食料・物資の配布

食料や物資は，避難所などで被災者に配布される．災害救助法では，避難所で寝泊まりしている就寝者のみならず，自宅で炊事ができない在宅の被災者に対しても配布することが，事務取扱要領に書かれている．しかし過去の災害では，この規定が十分に理解されず，在宅被災者が物資や食料の配布を受けられない，あるいは後回しにされるなど，被災者間でのトラブルになることがあった．

さらに「食物アレルギー」「介護食」等，要配慮者に対応した食料品の特別ニーズへの対応も必要になる．自治体では，食物アレルギー対応食の備蓄等の対応を進めているが，まだ十分ではない．さらに要配慮者の状況を把握する調査も必要となり，混乱する避難所の中で人員の確保も課題となっている．

▶避難所の運営

避難所の運営は，立ち上げ時には行政や地域の自治会などが主体となるが，避難者で運営組織をつくり，自主的に運営することが求められている[1]．同じ地区の住民がそのまま避難所に集まった場合は，元の自治会をベースにした運営組織がつくられ，比較的スムーズな運営になる．一方，さまざまな地区の住民が集まった避難所では，リーダーや役員の選出などから困難な状況になる場合もある．またそれぞれの避難所では，集団生活のためのさまざまなルールを定めて，トラブルの回避に努めている．

従来避難所は，すし詰め雑魚寝の状態であるため，プライバシーの確保が難しいうえに，感染症の蔓延など，生活環境にさまざまな課題があった．しかし新型コロナウイルスへの対応の経験を経て，パーティションやカーテン，あるいはテントを設置して，避難者を世帯ごとに分離する対策を備えた避難所が増えつつあり，衛生面・精神面の環境は改善されつつある．

▶災害廃棄物の処理

排出系であるゴミ処理では，とくに水害の場合，浸水した家具や機器の搬出，敷地内や床下にたまった泥の搬出，洗浄など多くの作業が必要になる．これらの作業には，多くのボランティアが活動している．また災害ゴミは，仮置き場まで運搬しなければいけない．基本的に災害で発生した廃棄物のみの受け入れになるが，災害ゴミ以外の廃棄物も多数搬入され，災害時の大きな社会問題となっている．

▶災害ボランティア▶

災害ボランティアは，被災地域の社会福祉協議会が運営の担当となる場合が一般的である[2]．そこで，社会福祉協議会がボランティアの受付窓口となり，被災者からのボランティアのニーズとマッチングし，派遣している．また，さまざまなボランティア団体との連携の図られており，組織的な活動となっている．

[1] 明確な規定はないが，地域防災計画1避難所として指定されている小中学校などの市町村内の公共施設を1次避難所と呼ぶ．この1次避難所から仮設住宅への入居に時間がかかる場合，その間の被災者の生活環境を確保するため一時的にホテルや旅館が避難所として利用されることがあり，この施設を2次避難所と呼ぶ．さらにこの2次避難所への移行にも時間がかかる場合，1次避難所での避難生活による体調の悪化を防ぐ目的で，特に要配慮者とその同伴者等中心に短期的に受け入れる施設が設置されることもあり，この施設を1.5次避難所と呼ぶ．1.5次避難所では，避難者の健康状態やニーズを聞き取り，2次避難所とのマッチングも実施する．

➡ 55　外部支援と被災者支援コーディネーション

[2] 災害ボランティアの活動がうまく機能するためには，被災地の社会福祉会議，専門ボランティア団体，行政の三者による圏域レベルのコーディネーションが欠かせない．

住まいの移動：避難所，一時避難生活場所，仮住まい，恒久住宅

田中 聡

自宅が災害によって損壊し，居住が継続できなくなった被災者は，複数回の住まいの移動を余儀なくされる．一般的には，避難所，仮設住宅，恒久住宅とすすむが，被災者間の競争となるため，社会的弱者には特別な配慮がないと取り残される可能性がある．

▶避難所，親戚・知人宅，賃貸住宅

自宅が災害によって損壊し，居住が継続できなくなった被災者は，複数回の住まいの移動を余儀なくされる．

最初の移動先は，避難所，親戚・知人宅，賃貸住宅などである．自治体が開設する避難所としては，公民館，学校・体育館などの公共施設が指定されていることが多い．災害救助法では，避難所の開設期間は災害発生の日から7日以内とされているが，大規模災害時には延長を繰り返し，数か月以上の開設期間となる場合もある．また高齢者，障害者，乳幼児その他のとくに配慮を要する者を対象として，福祉避難所も開設される．福祉避難所は，一般の避難所に避難した被災者のなかから保健師等の健康調査等による所見に基づき移送する，2次避難所である．これらの施設は，通常の高齢者施設，あるいは障害者施設，児童福祉施設などであるため，それぞれの施設で受け入れ可能な人数は多くない．

親戚・知人，友人宅への避難も災害発生直後には選択肢の1つである．ただし，受け入れ側の厚意によるため，滞在が長期化すると相手への配慮から次第に居心地が悪くなり，比較的早期に次の住まいへ移動する．

最初から自力で賃貸住宅を契約して仮の住まいとする被災者もいる．自力で賃貸契約ができる被災者のほかに，とくに高齢者や障害者を抱えている世帯では，一般の避難所での生活が難しいと判断し選択される場合がある．

▶仮設住宅

次の移動先は，仮設住宅である．仮設住宅は，仮設住宅用地にまとめて建設されるプレファブ仮設住宅と，都道府県が民間の賃貸住宅を借り上げて被災者に供与する「借り上げ仮設住宅」があり，東日本大震災以降は後者が主流となっている．借り上げ仮設住宅のメリットは，①すぐに入居でき普通の生活ができる，②比較的便利な場所に立地している，③建設費・撤去費などが不要で財政負担がない，④不動産業界などの専門業界から支援が得られる，などがあげられる．一方，民間の賃貸住宅であるため，被災地内外に点在することから，プレファブ仮設住宅で見られるような各種支援が少なく，また被災者どうしの交流の機会も少ないなど，不満も聞かれる．しかし，外部からの支援が少ないがゆえに直面する問題を自力で解決するなど，プレファブ仮設住宅で見られるような，支援への依存の問題は少ない．さらにプ

レファブ仮設住宅の被災者どうしのコミュニティは助け合いになる一方で、自立に向けた行動をしようとする際にはしがらみとなる場合もある。さらに、被災者の自立的な生活を再構築するという点において、借り上げ仮設住宅は適切な環境を提供していると考えられる[1]。

東日本大震災では、被災者が自ら探してきた賃貸住宅を借り上げ仮設住宅として認める方式（マーケット方式）で実施された。ただし、このマーケット方式はいわば「早い者勝ち」となるため、高齢者や障害者などの社会的弱者は排除されがちである。結果として、プレファブ仮設住宅に社会的弱者が集中することとなった。この改善策として、2016（平成28）年熊本地震における熊本市では、仮設住宅供与計画において、行政が公営住宅を含む一定数の賃貸住宅を確保して、社会的弱者に対して優先的に供与する施策をおこなった。

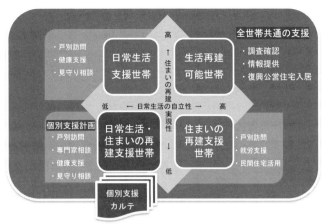

〈図1〉 仙台市の生活再建支援のための世帯の分類[2]

仮設住宅は、あくまでも仮の住まいであるため、次の住まい、すなわち恒久住宅への移行が目標となる。東日本大震災における仙台市では、仮設住宅入居者の全戸訪問調査から、入居世帯を、①生活再建可能世帯、②日常生活支援世帯、③住まいの再建支援世帯、④日常生活・住まいの政権支援世帯の4つに分類した〈図1〉。このように支援の分類と世帯数を明らかにしたうえで、それぞれの世帯に適した生活再建支援プログラムを策定し、恒久住宅移行への支援を行った[2]。

ここまでの段階で、多くの被災者は仮設住宅から退去し、一応の生活再建を達成する。住宅再建が遅れる人の特徴は、高齢者や障害者、一人親世帯、低所所得者世帯などであり、これらの世帯に対しては、通常の福祉施策によって早めに対応することが望ましい。また、災害発生前には何とか自力で生活しており、福祉のネットワークとの接点がなかったが、災害後に自立生活に限界が生じた被災者は、資金力や社会とのつながりが少なく、かつ、助けてもらうことに不慣れであるため、自分から声をあげにくい。このような被災者を発見し、早期に最適な支援につなげることが、課題となっている。

▶災害公営住宅

自治体では、災害により住宅を失い、自ら住宅を確保することが困難な被災者に対して、国の補助を受けて新たに災害公営住宅も建設する。災害公営住宅の入居者は、高齢者などが多く、入居者で自治会を組織し、互いの交流を進めているが、孤立しがちである。そこで、行政、社会福祉協議会、NPOなどのさまざまな支援団体が協力して、住民支え合いのしくみを実施しているが、参加者はかぎられており、課題も多い。

54 インクルーシブな災害情報

井ノ口宗成

> 被災者支援のためのインクルーシブな災害情報は，包括的な被災者支援を進めるうえで不可欠な情報であり，多様な主体による被災者台帳やシステムツール，体制整備等の検討がなされなければ，災害ケースマネジメントは真の意味で実現しない．

▶インクルーシブな災害情報

　被災者支援を行うためには，災害前に被災者はどのような状況にあったのか，災害後にどのような被災を経験し，避難生活や仮住まいを経て，生活再建を目指したのか，に関して，時系列的にその都度，把握・整理することが必要となる．また，重要な視点として，これらの情報を把握・整理するためには，多様な主体の関わりが必要となってくる．

　インクルーシブな災害情報とは，時系列的に継続している「被災者を確実かつ納得性の高い生活再建にリードすることを目的とした情報」群を，包括的かつ一元的に管理しながら，多様な主体がそれぞれの目的に応じて利活用できるように運用・管理するための枠組みと定義する．この枠組みとして現在整備されているのが「被災者台帳」である．

➡ 27 災害対策基本法（防災対策＋福祉的対応＋21年改正）

▶被災者台帳

　東日本大震災をうけ，災害対策基本法が改正され（2013（平成25）年6月），被災者台帳の作成・利用及び提供が法制化された．これまでの災害では，被災者支援業務において「支援対象である被災者が多数発生」「行政職員を含む支援者側の経験不足」等の課題が発生し，その結果，「制度の案内漏れ（受給資格者への説明が不十分）」「支援漏れ（被災者の所在・連絡先が未整理）」が散見される事態となった．

　被災者の支援において，被災者を特定し，「支援サービスから取り残される被災者」の発生を防止するために，被災者台帳の整備が求められた．台帳においては，「個々の被災者の被害の状況や支援の実施状況」「支援に当たっての配慮事項」を一元的に集約・管理する．また台帳は，被災団体の関係部署において共有・活用することが効果的であるとの考えに基づいている〈図1〉[1]．

➡ 27 災害対策基本法（防災対策＋福祉的対応＋21年改正），59 災害ケースマネジメント

▶災害ケースマネジメント

　効果的な災害ケースマネジメントには，災害による影響度に応じて，従前通りの対応で十分か，変化した新たな状況への対応が必要かを，各被災者に対して判断が求められ

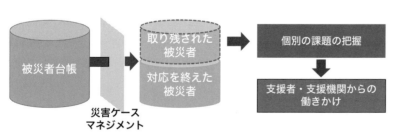

〈図1〉 被災者台帳を活用した被災者支援の全体像

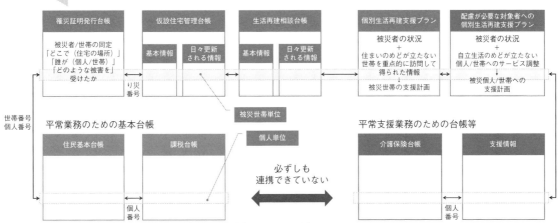

〈図2〉 インクルーシブな災害情報に基づく被災者台帳のあるべき姿

る．このとき，被災者台帳を拡張すれば効率的な情報管理が可能である．

　災害ケースマネジメントには「平時からの住民基本台帳や課税台帳からの参照情報（被災者/世帯を特定するため）」「平常支援業務のための台帳等からの参照情報（支援が必要な対象者における災害前の状況を特定するため）」が，前提として必要となる〈図2下半分〉．

　災害後の情報においては，被災者/世帯の同定のために「どこで（住宅の場所）」「誰が（個人/世帯）」「どのような被害を受けたか」を証明する罹災証明書発行台帳を基盤とし，仮住まいや相談の台帳を拡張することで，被災者/世帯情報が整理される[2]．それらに基づき，個別の生活再建支援プランが構築されることが理想である．それに加えて，とくに支援が必要な個人/世帯に対しては，サービス調整等の支援プランが必要となる〈図2上半分〉．これらの被災者支援のための基本台帳と災害ケースマネジメントによる支援計画が包括的に整備され，管理・運用されることで，インクルーシブな災害情報に基づく支援が実現する．

▶インクルーシブな災害情報が目指すべき未来

　情報技術を活用した被災者台帳システムは，各自治体で整備が進みつつある．一方でシステムの整備のみならず，システム整備を検討するなかで，被災者支援業務に関わる庁内（防災や医療・保健・福祉等）と庁外（社協，医療・介護サービス事業者等）が連携する体制の整備が重要である．被災者支援に必要なインクルーシブな災害情報は「どのような項目」で「どこが保管」しているのか，平時から「被災者台帳システムとして準備を整えられる」のはどの範囲か，災害時にそれらを運用するために「閲覧・編集の手順」「個人情報の扱い」「災害時の協定」等を検討・合意しておかなければ，未来の災害に対応できない．したがって，実のある被災者支援業務を目指すならば，インクルーシブな災害情報を運用できる環境と体制の整備が，必須である．

災害過程

55 外部支援と被災者支援コーディネーション

菅野　拓・阪本真由美・髙田洋介

> 近年の災害では，被災者支援の領域における外部支援が増えている．緊急時に被災者支援が滞りなく行えるよう，平時から顔の見える関係に基づく信頼できるネットワークを構築する必要がある．

▶ケア領域での支援ニーズの高まりと外部支援

　2011（平成23）年の東日本大震災の被害はきわめて広範囲に及び，被災自治体のみで被災者支援を実施することは難しく外部支援が求められた．なかでも保健福祉や被災者生活再建などのケアの領域での支援ニーズは高かったが，被災地域の大半で少子高齢化が進行していたことに加え，1947（昭和22）年に成立した災害救助法や阪神・淡路大震災をきっかけとして1998（平成10）年に成立した被災者生活再建支援法などで実施される被災者支援と，2000年代になって開始された介護保険法や障害者自立支援法など「自立支援」をうたった福祉制度との乖離があった[1]．支援ニーズの高まりに対し，自治体間の調整による保健師の派遣や，民間ベースでの福祉専門職の派遣など，保健福祉領域での外部支援の重要性が認識された．その結果，災害派遣医療チーム（DMAT）[1]のような広域支援の仕組みとして，保健の領域では災害時健康危機管理支援チーム（DHEAT）[2]が，福祉の領域では災害派遣福祉チーム（DWAT）[3]が制度化された．

　東日本大震災においては，1998（平成10）年に成立した特定非営利活動促進法（NPO法）や，2006（平成18）年の公益法人制度改革の影響から，NPOやNGOなどの民間非営利組織から構成されるサードセクターが拡大していた．サードセクターは上述した介護保険法や障害者自立支援法のサービス供給者ともなっており，平時のケアの領域では欠かせない主体となっていた．東日本大震災において被災者支援などで活動したサードセクターの組織1420団体に対して行ったアンケートにおいては，避難所や応急仮設住宅への支援や，子ども・高齢者・障害者・生活困窮者などケアが必要な被災者への支援を実施しており，また，多くの組織は災害支援を専門としているのではなく，福祉や子ども支援の領域で活動していることが示されている[2]．

▶被災者支援コーディネーションが必要な理由

　このように，ケアの領域での支援ニーズの高まりと行政にとどまらない外部支援の増加は，さまざまな混乱を引き起こしもした．平時に子ども・高齢者・障害者・生活困窮者などに対するサービスは，主に社会福祉法人・NPO・株式会社などの民間組織により提供される．しかし，災害時の被災者支援は制度上，自治体が支援の主体であることから，支援のノウハウの蓄積や問題の認識にはズレがみられる．被災自治体からすれば，事前の関係性

➡ 21　人為的災害の特徴と対策

[1] DMAT：Disaster Medical Assistance Team

[2] DHEAT：Disaster Health Emergency Assistance Team

[3] DWAT：Disacter Welfare Assistance Team

が構築されていないこともあり，民間組織による外部支援に対する信頼は十分でなく支援の依頼につながりにくい．

このような問題に対して，支援者が「ネットワーク」を組み活動を「調整＝コーディネート」することで対応しようとしてきた．地域内・全国域，テーマ特化型・テーマ横断型などさまざまなネットワークが複数の支援者で組まれている．ネットワークへ参加する支援者が顔の見える関係を築くことで，その力量を相互に把握し合うことができる．それにより，災害時に信用照会のための取引コストを低減させることができる[1]．

▶被災者支援コーディネーションの事例

都道府県において，保健医療福祉に関する被災市町村の被害状況や支援に関する情報を共有し，外部応援者も含め活動を調整する仕組みとして，2016（平成28）年から保野医療分野での横断的な調整本部の設置が，2023（令和5）年からは福祉分野も含めた「保健医療福祉調整本部」の設置が制度化されている．

また，行政とサードセクターなどとが連携した被災者支援コーディネーションの仕組みが模索されている．具体的には，2016（平成28）年の熊本地震をきっかけに，災害が起きると被災自治体，ネットワーク組織（災害中間支援組織），社会福祉協議会等の被災者支援に携わる団体が集まり，官民連携による被災者支援のコーディネーションの「場」となる「情報共有会議」が設置されるようになっている．被災者支援コーディネーション体制は，「国レベル」「都道府県レベル」「市町村レベル」の三層があり，災害の規模や被災者支援のニーズに応じ相互に補完しあっている．

情報共有会議は，被災者支援に関わる組織が自由に参画し，被災者のニーズや，行政の対応状況，それぞれの組織の活動状況等の情報共有を行う場である．ただし，参加者が多いと詳細な議論を行うことが難しくなる．そのため，テーマ別の会議や，市町村レベルでの情報共有会議，主要な関係者間が非公開で解決策を議論する「コア会議」等が行われることもある．

官民連携による被災者支援コーディネーション体制の拡充のために，国は2023（令和5）年の防災基本計画の改定において，多様な主体の連携による被災者支援体制構築の重要性を明示した．また，全国災害ボランティア支援団体ネットワーク（JVOAD）▶[4]は「被災者支援コーディネーションガイドライン」を策定しており[3]，官民協働による体制の構築が進められている．▶

▶26　災害救助法

[4] JVOAD：Japan Voluntary Organizations Active in Disaster

▶52　復旧までの一時的な暮らしの対策

55　外部支援と被災者支援コーディネーション　**111**

生活再建・復興過程

56 生活の再建とは・生活復興カレンダー

立木茂雄

生活再建は1995（平成7）年阪神・淡路大震災から被災者支援の目標となった．被害が激甚なほど生活再建には時間を要する．生活復興カレンダー調査は被災後の時間の延長線上に，誰にでも生活が再建される瞬間が訪れる可能性を示唆している．

▶生活の再建は阪神・淡路大震災から被災者支援の最終的な目標となった

1995（平成7）年の阪神・淡路大震災は「生活の再建」が，被災者支援施策の最終的な目標となった初めての自然災害だった．けれども，それが実際に何を意味するのか，生活を再建するために行政は何をすればよいのか，生活を立て直すときに何が大事なのかについては，実はよくわかっていなかった．

よくわからないものであれば，当事者に直接語ってもらおう．この方針に基づき，できるだけ多様な関係者に，生活再建施策を進めるうえで大切なことについて直接意見を出してもらい，問題の構造と解決に向けた方針を導きただす生活再建草の根検証ワークショップを，1999（平成11）年の夏に神戸市内各地で12回開催し，269名の被災市民や支援関係者が参加した．その結果，生活再建支援の政策目標が7要素にまとめられた➡1)．

➡ 1　都市計画や工学から見た福祉の重要性，57　生活再建7要素，58　被災前からの不平等と被災後の社会環境変化

▶「もはや自分は被災者ではない」と意識するまでの心理的な時間の流れ

一人ひとりの被災者が「もはや自分は被災者ではない」と意識することが生活再建の最終目標である．それに至る被災者の主観的な時間の流れは，時計のような等間隔ではなく，「10の1乗，2乗，3乗…」（10時間，100時間，1000時間…）という，べき乗の尺度軸に沿う．これが，阪神・淡路大震災で被災した市民や行政職員などへの克明な聞き取り（エスノグラフィー）調査が明らかにしたことである2)．

最初の節目が被災から10時間まで．この時期の特徴は「何が起こったかわからない（失見当）」という点にある．「自分が被災者になった」，「ここが被災地になった」と人が気づくまでに，この程度の時間がかかっていた．

次の節目は10の2乗時間（100時間）である．その特徴は，被災前の世界とは違う世界へと被災者が移行していき，それに応じて社会も被災後の体制へと展開が始まる点である．

続く10の3乗時間（1000時間，約1か月半）までは，ブルーシートが被災地の至るところに広がり，外部の事業者や自治体からの災害派遣要員やボランティアが活躍し，被災者はみんなが譲り合い，助け合う．こういった状況は『緊急社会システム期』あるいは『災害ユートピア期』と呼ばれる．しかしこのような互助や共助に特徴づけられる社会も，1995（平成7）年1月17日に発生した阪神・淡路大震災の場合，社会のフローが応急復旧する同年の3月末（約1か月半弱後）で終了する．

112　生活再建・復興過程

10の3乗時間（1000時間）から，社会のストックを本格的に再建する復旧・復興期が始まる．この時期の当初は再建の歩みが日々に実感できる．ところが，10の4乗時間（約1年）後からは，だんだんと歩みが遅く感じられるようになる．そして，生活の再建が一応完結した――自分はもはや被災者ではない――と過半数の人が感じられるまでには10の5乗時間を要する．10の4乗から5乗までは，心理的な時間の単位が1つ進むだけだが，それには約10年という年月がかかる．

●生活復興カレンダー

阪神・淡路大震災被災者を対象とした社会調査結果によると[3]，被災から10の3乗時間（1000時間）では，半数が「1. 仕事／学校がもとに戻った」と感じていた．これはライフラインや交通，流通の応急のフローの復旧によるところが大きい．10の4乗時間（約1年）の前後では，半数の被災者が「2. すまいの問題が最終的に解決した」，「3. 家計への震災の影響がなくなった」，「4. 毎日の生活が落ちついた」，「5. 自分が被災者だと意識しなくなった」と答えていた．そして最後の「6. 地域経済が震災の影響を脱した」と半分の人たちが答えるのは，発災からおおよそ10の5乗時間（約11年）を要していた．地域経済が元に戻るには，それくらいのたいへんな時間がかかったというのが阪神・淡路大震災の現実であった．

〈図1〉は，「自分が被災者だと意識しなくなった」時点を住宅被害の程度別に累積度数で表現した生活復興カレンダーである．被害が激しければ激しいほど立ち直りにより多くの時間がかかっていたことが示されている[4]．無被害層では，10の3乗時間（約1か月半）で，半分の人たちがそう答えていた．一部損壊層では，10の4乗時間（約1年）程度かかった．一方，半壊層では，半分の人たちが「もはや被災者ではない」と意識するには1年では足りなかった．さらに全壊層で半数の人がそう答えるまでには5年近い年月が必要であった．最後の層破壊――住宅がパンケーキのように平らに押しつぶされる――被害を受けた層では，身内が自宅で亡くなられた可能性が非常に高い．この方々にとっては，10の5乗時間（約11年）が経っても半分以下の人たちしか「もはや自分は被災者ではない」と思えなかった．しかし見方を変えれば，たとえ身内を亡くすような激甚な被害を被った人にも，10の5乗時間を越えた延長線上のある時点で，「もはや自分は被災者ではない」と意識する回復や新しい現実への適応のときがくることを示唆するものとなっていた．

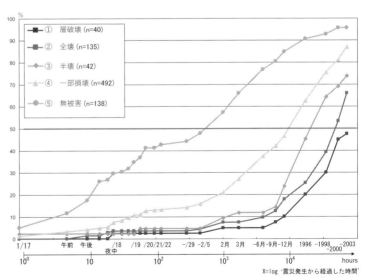

〈図1〉 家屋被害程度別の「自分が被災者ではない」と意識した時期[4]

生活再建・復興過程

57 生活再建7要素

田村圭子

被災者支援では，個人・世帯に特有の課題に着目が集まりがちであるが，そもそも被災者の生活再建課題とは何なのか．生活再建7要素は被災者の声を集約し，その後の災害で繰り返し用いられている理解枠組みである．

●災害後に生まれる生活再建ニーズ

災害が発生すると，これまでの生活が失われ，被災者には生活を再建しようとするニーズが生まれる．災害前から福祉等の支援ニーズがある人が，災害によって被災者になることにより，この生活再建ニーズが加わる．この生活再建のニーズはどのようなものか．この生活再建ニーズを特定することで，被災者支援の構造化が図られる．そのヒントとなるのが「生活再建7要素」である．

●復興における生活再建の位置づけ

関東大震災を契機に「復興」の重要性が認識されてきたが，阪神・淡路大震災以前は，計画に則って市街地を再生する「都市再建」が「復興」そのものと捉えられてきた．"目に見える風景の変化"のみが重要視されてきたのである．

阪神・淡路大震災では「都市再建」のみでは，復興としては不十分であることが認識された．具体的には，日本全体や地域経済への影響の大きさから「経済再建」が指摘された．加えて，被災関係者の数が膨大であったことから，被災者自身のくらしをいかに立て直すかに注目が集まり，「生活再建」が第3の復興目標となった➡[1]．

●生活再建7要素とは

被災者インタビュー・相談では，7要素に分類される内容が繰り返し語られる．7要素のバランスのよい充足により，生活再建実感が向上する．

① **すまい**：避難所から仮住まいを経て，住宅再建・賃貸や施設入所等の「すまい」の確保過程

② **人と人とのつながり**：災害以前のくらしの中で保っていたつながり，災害後に新たに得たつながり

③ **まち**：まちなみ，公共財[2]，コモンズ[3]等

④ **こころとからだ**：災害ならびにその後の復興の過程におけるこころやからだのストレス

⑤ **そなえ**：二度と同じような災害経験をしたくないという気持ちや次の災害へのそなえや考え方の変化

⑥ **くらしむき**：生活の様子，家計の状態

⑦ **行政とのかかわり**：災害による，行政サービスへの期待の高まりや，行

➡1 都市計画や工学から見た福祉の重要性，56 生活の再建とは・生活復興カレンダー

[1] 阪神・淡路大震災では「都市再建」「経済再建」に加え，被災者自身の「生活再建」が初めて復興の目標として掲げられた．東日本大震災においては「被災者支援」「住まいとまちの復興」「産業・生業の再生」「福島の復興・再生」が目標である．

[2] 公共財とは，公共サービスや公共施設に代表される地域の人が共同で消費できるサービス

[3] コモンズとは，コミュニティに属する共通の場所に代表される特定の人や団体が所有することなく，誰もが自由に利用できる空間

政サービスへの関わりの深まりが発生

草の根による生活再建7要素の特定

多様な被災者ニーズが基礎となる生活再建においては「何をもって生活再建とするか」という共通項の特定は難しい課題であった．阪神・淡路大震災の5年目に生活再建に必要な"要素"を探るために，神戸市の震災検証の一環として「生活再建のための草の根ワークショップ[4]」を実施した．その12回のワークショップで，市民に直接生活再建実感をたずね，収集された意見1623枚を構造化したところ，生活再建7要素に集約されることがわかった〈図1〉．

生活再建7要素➡はその後「兵庫県生活復興調査」の中心フレームとなり，科学的に検証され，その後の災害時の生活再建のフレームとして活用されている．

[4] 草の根ワークショップ：神戸市震災復興本部は，「震災復興総括・検証研究会」の生活再建部会により1999（平成11）年7, 8月に12回開催された

➡ 58 被災前からの不平等と被災後の社会環境変化

7要素の関係

「すまい」と「くらしむき」が安定することで，「こころとからだ」のストレスが軽減され，それによって「震災の影響度」が緩和される．また，「人と人とのつながり」が「まち」の地域活動への参加を促し，その結果「震災体験の評価」が高まる．

「人と人とのつながり」の具体的な中身については以下である．地域活動などへの参加によってさまざまな"他者と出会い"，人間関係が構築されていく．その中で大事なことは「この人と出会えてよかった」と思えるような「重要他者との出会い」が転換点となる．なぜなら，家族や友人を失った人にとっては，災害前と同じ状態に戻る"復旧"は困難であり，不条理な被災体験に意味を見出すことができるような「重要他者との出会い」があって，初めて震災体験を評価することが可能となるからだ．つまり，被災者にとっての"復興"とは，「人生の再構築」という意味合いと解釈できる．

生活復興感の高まりには「震災の影響度」「震災体験の評価」という大きく2つのチカラが働いている．つまり，「震災の影響度」＝「自分はもう震災の影響を受けていない」，「震災体験の評価」＝「この震災体験には意味があった」というような意識が醸成されることが「生活復興感」を高めることとなる〈図2〉．

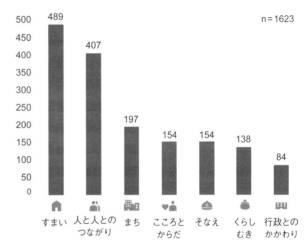

〈図1〉生活再建ワークショップによる生活再建7要素の抽出[2]

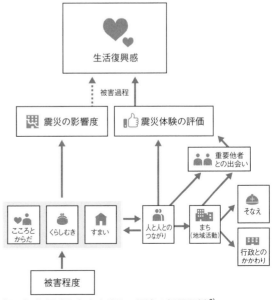

〈図2〉復興感を向上させる7要素の相関関係[3]

生活再建・復興過程

58 被災前からの不平等と被災後の社会環境変化

立木茂雄

阪神・淡路大震災と東日本大震災被災者への生活復興パネル調査は，被災前から存在する社会的脆弱性の負の影響力と，医・職・住・まち・つながりといった被災後の社会環境の正の変化が生活復興感の軌跡を左右することを明らかにした．

▶一人ひとりの生活復興の軌跡を追跡できるパネル調査の優位性

被災地で通常行われる生活復興調査は横断調査である．これは同一の母集団から調査回ごとに異なった被災者を標本抽出し調査項目に回答してもらう．1995（平成7）年阪神・淡路大震災被災者を対象とした兵庫県生活復興調査➡では4回にわたり横断的な調査が実施され，単身や高齢世帯，就業の状況といった社会的属性や他者とのつながりの程度といった要因と生活復興感との関係が毎回集計された．横断調査では，一人ひとりの個人内部の継時的な復興感の軌跡に接近することはできない．そこで，2回目の調査で同意の得られた被災者には3・4回目も引き続き縦断的に回答してもらうパネル調査も併用した．

パネル調査データを用いると，復興に影響を及ぼすと仮説化された政策的変数の調査回間の変動（差分）が，復興感の変動（差分）にどう影響するのか，といった検討が可能となる．さらに調査回間の差分を用いることにより，個人に起因する外的な要因や見かけの相関を数学的に取り除くことができる．原因となる政策的変数の変化が復興感の変化を生んだ，という時間的な因果関係についてより科学性の高い推論が可能になる[1]．

▶兵庫県生活復興パネル調査[2]

兵庫県生活復興調査で2001，2003，2005年の3回の調査すべてに回答した297名について生活復興感の推移軌跡がグラフ化された．これら297本の軌跡をクラスター分析すると，高位安定型，平均より上で安定型，平均より下で安定型，そしてきわめて低位で停滞型の4タイプに分類された．停滞型は65名と判定され，その属性として被災時の年齢が50歳代後半から60歳代前半の男性で，サービス産業，産業労働，商工自営など地域経済に収入が大きく左右される職業に就いており，かつ震災により家族や職場に被害があり収入が減った低所得者という社会的な脆弱者層➡という特徴が浮かびあがった．

停滞型に分類された65本の復興感の軌跡をより子細に分析すると，被災後の転居回数が3回以上であれば復興感は調査回ごとに右肩下がりになる一方，転居が2回以下であれば生活復興感は踏みとどまっていた．同様に，住んでいるまちの行事への個人的参加の回数が多いほど復興感は2003（平成15）年から2005（平成17）年でV字回復し，逆にほとんど行事に参加しない場合は右肩下がりとなっていた．最後に，現在住んでいるまちの様子につ

➡ 56 生活の再建とは・生活復興カレンダー

➡ 12 社会的脆弱性の層別性と災害リスクの加減圧（PAR）モデル，13 福祉の視点から考えるPARモデル

いて尋ねたところ，住民相互のつき合いが多いほど復興感が上昇に転じる人が特徴的に見られた．逆につき合いのほとんどないまちに住む人ほど，復興感の低下が見られた．

停滞型の被災者であっても，周りの人と結ぶ個人財としてのつながりだけでなく，地域全体の共同財としてのつながりの量が豊かなところに住むことにより生活復興感が高まるという恩恵が得られていたのである．

▶60 誰一人取り残さない防災の原則：全体性・連続性・多元性・衡平性・恊働性

▶宮城県名取市生活復興パネル調査[3]

2011（平成23）年東日本大震災後には宮城県名取市で10年間にわたる生活復興パネル調査が実施された．全5回の調査すべてに回答した316名の生活復興感の軌跡がクラスター分析され，6つのグループに分類された．このうち復興感が低迷した層は，少人数の高齢世帯あるいは心身の健康問題や震災時による失業などの経験をしていた．つまり被災前から社会的に脆弱であった層の生活復興感が典型的に低迷し，生活再建から取り残されていた[4, 5]．

▶57 生活再建7要素

被災前の不平等や格差がもたらす脆弱性に加え，被災後に生じた社会環境の変化も生活再建に大きな影響を与える．10年間で5回にわたるパネルデータを分析すると一人ひとりの復興感の回復は，生活再建7要素モデルで掲げる主要な政策的変数の変動によって説明できるかことが明らかになった．そして復興の過程には2通りの道筋があることが確認された．第一の道筋は，「医・職・住」の充実により被災の影響度が軽減され回復に向かう過程である．具体的には，①こころとからだのストレス軽減（医）・②くらしむきの安定（職）・③すまいの回復（住）が推進力となっていた．もう一方の道筋は，被災体験に肯定的な意味を見出す実存的・変容的な適応過程である．これは，共同財としての④まちのつながりが高まるか，高い地区に引っ越すことにより，あるいは個人財としての⑤つながり（趣味やサークルなどの弱い紐帯）をひろげることにより，自らの被災体験を再評価する瞬間が訪れていた．

▶12 社会的脆弱性の層別性と災害リスクの加減圧（PAR）モデル，13 福祉の視点から考えるPARモデル

〈図1〉は，阪神・淡路大震災および東日本大震災後の生活復興パネル調査結果を鳥瞰図としてまとめたものである[1]．図の最右翼には，素因としての社会的脆弱性（被災前から存在する差別・不平等・分断）がある．災害は，被災前からの脆弱性をレンズのように拡大させる働きをする[6]．一方，医・職・住・まち・つながりといった政策的変数を操作することにより社会環境を変化させ，被害軽減と被災体験の意味づけという2つの媒介過程を通じて生活の回復や再適応がもたらされていたのである．

▶2 当事者・代理人運動と小規模多機能化によるタテ割り制度の解決

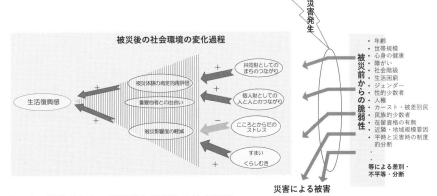

〈図1〉 被災前からの脆弱性と被災後の社会環境の変化が生活復興感に及ぼす影響

58 被災前からの不平等と被災後の社会環境変化　117

生活再建・復興過程

59 災害ケースマネジメント

菅野 拓

東日本大震災以降の災害では被災者支援の不十分さに対応し，個別の被災者の状況に応じて伴走型で必要な支援が行われ，多様な主体が連携して平時施策も含めた多様な支援メニューを組み合わせる災害ケースマネジメントが広がった．

▶東日本大震災で明らかになった被災者支援の不十分さ

2011（平成23）年に発生した東日本大震災では被災者支援の不十分さが明らかになった．被災者の暮らしの視点からは不出来な災害法制という骨格に，特別立法で肉づけすることで，日本社会は東日本大震災に対応し，インフラや公共施設の復旧・復興への公費投入は手厚かった[1)] 1.

しかし，被災者が生活を再建していく際にさまざまな課題が生じた．たとえば，災害救助法に規定される応急修理制度と応急仮設住宅の併用ができないことが，少なくとも3桁を超える「在宅被災者」を生んだ．また，応急仮設住宅入居者の半数以上は民間賃貸住宅を応急仮設住宅としてみなす，「みなし仮設」に住んだ．平均的な住宅の質は高く，供給も早く，低コストであるが，被災者の所在は行政にしかわからない．「みなし仮設」は被災者の孤立を生み出すと同時に，過去災害における生活支援はボランティア頼みであったことをも露呈させた．インフラへの支援に手厚く，暮らしへの支援は十分とはいえない，ハード偏重の復興の伝統が現れた[2)]．

▶仙台市の災害ケースマネジメント

上述した不十分さに対応するように，東日本大震災以降の災害では「災害ケースマネジメント」と呼ばれる被災者支援の仕組みが広がった．

被災者は災害によってさまざまな困難を抱えてしまう．家族を失った，住んでいた家が壊れた，失業した，普段利用していた医療や福祉サービスが利用できなくなった，借金を抱えてしまったなど，その困難は暮らしの全般に及び，しかも，一人ひとり多様である．さらに，障害・高齢・生活困窮など平時の脆弱性が災害によって増幅されることが多い．

しかし，現行法の被災者支援は，被災者一人ひとり異なる多様な困難に対して，適切に対応できるようには設計されていない．被災者支援の基準は，たまたま住んでいた家の壊れ具合である罹災証明書の区分が基本的なものであり，持家も借家も問われない．少し考えればわかる通り，障害・高齢・生活困窮といった平時の脆弱性が増幅されてしまうような被災者が抱える多様な困難に対して，罹災証明書の区分は必ずしも適合せず，現行法では非合理な形で被災者支援を行うことになる．

このような状況に対して，東日本大震災以降の災害では，「災害ケースマネジメント」が広がった．この特徴は，生活困窮者自立支援や地域共生社

---

1 激甚災害法によって種々の公共事業の国庫補助率がかさ上げされたことに加え，復興特区法に代表される特別立法も加わった．

→ 49 福祉避難所への避難と退所，54 インクルーシブな災害情報

→ 13 福祉の視点から考えるPARモデル

→ 2 当事者・代理人運動と小規模多機能化によるタテ割り制度の解決，40 生活困窮者自立支援法

118 生活再建・復興過程

会➡づくりなど，平時の社会保障について議論されていることと類似し，①個別世帯の状況に応じて伴走型で必要な支援が行われる点と，②多様な主体が連携し平時施策も含めた多様な支援メニューが組み合わされる点であった．いわば，平時の社会保障と災害時の被災者支援をつなぎ，制度の狭間に落ちた被災者に寄り添いながら生活再建を支える取り組みである．

　災害ケースマネジメントの発端となった仙台市では以下のような被災者支援が実施された．戸別の訪問調査により蓄積した世帯ごとのケースデータを基に，福祉的支援の必要性といった生活能力と，金銭・生活再建の見通しといった住まいの再建能力の2つの基準の高低を基に，世帯を4類型に分類した．そのうえで，仙台市各部局や仙台市社会福祉協議会，NPOのパーソナルサポートセンター（PSC）など，支援にかかわる主体が参加する「被災者生活再建支援ワーキンググループ」という会議体により，とくに住まいの再建能力が低いとみなされた重点的な支援の対象となる世帯を中心に，その生活状況を確認したうえで，世帯ごとに個別の支援計画を策定した．これによって世帯ごとの支援目標や必要な支援メニューを定め，支援を担う各主体が役割分担したうえで支援にあたった．「被災者生活再建支援ワーキンググループ」は定期的に開催され，各世帯の支援計画は更新されていき，生活再建を促進させていった．支援メニューは戸別訪問や，民間賃貸住宅の紹介，弁護士相談など災害に特徴的なものから，生活困窮者への就労支援や介護保険法上の支援[2]など平時の福祉施策まで多様であった〈図1〉[2]．

▶災害ケースマネジメントの広がり

　その後，災害ケースマネジメントは広がりを見せた．東日本大震災においては，岩手県大船渡市，北上市，宮城県名取市で実施された．平成28年台風第10号の被害を受けた岩手県岩泉町や，2016（平成28）年の熊本地震における熊本県や熊本市で同種の取り組みが，より早い時期から行われた．

　取り組みが広がるなか，鳥取県が危機管理条例を改定することで災害ケースマネジメントを全国で初めて制度化し，徳島県もそれに続いた[3]．

　2021（令和3）年12月21日参議院予算委員会で岸田文雄首相が「災害ケースマネジメントの仕組みづくりを進めたい」と答弁したことから，内閣府は「災害ケースマネジメントに関する取組事例集」や「災害ケースマネジメント実施の手引き」を策定し，防災基本計画に災害ケースマネジメントを規定した．

➡43　地域共生社会・包括的支援体制

[2] たとえば，失業・低所得・解決が容易ではない生活上の問題などを理由として，もっとも生活再建が困難な被災者には，生活困窮者自立支援制度が活用された

[3] これらの動きをサポートするように，厚生労働省は生活支援相談員が被災者の相談を受け，必要に応じて，生活困窮者自立支援機関・地域包括支援センターなどの平時の社会保障の支援機関につなぐことをうたう，「被災者見守り・相談支援事業」を令和元年度当初予算として計上した．災害が発生するかどうかわからない年度当初から執行できる当初予算として計上したことが特徴で，大規模災害時にすぐに使えるようにしておくことが眼目であった．

防災と福祉の連結

〈図1〉　仙台市における災害ケースマネジメントの流れ[2]

支援内容	実施者
個別訪問の実施	シルバー人材センター
健康支援	仙台市等
見守り・生活相談	社協・PSC
地域保健福祉サービスによる支援	地域包括支援センターなどの一般施策
就労支援	PSC（生活困窮者自立支援法）
伴走型民間賃貸住宅入居支援	PSC
専任弁護士と連携した相談支援体制構築	弁護士

誰一人取り残さない防災の原則：全体性・連続性・多元性・衡平性・協働性

立木茂雄

福祉と防災を連結する全体性，平時と災害時の脆弱性の連続性，回復と適応のための資源の多元性，脆弱性を是正する衡平性，これらを実現するための多制度・多職種の協働性が，誰一人取り残さない防災実現の5原則である．

→ 序

→ 29 都市計画法等改正等による福祉施設等への土地利用・建築規制

→ 13 福祉の視点から考えるPARモデル

→ 58 被災前からの不平等と被災後の社会環境変化

▶生活の全体性

東日本大震災では，年齢の高い人や障害のある人に被害が集中した．その根本原因は，平時の福祉と災害時の防災・危機管理の取り組みが分断されてきたことにある．障害のある人も地域で暮らせる福祉のまちづくりを積極的に進めていた—しかしながら災害時の対応策とは分断されていた—宮城県でのみ，障害者死亡率は岩手・福島よりも倍近くになっていた．根本原因は，このような福祉と防災の分断にある．したがって抜本的な解決策は平時と災害時を連結する生活の全体性の実装につきる．その一例が，「真に支援が必要な方」については個別支援計画の作成に福祉専門職が業務として参画することを求める2021（令和3）年の災害対策基本法の改正であり，2024（令和4）年から始まった福祉サービスBCP（災害時の業務継続計画）作成の義務化，あるいは災害危険区域における福祉施設などの立地規制を可能にする改正都市計画法の2020（令和2）年施行である．このように平時と災害時の諸制度を連結・調整する生活の全体性の実装がようやく動き始めた．

▶平常時と災害時の連続性

災害のリスクは，ハザードと社会的脆弱性の関数である[1, 2]．ハザードは，発生の前後で非連続な変化をもたらす．しかし，社会的脆弱性は連続している．東日本大震災後の10年間にわたり被災者の主観的生活復興感を追跡した名取市でのパネル調査は，被災前から存在する社会的・経済的な不利や不平等をかかえていた社会的ぜい弱者層（高齢少人数世帯・年金・恩給生活者・失業・休職・退職者・障害者手帳所持者[3]，あるいは被災前から「心身の健康状況に気がかりなことがある」成員のいる世帯[4]）が，被災後も連続して，避難所生活[5]から住宅再建，そしてその後までの長期にわたり，さらなる困難や困窮を抱え続けたことを物語っている．また客観的な指標であるすまい再建速度についても，主観的な復興感と同様に遅れがちになるのは社会的脆弱者層であった．これらの調査結果は，被災の影響は万人に平等な結果をもたらすのではなく，被災前から社会的に脆弱な層が被災後も生活やすまいの再建でより大きな負の影響を，より長期にわたって経験するという被災前後の連続性に関するエビデンスを提示するものである[6]．

▶レジリエンスの多元性

被災前の不平等や格差に加え，被災後に生じた社会環境の変化も生活再建

に大きな影響を与える．被災後の生活の激変からの再建では，ストレスの負荷を受けても元に戻る「回復」概念と，被災による環境の激変を受け生態系自体が変容し新たな平衡に至る生態学的な「適応」概念を「レジリエンス（回復・適応）」という多元的な概念として位置づける．

10年間に同一の被災者を繰り返し追跡した名取市生活復興パネル調査[5]では，生活再建にいたる1つめの道筋として，「医（こころとからだ）・職（くらしむき）・住（すまい）」の好転により被災の影響が緩和されていた．これは復元の過程である．もう1つの道筋は，「まち・つながり」といった一人ひとりの被災者の被災体験の肯定的な意味変換に資する社会関係上の資源の調達・調整の過程であり，これらの資源を通じて被災後の新しい現実への適応が促されていた🔜．このようにレジリエンスの過程が多元的であることを前提として被災者生活再建支援の施策の設計が求められる．

🔜 58 被災前からの不平等と被災後の社会環境変化

▶衡平性の実現

防災の世界では，危険な地域に居住する住民すべてが対象であり，命を守るためには全員を平等に扱うことが行政として何より肝要であると教え込まれる．このような考え方を「（絶対的）平等」と呼ぶ．これに対して，福祉の立場では，全員の能力が等しいわけではなく，一人ひとりの実情に応じて資源を比例配分することが重要だと考える．これを合理的な配慮の提供と呼ぶが，その根本原理が「衡平性（equity）」である[7]．

名取市と仙台市の被災者の仮住まい期間を比較すると，男女の世帯主の違いや世帯規模別の差違は名取市と同様に確認されたものの，それらは名取市ほど大きな格差にはなっていなかった[6]．その根本の理由は，震災後の2014年度から仙台市では被災者一人ひとりの実情に応じたきめの細かい伴走型支援—災害ケースマネジメント—を始めたが，これが功を奏したためである[8]．この取り組みの原理は，被災者支援は申請主義にも基づく機械的・絶対的な平等原理によって進められるべきではなく，一人ひとりが必要とする「医・職・住・まち・つながり」の支援ニーズに応じて資源を衡平性原理に基づき比例配分するというものであった．

▶協働性の実装

全体性・連続性・多元性・衡平性の視点は多元的資源の提供を調整するために，当事者や家族・地域住民・事業者・行政各部局が水平にスクラムを組むことを求める．このためには社会的に脆弱な被災者をとりまくさまざまな関係者（当事者・家族の参画のもと福祉・防災部局，さまざまな専門職と地域）からの社会資源が，一人ひとりの当事者にとって不調和や欠損なくつながることが必須である．いわば，行政や民間事業者，専門職の提供するフォーマルなサービス，地域住民によるインフォーマルな支え合い，そして当事者・家族の自助の力といったものすべてが調整される必要がある．このような協調的なサービスの提供のしかたを協働と呼ぶ．この協働性の実装こそが誰一人取り残さない福祉と防災の統合を実現するのである．

60 誰一人取り残さない防災の原則：全体性・連続性・多元性・衡平性・協働性 **121**

誰一人取り残さない防災の原則と総論

誰一人取り残さない防災の各論：個別支援計画と各種計画の連動

松川杏寧

防災において福祉的な視点が求められるようになり，さまざまな取り組みが福祉現場で求められるようになった．そのうち，福祉事業者に求められる各種計画作成について，作成における重要な点と，計画との連動の必要性について述べる．

▶個別避難計画

2004年の新潟・福島豪雨水害によって災害時要援護者という概念が誕生したときから，内閣府は「個別避難計画」の必要性を示唆するも，その策定方法は示されていなかった．2019（令和元）年に東日本の広い範囲で被害を出した台風21号を契機に開かれた「令和元年台風第19号等を踏まえた高齢者等の避難に関するサブワーキンググループ」からの提言を踏まえ，災害対策基本法が令和3年に改正（「災害対策基本法等の一部を改正する法律」（令和3年法律第30号）：5月10日公布，5月20日施行）されたことを受け，市町村が事務を行う際の参考として「避難行動要支援者の避難行動支援に関する取組指針」が改定されたことで，初めて「個別避難計画の立て方」について，国として方針が示されることになった．個別避難計画の立て方の詳細は紙面の都合上割愛するが，この取組指針のなかで非常に重要な要点のみ4点取り上げる．

1点目は避難行動要支援者名簿の見直しの必要性である．真に支援が必要で個別避難計画の作成が必要な個人を，要介護度や障害者手帳の有無だけではなく，ハザードに対する暴露状況，生活機能上の課題，社会的孤立状態の3つの視点から見定めるよう示唆されている．2点目は個別避難計画を立てるための体制づくりである．取組指針に示された7つのステップのなかの第1ステップとして，行政内だけでなく民間も含む，避難行動要支援者に関わる関係機関との連携協力のための体制構築が明記されている．3点目は福祉専門職を巻き込んでの取り組みが求められている点である．1点目の名簿の見直しにも，次の4点目の調整会議にも，要支援者本人と家族から信頼される立場にある福祉専門職の協力は肝要である．4点目は当事者や家族が計画作成の場に参画することが求められている点である．避難の際に地域住民とともに避難する計画の場合は，地域住民も交えた調整会議の場を設け，そこに当事者が参画することが重要であると示されている．これは仙台防災枠組みにも示された当事者参画による防災を実現することで，個別避難計画の実行可能性を高めることにもつながる．

▶避難確保計画およびBCPの策定

2017（平成29）年の水防法改正により，要配慮者利用施設（社会福祉施設，学校，医療施設その他の主として防災上の配慮を要する者が利用する施

→3 調整と協働の官房機能が災害対応の要諦，67 地区防災計画と個別避難計画の連携，69 地域住民，福祉施設職員，行政職員などの研修と人材育成

→32 障害の医学モデルから社会モデルへ

→63 「真に支援が必要な方」の決定

設）には避難確保計画⮕の作成が義務づけられた．また，令和3年度介護報酬改定および障害福祉サービス等報酬改定において，各事業者におけるBCPの策定を2024（令和6）年4月1日までに行うよう義務づけられた．これらは個別避難計画作成への関与に加えて，すでに業務過多で疲弊している福祉現場へのさらなる負担となっているのが実情である．

⮕ 29　都市計画法等改正等による福祉施設等への土地利用・建築規制

　災害対応は限りある資源を最大限効率的に活用して課題を乗り切るために，必要なところへ資源を配分調整する行為である．そもそも，平時から福祉サービスは，地域のさまざまな公的・民間の機関が連携協力することで成り立っている．災害時には，そういった公的・民間によるサービス提供が一時的にストップしてしまう．それを乗り越えて支援を継続するには，平時に用いている支援サービス以外の方法や資源を用いて，支援の継続をめざす必要がある．つまり，平時から災害時にかけてシームレスに必要な支援をつなぐためには，平時以上にさまざまな主体と広範に協力体制を構築する必要がある．そうして最大化した資源をどこにどれだけ用いればよいか，地域全体で面的に考えるためには個別避難計画の上に地域の地区防災計画や福祉施設の避難確保計画が連動することになる．BCPについても，各福祉事業所における職員や利用者（特に入所者）の安全確保を大前提として検討することになるが，通所サービス利用者も含む利用者全体の安全と生活を支えられるものにするには，自分たち以外の関係する機関についても含めて考えなければならない．地域で面的に要配慮者をどう支えるか，その実現のためには事業所として，どのように機能回復を行うのかが重要となる．BCPを用いて各事業所・機関が平時から業務の整理と改善を行えば，いざというときの機能回復と資源確保・調整について，事前に見通しを立てることができるようになる．このように計画を連動させ平時の福祉サービス業務に還元することは，平時の福祉サービスの向上につながるとともに，地域全体の福祉に関係する事業者・機関にとってのリスクヘッジとなる．

▶福祉施設の設置運営基準

　福祉施設の設置運営基準は，厚生労働省や地方自治体によって発表された法令，規則，ガイドラインに基づいている．そのため地域によって多少の差はあるが，多くの地域で見られる問題として，ハザードリスクの高い地域に立地せざるを得ない場合が多いという問題がみられる．そもそも福祉サービスによる介護報酬は安価であり，また周辺住民から迷惑施設として扱われやすいため，多くの事業所が地価の安い辺鄙な土地を探して建てている．そういった土地はハザードリスクが高い場所である確率が高く，そういった立地の場合避難確保計画の策定も困難になる．公的な基準の設定において，このようなハザードリスクの高い場所への福祉施設の設置は本来規制されるべきである．

個別避難計画各論

個別避難計画と個人情報の活用

山崎栄一

個別避難計画の作成と活用にあたって，個人情報の活用がキーポイントとなるのはいうまでもない．まずは，個別計画作成の対象となる要支援者の存在情報の把握が重要となる．支援情報を充実させていくとともに，各フェーズにおける活用方法を検討することになる[1]．

1 存在情報としては，要支援者の氏名・住所・性別・生年月日・連絡先，支援が必要であることを示す情報が挙げられる．

2 支援情報としては，要支援者の避難場所，避難経路，避難方法，避難後の医療・福祉的配慮事項，避難生活における配慮事項，避難支援等実施者の氏名・住所・支援可能な時間帯といった情報が挙げられる．

→ 63 「真に支援が必要な方」の決定（よい名簿にするためのプロセス）

→ 3 調整と協働の官房機能が災害対応の要諦

▶個別避難計画の作成に向けて―避難行動要支援者名簿の作成・活用

個別避難計画の作成にあたっては，まず個別避難計画の対象となる人（避難行動要支援者）がどこにいるのかを把握しておく必要がある．避難行動要支援者名簿とは，まさに避難行動要支援者の居場所に関する名簿といえる．

避難行動要支援者に関する情報を整理するならば，要支援者の所在に関する「存在情報」[1]と要支援者の支援方法に関する「支援情報」[2]に分けることができる．避難行動要支援者名簿は「存在情報」を記載したものであり，個別避難計画はそれに加えて「支援情報」を記載したものであるといえる．

避難行動要支援者名簿によって，要支援者を「抜け・漏れ・落ち」なく把握できているかが肝心で，そのためには避難行動要支援者名簿がどのようなプロセス→を経て作成されているのかを見ておかなければならない．「できのいい名簿」と「できの悪い名簿」があるということを認識しておく必要がある．

名簿に基づいて，要支援者にアプローチを図ることになるが，避難支援の主役は地域であって，地域によるアプローチが期待される．したがって，名簿は地域に提供されることで真価を発揮する．市町村長が名簿を地域に提供するには，①本人の同意を得るか，②本人の同意を得ずに地域に提供することを可能とする条例を制定するかを選択することになる（災対法49条の11第2項）．地域が本人にアプローチをとるということは，避難支援により生き残るチャンスを得るという意味合いもあり，②に基づく積極的な情報提供が望まれる．

名簿に基づいて，要支援者にアプローチできた後はどうするのか．基本的には，本人から支援情報を入手していくことになる．個別避難計画を作成する意義であるが，それをきっかけに地域の人々に要支援者の存在を把握してもらう，すなわち，「記録」ではなくて「記憶」してもらうことにある→．

▶個別避難計画作成後の活用―災害前

個別避難計画の実効性を高めるために，計画を地域等で共有しておくとともに，実際に避難訓練等を実施して避難支援の際の課題をあぶり出すことが重要となる．それにより，配慮すべき点やどのような支援が必要なのかが明らかとなり，個別避難計画の内容を充実させることにつながる．個別避難計画はそういった避難訓練等の呼びかけに利用することができる．ところで，

避難訓練を地域で実施する際には，どのような災害を想定しておくのかを明確にしておかないといけない.

市町村長が個別避難計画を地域等で共有をしようとする場合も，①本人の同意を得るか，②本人の同意を得ずに地域に提供することを可能とする条例を制定するかを選択することになる（災対法49条の15第2項）. ②による積極的な情報提供をしようとする場合には，すでに本人にアプローチをしているので，名簿の積極的な情報提供とは異なった理由づけが必要となる. 計画は地域等で共有されることが前提とされている（計画作成の時点で共有についての同意が得られている）とともに，地域等で共有されなければ実効性のある避難支援が困難となるという理由づけが可能であろう➡.

➡2　当事者・代理人運動と小規模多機能化によるタテ割り制度の解決

▶個別避難計画作成後の活用─避難行動時

まさに個別避難計画を実行に移すときということになる. たしかに，平常時から地域等において個別避難計画が共有されているのであれば計画に基づいて避難行動支援を実施することになるが，個別避難計画が作成されていないとか，作成されていてもそれが地域で共有されていない場合はどうするのか. 個別避難計画は市町村内にいる避難行動要支援者すべてに作成するには相当の時間を要するために，個別避難計画が市町村全体に整備されるまでの「過渡期」における対応を考えておく必要がある. ここでは，個別避難計画よりも包括的に避難行動要支援者が把握できている避難行動要支援者名簿の活用を検討することになる.

▶個別避難計画作成後の活用─災害後

災害発生直後となると，安否確認が行われる. 災対法49条の15第3項[3]により，本人の同意を得ずに計画情報を提供することが認められている（名簿も同様に災対法49条11第項）. 安否確認の際には，福祉事業者や障害者団体等にも提供されることが想定される.

[3] 災害が発生し，又は発生するおそれがある場合において，避難行動要支援者の生命又は身体を災害から保護するために特に必要があると認めるとき.

避難終了後に避難生活が始まることになるが，計画に記載されている支援情報を用いて，医療・福祉サービスの継続や避難生活における配慮・支援に役立てることができる. このような場合は，地域や避難支援者のみならず，医療・福祉関係者にも提供されることが想定される.

個別避難計画➡がどこまで活用できるかは，①支援情報がどこまで充実しているのか，②個別避難計画がどこまで共有されているのか，の2点にかかっている. あらかじめ，どのようなフェーズにおいて誰に提供するのかを決めておくことが望ましい. センシティブ情報が多いので，提供先に応じて提供される支援情報を区分するという配慮もあり得る. 個別避難計画は，その記載内容や提供先によっては，単なる避難行動支援にとどまらず，避難後における長期間にわたるきめ細かい配慮や支援に資するという潜在的な可能性を秘めているといえる.

➡46　医療的ケア児・者への制度とサービス，67　地区防災計画と個別避難計画の連携，69　地域住民，福祉施設職員，行政職員などの研修と人材育成

62　個別避難計画と個人情報の活用　**125**

個別避難計画各論

 「真に支援が必要な方」の決定

森保純子

災害発生時に，①ハザード域内にいて，②避難行動が困難な心身の状況があり，③身近な支援者がいない場合には，「真に支援が必要な方」として認識し，防災と福祉の専門職が連携し，地域住民による避難支援につなげる必要がある．

避難行動要支援者名簿と個別避難計画

2021（令和3）年5月の災害対策基本法の改正では，第49条14〜17において個別避難計画の作成について定められた．当該条項の直前には，避難行動要支援者名簿の作成等について定められているが，すでに名簿の作成は日本全国のほぼすべての市町村において実施されている．

法改正により，名簿情報に係る避難行動要支援者ごとに個別避難計画の作成を進めることになったが，名簿への掲載状況は市町村によって差があり，課題が潜む．例えば認知症等で外部からの避難支援が必要と思われても，名簿の重要性を判断できず答えられないことから掲載されていないなど，名簿に漏れがある「できの悪い名簿」になっている場合がある．また，自力で逃げられる状況の高齢者が名簿に記載されているなど過剰に記載されている名簿もまた，地域住民による支援には限りがあることを考えると「できの悪い名簿」と考えられるだろう．

つまり，名簿に記載された人に避難支援が必要かどうか，また本来名簿に掲載されるべき人が見過ごされていないかを確認する作業が必要である．

「真に支援が必要な方」とは

災害時の避難について支援が必要な人とは，どのような人であろうか．高齢者や身体機能に障害があり自力で移動が困難な人ばかりではない．知的障害や認知症がある場合には逃げる判断や必要性の理解が難しいかもしれない．また，聴覚障害や視覚障害から災害や非難に関する情報へのアクセスが難しい場合も，避難が困難になるであろう．ほかにも，日本語が理解できない人や，多くの幼児をつれた人や妊婦など，災害時の避難が難しい人は多く，また，それぞれの必要な支援や支援方法は異なると想像することが出来る．

しかし，すべての高齢者や障害者が自力での避難ができないということはなく，すべての人が避難を行うというわけでもない．

一方，現在の日本社会は，超高齢社会であり65歳以上の人口割合は年々増加していると同時に，少子化は進み，若年層や労働人口は減っている．つまり，災害発生時に他者を支援できる人員は限られ，特に山間部など高齢化率が高い地域では支援者を確保することは難しい．限られた地域の力を効率よく活用し，すべての人が取り残されずに助かる方法を考えるには，「真に支援が必要な方」の像を適切にとらえ，該当する地域住民を過不足なく名簿に

→ 61 誰一人取り残さない防災の各論：個別支援計画と各種計画の連動

→ 62 個別避難計画と個人情報の活用

含む「できのいい名簿」を作り，個別避難計画を作成しなければならない．

▶「真に支援が必要な方」の判断について考慮すべき3要因

2021（令和3）年5月の避難行動要支援者の避難行動支援に関する取組指針[1]では，計画作成の優先度における考え方として，「個別避難計画は，優先度が高い避難行動要支援者から作成することが適当」とし，考慮すべきポイントとして以下を挙げる．

- 地域におけるハザードの状況
- 避難行動要支援者本人の心身の状況（主体の条件）
- 独居等の居住実態，社会的孤立の状況（客体的資源）

つまり，災害とはハザードと脆弱性によって起こるものと表現する場合[2][3]，個人の災害リスクは，ハザードと，個人そのもの（主体の条件）とその周囲の環境（客体的資源）による2つの脆弱性からなり，『当事者の災害リスク ＝ f_1（ハザード，f_2（主体の条件，客体的資源））』と表現することができる[3]．

この3つのうち，ハザードの状況は，防災の専門家が「ハザードマップ」を確認し，居住地がハザード域内か否かなどのリスクの有無を確認しなければならない．

「主体の条件」については，本人の自己申告で情報を収集することもできるが，介護保険認定や障害支援区分認定を受けている場合はこれらの情報を活用して判断することができる．介護サービスや障害福祉サービスを利用している場合，心身の状況は本人を担当するケアマネジャーや相談支援専門員など福祉の専門職による客観的な情報を得ることは「できのいい名簿」の作成や支援方法を具体的に記した個別避難計画の作成には不可欠である．

「客体的資源」は，本人の申告と，本人の生活状況をよく知った支援者や家族らの意見を確認することで得られる．これらの情報は，いくらかは介護保険認定調査等に含まれるが，居住物件や詳細な地域参加の状況は改めて情報を得る必要があり，福祉と防災の専門性を活かした協働により，本人をとりまく環境を評価できる▶．

▶それぞれの避難プランと個別避難計画

災害発生時の避難に計画が必要なのは，避難行動要支援者だけでなく，すべての人にとって必要なものである．ただし，他者の支援がなければ逃げられないのか，自力で逃げられるのかによって，避難計画の考え方は異なる．

ハザードに関してリスクがある場合に，自力で逃げられる人は，自分自身で避難計画を作ってほしい．

避難に他者の支援が必要な人のうち，同居家族や近隣の人の支援が得られる場合は，家族間やご近所同士で協力する避難計画を作り，関係者間でハザードを確認し，行き先や連絡手段を決めておくことが必要である．

そして，避難の際に支援が得られず取り残されることが予想される場合には，「真に支援が必要な方」として名簿に記載し，個別避難計画を，本人と地域住民[1]と行政，防災と福祉の専門職が協力して作成[2]しなければならない．

▶ 32　障害の医学モデルから社会モデルへ

[1] 地域住民の暮らしや心身の状態にも変化があり得るので，地域住民がお互いに顔が見える関係となり，変化を把握し，支援体制や名簿等への記載に反映することが必要である．

[2] 簿難や個別避難計画などは一度作って終わりになるものではなく，心身の状態や生活環境の変化に合わせ，適時修正したり作り直したりすることが必要なものである．

個別避難計画各論

64 福祉専門職等の業務としての関与

松川杏寧

取組指針において，個別避難計画作成に対する福祉専門職の関与が望ましいとされているが，実行性のある計画作成，避難行動要支援者の命を守り生活再建までつないでいくためには，当事者との信頼関係と，自立生活を支えるための広範な情報が必要であり，それを有している福祉専門職が重要な存在だからである．

▶災害リスクを正しく伝えるリスクコミュニケーション

　残念ながら人間は，正しい情報を伝えたからといって必ず望ましい行動をとる生き物ではない．2018（平成30）年に発生した西日本豪雨災害では，避難指示が発令された人口のうち，避難率（避難所に避難した人の率）は4.6％にとどまっており[1]，その後の調査で，避難行動を取らなかった人のうち「避難した方がよいと感じていた」人は84％に上ることがわかっている[2]．災害時に適切な意思決定を行うには，「防災リテラシー」が必要だといわれている．「リテラシー」とは，読解し記述する能力のことであり，防災リテラシーとは，災害から自分の身を守るために必要な基本的な能力と定義することができる．

　防災リテラシーは「災害を理解する能力」，「必要なそなえを行う能力」，「とっさの行動を行う能力」という3つの構成概念によって成り立つ概念である〈図1〉．①災害を理解する能力には，自分自身や自分の住むまちが抱えるリスクについて正しく認識し，正しく恐れることが必要である．これにより，我がこと意識が醸成され，次のステップである②必要なそなえを行う能力を高めることができる．②必要なそなえには2種類のそなえが含まれている．備蓄などの物資的なそなえと，避難計画や家族との事前の取り決め等の計画的なそなえである．計画的なそなえを考えるには，地域のいざという時使える人的資源を事前に確認し，その活用が可能なように平時からの関係性づくりが求められる．③とっさの行動を行う能力には，訓練等を繰り返し実施し，いざというときに取るべき行動を体に覚えこませることが必要である．この3つの要素がそろって初めて「防災リテラシー」が高められ，ハザードに関する情報がインプットされたときに，適切な行動がアウトプットされる．

　脅威についての知識を得る場合，その知識が正しいものであることは大前提であるが，実際に起きる現象（ハザード）に加えてそれらがもたらす影響（ハザードインパクト）についても具体的にイメージできるようになる必要がある．たとえば，近所の河川が氾濫した場合，自

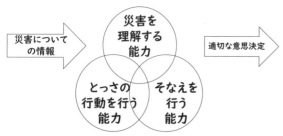

〈図1〉　防災リテラシーの構成概念

分の家は1mの浸水被害が想定されており，その場合5トン近い災害がれき
が発生し，片づけてまた住めるようになるには2週間程度かかるとわかれ
ば，必要なそなえが具体的にイメージできるようになる．

そして正しい情報を持っている者が，もっとも適切なリスクの伝達者とは
かぎらない．リスクを伝え理解するプロセスを「リスクコミュニケーショ
ン」と呼ぶが，リスクコミュニケーションを成功させるために必要な要素と
して一番最初に挙げられるのは，情報の送り手と受け手の間に信頼を確立す
ることである[3]．災害時要配慮者と呼ばれる高齢者や障害者など，平時から
福祉サービスを利用している人々からみた場合，日常生活を成り立たせるた
めの計画作成を担っている福祉専門職は信頼できる人であり，リスクコミュ
ニケーション相手として望ましい．信頼関係のある人を通してリスクコミュ
ニケーションが達成されるよう，防災・危機管理は福祉部署と連動して活動
することが求められる．

▶ 当事者参画の伴走型支援

新しい個別避難計画作成の取組指針では，当事者参画を強く促している．
利用している福祉サービス事業所やそこの仲間，同じ障害を抱えた人同士の
コミュニティなど，福祉的なコミュニティ，ネットワークの中で生活が完結
していることも多い．隣近所の人とは関係性がつくられておらず，災害時に
避難を促す声かけすら得られないということもあった．こういった事態を避
けるには，当事者参画によって防災をきっかけに近隣との社会関係を構築す
ることが重要である．しかし，いきなりでは多くの人が戸惑うであろうし，
自身の困りごとをできれば知られたくないと思う人の場合は尚更である．そ
ういった場合，平時から当事者のことをよく知る福祉専門職は，当事者の代
弁者として当事者にも，当事者と初めて関係性を構築する人たちにも，重要
な役割を果たせる．

▶ 個人の特性に配慮した計画作成支援↗

新しい取組指針では，個別避難計画の様式例がいくつかあるが，①避難行
動だけでなく避難生活にも言及している，②風水害の避難行動については警
戒レベルごとに具体的な行動をリスト化したタイムラインの様式が例に上
がっている点が特徴である．

避難行動要支援者の場合は，避難生活時においても支援が必要な場合が多
く，状況が変わるのであれば必要となる支援内容は当然変わる．タイムライ
ンに至っては，警戒レベル1の段階ではラジオをつけっぱなしにするなど，個
人の生活環境を踏まえたうえでの具体的な行動を記述することになる．こう
いった計画作成には，当事者の生活について広範な情報が必要となる．また，
もし実際に被災した場合，生活再建に向けて支援を行う「災害ケースマネジ
メント」を経て日常に戻っていくことになる．事前の防災から生活再建まで
をシームレスにつなぐには，平時から支援計画を立てている福祉専門職が関
わることで，当事者も信頼できる実行性あるものになる可能性が高くなる．

→ 51　命を守る事前・応急
対策（防火・防災・応急対
策）

コミュニティ
---

65 地域自治の組織

永田　祐

> 地域社会において，防災活動を行う組織や活動については，防災を専門的に担う組織（消防団や自主防災組織）と平時や発災時に連携・協力する組織（地区社協，自治会・町内会など）がある．こうした「地縁」に基づく地域自治組織は，共通して担い手の不足や高齢化といった課題を抱えており，相互に強みを活かしながら防災のコミュニティを形成していくことが重要になる．

▶防災と福祉にかかわる地域自治組織の概要

　消防団は，消防組織法に基づいて市町村が設置する．消防団員は，他に本業をもつ非常勤特別職の地方公務員という位置づけであり，火災の予防，警戒，鎮圧はもちろん，災害時には住民を守り，救急を行うことになっている．2013（平成25）年12月には，「消防団を中核とした地域防災力の充実強化に関する法律」（消防団等充実強化法）が成立し，消防団は地域防災力の中核として位置づけられている．しかし，総務省消防庁によると，1955（昭和30）年ごろに200万人だった全国の消防団員数は，平成に入り100万人を割り込んだ．2023（令和5）年4月1日現在，前年に比べ2万908人減少し，76万2670人となるなど，団員数は減少を続けている．また，年齢構成をみると60歳以上の団員の割合が8.9％と高齢化が進む一方，とくに40歳以下の若年層の減少が目立っている．40歳以下の団員は，1985年には全体の8割近くを占めていたが，最新の調査では4割を割り込んでいる．さらに，団員の被雇用者比率は72.8％と会社勤めの人が増えて，日中の活動が難しいことなども課題になっている[1]．消防庁では，団員の減少に歯止めをかけるため，2020（令和2）年12月に「消防団員の処遇等に関する検討会」を設け，「非常勤消防団員の報酬等の基準」を策定し，基準の適用に向けた条例改正等に取り組むよう市町村に要請しているが，団員の減少に歯止めがかかるかどうかは未知数である．

　次に，消防団と並んで地域防災力強化の重要な担い手として期待されているのが，自主防災組織である．自主防災組織は，地域住民が自主的に組織する任意団体で，役員名簿や規約，カバー対象の世帯数などを市町村に届け出て登録を受け，災害に備えて防災訓練や物資の備蓄等を行っている[1]．2023（令和5）年4月1日現在で，全国1741市区町村のうち1692市区町村で16万6923の自主防災組織が設置され，自主防災組織による活動カバー率（全世帯数のうち，自主防災組織の活動範囲に含まれている地域の世帯数の割合）は85.4％と高い水準にある[1]．通常，組織の母体になるのは自治会・町内会であり，その役割は平常時には防災知識の普及，訓練の実施，災害機器の整備などを行い，災害時には地域防災計画に基づき，情報の収集伝達，出

[1] 災害対策基本法第2章の2第2項では，自主防災組織を「住民の隣保協同の精神に基づく自発的な防災組織をいう」と規定している．また，同法では自主防災組織の充実を図る市町村の責務（第5条），自主防災組織の育成についての国及び地方公共団体の努力義務（第8条第2項13号）を定めている．

火防止，初期消火，住民の避難誘導，負傷者の救出救護，求職・級数位など
の活動を行うことが期待されている．しかし，自主防災組織が実際に活動し
ているかは把握されておらず，カバー率は実態を反映していないという指摘
もある[2]．

　最後に，地区社協（地区社会福祉協議会）は，法律に基づいて設置が進め
られているわけではなく，一定の区域（小学校区など）において社会福祉に
関連した地域組織（自治会・町内会，各種地縁型団体），民生・児童委員と
いった福祉関係団体の代表者によって構成される自主的につくられた協議会
のことをいう．市区町村社会福祉協議会と異なり，通常は有給の職員は置か
れておらず，事務所なども会長宅などに置かれている場合が多い．地域に
よって，さまざまな名称で呼ばれており，全国社会福祉協議会では，こうし
た組織を「地域福祉推進基礎組織」と呼んでいる．こうした協議会が地域に
設置されている場合には，消防団や自主防災組織，民生・児童委員等の代表
者が協議会のメンバーとなり，情報交換や活動について協議することで，平
時の福祉活動と災害時の活動を一体的に展開していくことが期待できる．

▶地域自治組織にかかわる共通の課題

　上記のような地域防災力の中核となる防災と福祉の地域自治組織は，通
常，自治会・町内会を基盤としているが，共通して構成員の減少や活動の形
骸化といった悩みを抱えている．職住分離が進み，生活圏が拡大するなか
で，近所づきあいの程度を示す指標は減少しており，日本社会全体として近
隣との関係が希薄になっている[2]．また，近隣との関係が必須のものではな
くなることで，自治会・町内会に加入しない世帯も増加している．全国には
約30万の自治会・町内会が組織されているが，600市区町村における自治
会等の調査によれば，加入率の平均（単純平均）の推移は，2010（平成22）
年の78.0％から，2020（令和2）年には71.7％となっており，6.3ポイント低
下している[3]．すでにみたように，消防団員数の減少に歯止めがかからず，
自治会・町内会が存在しない地域では，自主防災組織を立ち上げることも難
しい．なり手が不足すると，少ない人数に重い負担がかかり，さらになり手
が不足するという悪循環になってしまう．このように，防災や福祉にかかわ
らず，いわゆる自治会・町内会を基盤とした地域自治組織は困難な状況にあ
るが，災害時には身近な地域の力が重要なことは広く認識されている．平時
から防災と福祉が両輪となった取り組みを実施することなどを通じて，多様
な地域の主体が強みを活かし，弱みを補いあって協働することが重要にな
る．また，身近な地域の活動に多くの人の参画を得るためには，慣習や義務
を強調するだけでなく，多様な住民が無理なく参加し，協力し合えるような
組織運営の工夫が必要である．

2 NHK放送文化研究所「日本人の意識調査」は，「隣近所の人との望ましいつきあい方」を経年的に調査しているが，「なにかにつけ相談したりたすけあえるようなつきあい」を望ましいつきあい方と答えた人の割合は，1973（昭和48）年の34.5％から2018（平成30）年の18.6％に減少し，「挨拶する程度のつきあい」が望ましいとする人は，同期間に15.1％から32.8％と増加している[4]．

コミュニティ

66 地区防災計画

加藤孝明

> 地区防災計画は，東日本大震災を踏まえて創設された提案型の計画制度である．共助の計画化と実行性の向上を目的としており，策定主体および形式が定められていないため，地域や策定主体の特性に応じた自由な計画を可能にしている．

▶地区防災計画とは

阪神・淡路大震災以降，さらに東日本大震災以降，自助・共助・公助の重要性，必然性が唱えられるなかでも，公助の計画として市町村地域防災計画があるのに対して共助の計画と呼べるものが存在していなかった．地区防災計画は，共助についても計画化し，その実効性を高めることを目的として2013（平成25）年の災害対策基本法の改正で創設された制度である．

この計画は，一見すると，策定義務のある国の防災基本計画，都道府県地域防災計画，市町村防災計画という防災計画の体系の最末端にあるようにみえるが，その性格はそれとはまったく異なる．加えて，防災と名のつく他の防災関連の計画とは一線を画す特徴をもっている．

第一の特徴は，提案型の計画である点である．消防計画等の一般的な防災計画が義務であることと対照的である．策定したいと考える主体が自ら作成し，それを市町村に提案し，市町村防災会議がその提案を市町村地域防災計画の中に位置づけるという仕組みである．

第二は，策定主体が定められていないことである．もちろん町会，自治会といった共助の主体たる地縁組織が主たる策定主体と想定されているものの，それ以外の組織にも門戸が開かれている．たとえば，商業・業務地区のような従来の地域組織がない地区でも，外国人コミュニティや福祉系の団体等の広い意味での地域組織も策定可能である．すでに商業・業務地区やビル単位，旅館組合等で策定された事例[1]がある．

[1] 商業・業務地区では，大手町・丸の内・有楽町地区（東京都千代田区），ビル単位では時計台ビル（北海道札幌市），地域密着のその他の組織では土肥温泉旅館協同組合（伊豆市）で策定済み．

加えてその形式が定められていないことが挙げられる．地域の特性，策定主体の特性に応じて，必要な事項，あるいは，その時点で計画化できたことを自由に定めることができる．

地区防災計画は，いわば誰でもどこでもどのようにも策定できる計画である．すでに2023（令和5）年4月現在，全国での策定実績は43都道府県216市区町村2421地区にのぼる．今後のさらなる普及が期待される．

▶3つの特徴がもたらす効果

形骸化を防ぎ，実効性を高め，自律発展性を確保する

提案型とすることで，計画の形骸化を防ぎ，策定主体の主体性を引き出すことによって実効性を確保している．また形式に関して定めがないことは，実効性の担保と共に計画内容の自律発展性を獲得している．いわば社会の共

助力を膨らませる「伸びしろ」をもったしくみとして機能するものととらえられる．従来の防災対策の大半がひな型に基づいて策定し，策定して終わりという状況とは対比的である．

多様な主体をつなぐ地区のすべての人が守るべき共通ルールを提供する

地区防災計画を自主防災組織の行動計画であると理解されているかのような事例が散見されるが，そうではない．少し極端にいえば，地区防災計画は，住宅地のゴミ出しルールに近いともいえる．そこに住む人々，そこで活動する人々が皆で守るべきルールであり，皆がそれを守ることによって皆が安心して暮らせる，そして災害を乗り越えやすくなることを目指す地区の共通ルールである．従来の縦割り行政の延長にある自主防災組織の限界をふまえたうえで，地区という空間単位で地域の資源を上手につなぎ，地域の力を最大化することを意図している．その対象は，自主防災組織のようなかぎられた構成員ではなく，地区のすべての構成員である．ある特定の策定主体による提案型の計画ではあるが，市町村が地域防災計画の中で法定計画として承認しているので，策定主体を構成するすべての人のための計画として存続することになる．たとえば，自治会等の地縁組織が策定した場合，計画策定後の転入者は，地区防災計画に従うことになる➡．

➡ 24 住民避難の現状と避難行動の促進策

地域特性をきめ細かく反映する

防災課題は，地域社会の社会特性，物的環境特性，災害特性に応じたものである．たとえば，同じ津波災害でも浸水深，到達時間の違いにより避難行動は異なる．避難所運営においても地域社会の社会特性が異なる．従来の防災に関連する計画では，標準が与えられ，それに基づいて作成されることが多いが，地区防災計画では，先駆的な事例等を参考にしたうえで，自地域の特性をふまえて策定主体が新たに創作するルールとなっている．

公助と共助の役割分担と限界を相互に理解する

公助の限界をふまえたなかで共助の重要性が強調されているが，このことは社会全体の共助への根拠のない依存に陥る可能性を秘めている．地区防災計画が地域防災計画に記載されることによって，行政側は共助の力の把握が可能になり，公助と共助の総和とその限界を認識したうえで，両者の役割分担の適正化を図っていくことが可能となる．

共助の取り組みを喚起するツールとなる

従来の計画のように策定主体が限定されていると，たとえ潜在的に共助の担い手となりえる組織があったとしても，共助の取り組みを広げることが難しい．地区防災計画は，策定主体を限定しないがゆえに行政側からどのような組織に対しても共助の取り組みを呼びかけられるツールとして活用可能である．

▶地区防災計画を育てる

地域社会が取り組むべき防災の範疇は幅広い．地域の災害リスクを正しく理解すること，そして地域社会の特性を丁寧に理解することを出発点として，不断の見直しを図りながら大きく育てていくという姿勢が重要である．

地区防災計画と個別避難計画の連携

阪本真由美

> 個別避難計画は，避難行動要支援者の避難支援を計画に定めるものである．個別避難計画の策定にあたっては，防災と福祉関係者の連携体制を構築するとともに，地区防災計画と連携させることにより，避難を実効性のあるものとする必要がある．

▶避難行動要支援者の避難をめぐる課題

災害による危険が間近に迫ると，市町村は「高齢者等避難」「避難指示」等の避難情報を発令し，危険な場所に住む人に立ち退きを促す．避難情報は，防災行政無線，テレビ・ラジオ，メール等により住民に伝えられる．しかしながら，地域にはこれらの情報が届いていない人や，情報を受けたとしても避難行動をとることが難しい人がいる．たとえば，聴覚障害があると音声情報は届きにくい．車椅子で生活している人が雨の中を自力で避難先まで移動することは困難を伴う．避難するには，①警報や避難指示等の災害情報を取得する能力（情報取得力），②避難の必要性や避難方法を判断する能力（避難判断力），③避難行動を取るうえで必要な身体能力（身体能力）が求められる[1]．心身機能の制約等により自ら避難が困難な人に対しては，避難支援体制を検討する必要がある．

▶個別避難計画

2013（平成25）年の災害対策基本法の改正では，「自ら避難することが困難な者であって，その円滑かつ迅速な避難の確保を図るため特に支援を要する者」を避難行動要支援者と位置づけるとともに，避難行動要支援者については名簿を作成し支援体制を検討することが市町村に義務づけられた．それにより避難行動要支援者名簿の作成は進み，作成率はほぼ100％となっている．ところが名簿は作成されたものの，真に避難支援を必要とする人の情報が的確に把握されていない，名簿は策定されているものの名簿情報が活用されていないという課題がみられた．

そこで，避難を実効性のあるものにするために，2021（令和3）年の災害対策基本法の改正により導入された仕組みが個別避難計画である．個別避難計画は，避難行動要支援者一人ひとりに対し「どこに」「誰と」「どのように」避難するのかを計画に定めるものである．計画の策定にあたっては，本人の心身の状況や生活実態を把握している福祉専門職，地域の医療・看護・介護・福祉等の職能団体，企業，地域の防災の担い手である町内会等，自主防災組織，消防団等との情報共有や連携が必要になる．

▶個別避難計画策定に向けた取り組み

個別避難計画の策定が求められる避難行動要支援者は多数おり，同時にすべての人の計画を策定することは困難である．そのため，計画の策定にあ

➡3 調整と協働の官房機能が災害対応の要諦，46 医療的ケア児・者への制度とサービス，61 誰一人取り残さない防災の各論：個別支援計画と各種計画の連動，62 個別避難計画と個人情報の活用，69 地域住民，福祉施設職員，行政職員などの研修と人材育成

たっては，①地域におけるハザードリスクの状況，②対象者の心身の状況や判断への支援が必要な程度，③独居等の居住実態や社会的孤立の状況等を踏まえ，策定を急ぐ人から段階的に計画策定が進められている[1]．個別避難計画の策定主体についても，①行政等の作成する個別避難計画，②地域が主体となり作成する計画，③本人や家族が主体となり作成する計画（セルフ・プラン）等の多様なアプローチがみられる．

なお，個別避難計画は主として市町村が策定するものであるが，難病患者のように都道府県保健局との連携がなければ情報を得ることが難しい人もいることから，それらの人については都道府県や市町村との連携体制を構築して策定する必要がある．

▶地区防災計画と個別避難計画の連携

市町村により作成された個別避難計画は，本人の同意を得たうえで避難支援者に提供される．避難支援者としては，町内会等，民生委員，社会福祉協議会，福祉事業者，地域住民等が挙げられる．ただし，同時に多数の人が被災するような大規模災害では，行政や地域外にいる福祉専門職が支援に駆けつけられるわけではない．そのため地域の防災の担い手との連携は重要である．

地域コミュニティにおける防災体制を定めているのが「地区防災計画」である．地区防災計画は，地区居住者が自発的に防災計画を策定する仕組みである．近年発生した災害では，地区防災計画において避難行動要支援者への避難支援体制が定められており，災害時にそれが有効に機能した事例がみられる．たとえば，2019年東日本台風により被災した長野県長野市長沼地区では，地区防災計画に地区として避難のタイミングを決定し，地域の人が避難行動要支援者名簿に基づき，電話や訪問により避難を呼びかけるとともに避難をサポートすることを定めており，災害時にもそれが有効に機能していた．

▶インクルーシブな地域をつくる

個別避難計画策定にあたっては，避難支援者を増やす必要がある．避難支援に地域の人の協力を得るには，障害のある人への理解を深めることや介助の知識，防災に関する知識を高める機会をつくる必要がある．そのためのアプローチとしては，個別避難計画に関わる地域の多様な人が集まる場（調整会議）を開催して避難支援に関するケースを検討する，地域のハザードマップを活用した図上演習（DIG）を行う[1]，台風や津波が接近してくるときに取るべき行動を時系列に取りまとめる「マイ・タイムライン」の作成等が考えられる．個別避難計画の策定プロセスにおいて，地域の多様な課題と向き合い，ともに解決策を見出すための取り組みを充実させることは，インクルーシブな地域づくりへとつながる．

[1] DIG：disaster（災害），imagination（想像力），game（ゲーム）の略．

インクルーシブな防災教育・ゲーム

68 学校での防災教育

木村玲欧

東日本大震災後，文部科学省は防災教育をいっそう推進させている．自分自身の命を守りぬく自助だけでなく，地域の中でお互いに助け合っていく共助にも焦点があてられ，防災教育・防災訓練における「地域」の関わりが重要になっている．

学校での防災教育のねらい

　1995（平成7）年阪神・淡路大震災，2011（平成23）年東日本大震災などの大災害を契機に，学校での防災教育は大きく促進されてきた．とくに2011年東日本大震災を受けて作成された文部科学省（2013（平成25）年）『学校防災のための参考資料「生きる力」を育む防災教育の展開』では，防災教育のねらいとして，「防災教育には，防災に関する基礎的・基本的事項を系統的に理解し，思考力，判断力を高め，働かせることによって防災について適切な意志決定ができるようにすることをねらいとする側面がある．また，一方で，直面している，あるいは近い将来予測される防災に関する問題を中心に取り上げ，安全の保持増進に関する実践的な能力や態度，さらには望ましい習慣の形成を目指して行う側面もある．防災教育は，児童生徒等の発達の段階に応じ，この2つの側面の相互の関連を図りながら，計画的，継続的に行われるものである．」とあり，具体的に下記3点を防災教育のねらいとしている．

ア　自然災害等の現状，原因及び減災等について理解を深め，現在及び将来に直面する災害に対して，的確な思考・判断に基づく適切な意志決定や行動選択ができるようにする．

イ　地震，台風の発生等に伴う危険を理解・予測し，自らの安全を確保するための行動ができるようにするとともに，日常的な備えができるようにする．

ウ　自他の生命を尊重し，安全で安心な社会づくりの重要性を認識して，学校，家庭及び地域社会の安全活動に進んで参加・協力し，貢献できるようにする．

　とくにウについて，学校での防災教育は，「自助」（自分自身で命や暮らしを守り抜くこと）を徹底させるとともに，とくに小学校高学年や中学生以降になるにつれて「共助」（地域などでお互いに助け合って命や暮らしを守り抜くこと）にも大きな焦点が当てられていることが考えられる〈図1〉．このような方針もあり，地域と協働した避難訓練，避難支援訓練，避難所設営・運営訓練など，地域における児童・生徒，地域社会における学校のあり方を確認するような訓練が多く行われるようになった．

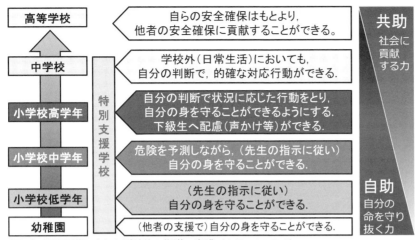

〈図1〉発達段階に応じた系統的な指導・実践 (文献1より作成)
学年進行に伴い，同じ学習・訓練であっても，学習・訓練のねらいをより発展的なものにすることで，自らが生き・他を助ける「生きる力」を醸成する．

■防災教育を「生きる力」「地域防災力」に昇華させる

　防災について先進的に取り組んでいる学校での防災教育プログラムでは，学内・正課活動の「教科学習での教授・学習過程」を基礎にしながら，学外・正課活動の「地域学習」や，学外・課外活動の「見学学習・体験学習」へと展開していた．さらにその成果を，学内・課外活動の「防災訓練」に反映させていた．また「防災訓練」での気づきを契機に，「学習発表会・学芸会・文化祭」などを通してその成果を地域へ発信し，最終的には地域防災力の向上にまで寄与させていくことで，防災教育を「生きる力」「地域防災力」に昇華させている．

■学習指導要領における「災害」「防災」の取り扱い

　文部科学省では，ほぼ10年ごとに，学校教育法などに基づき，各学校で教育課程（カリキュラム）を編成する際の基準として「学習指導要領」を定めている．小学校では2020（令和2）年度，中学校では2021（令和3）年度，高等学校では2022（令和4）年度から全面実施された学習指導要領の総則では，「各学校においては，児童や学校，地域の実態及び児童の発達の段階を考慮し，豊かな人生の実現や災害等を乗り越えて次代の社会を形成することに向けた現代的な諸課題に対応して求められる資質・能力を，教科等横断的な視点で育成していくことができるよう，各学校の特色を生かした教育課程の編成を図るものとする」（以上，小学校の総則．中学校・高等学校の総則では「児童」の箇所は「生徒」と表記）とされ，防災教育は，特別活動の時間はもとより，各教科で横断的に取り上げるべき課題だと明記された．

　具体的な教科の記述でも，小学校では，4年生・5年生の社会，5年生・6年生の理科，中学校では，社会（地理的分野，公民的分野），理科（第2分野（生物・地学分野）），保健体育，技術・家庭で「災害」「防災」という文言が含まれ，高等学校では「地理総合」が必履修化になり「自然環境と防災」が学習内容に取り上げられた．

インクルーシブな防災教育・ゲーム

69 地域住民，福祉施設職員，行政職員などの研修と人材育成

小山真紀

実効性のある研修や人材育成を行う際には，それを通じて何を実現するかという目的の明確化とそれに適した手段の選択，効果測定が必要である．本項ではそのための考え方と目的別研修手法例を示す．

[1] ゲーム型ワークショップ
- 災害図上訓練DIG（Disaster Imagination Game）：地図を使って地域の危険度や資源を視覚化し，対策を考えるゲーム．避難行動要支援者の避難支援を考える際にもよく使われる．
- クロスロード：実際の災害時ジレンマを追体験するカードゲーム．行政職員，災害ボランティア，住民などの事例が含まれている．
- 避難所運営ゲームHUG（Hinanzyo Unei Game）：災害時の避難所の混乱状況や避難者の困りごとへの対応を仮想体験するゲーム．
- EVAG（Evacuation Activity Game）：災害時の避難行動の際に，さまざまな事情を抱えた人がどのような状況に陥るかを疑似体験するゲーム．

➡ 70　多職種協働を促すゲーミング

➡ 51　命を守る事前・応急対策（防火・防災・応急対策），61　誰一人取り残さない防災の各論：個別支援計画と各種計画の連動，62　個別避難計画と個人情報の活用，67　地区防災計画と個別避難計画の連携

▶研修と人材育成を行うときのポイント

研修や人材育成を行う際には，「なんのために行うのか」を明確にし，それに適した手法を選択する必要がある．「実施すること」が目的化してしまうと研修の実効性が小さい，あるいは対策につながらなくなるため，とくに注意が必要である．

▶研修と人材育成の目的

「それぞれの研修で何を身につけてほしいのか，どうなってほしいのか」という研修ゴール設定と，「受講者はそれを実際に身につけたのか，なってほしい状況になったのか」という検証がなされなければ，受講しても対策につながらないなど効果の薄い研修になりかねない．検証を通じて目的と手段の整合を取ることが重要である．

▶目的別研修手法例

災害イメージを醸成するための研修

災害対策を行うためには，まず，「災害が起きたらどうなるのか」ということを知り，自分事として考えることが重要である．このような研修の目標は「知る」「自分事として考える」「実際に対策を実施する」のように段階的に設定することができる．目標達成評価は，理解度チェック，終了時アンケート，後日アンケートなどで行うことができる．

災害イメージを醸成するためには，災害時の状況を仮想的に体験するようなゲーム型ワークショップ[1]が有効である．多様なものが存在するので，「防災ゲーム」「災害シミュレーションゲーム」で検索してみるとよい➡．

地震対策研修

地震対策の主なものは，家屋の耐震診断・耐震補強と家具固定などの室内安全確保である．研修の目標は「方法を知る」「対策の実施」などが考えられるが，知識を獲得しても対策の実施につながっていない状況が続くようなら研修の内容や関連施策を見直す必要がある．

避難計画作成研修

マイ・タイムラインは個人，個別避難計画は避難行動要支援者，避難確保計画➡は要配慮者利用施設のように，対象によって避難計画の名称はさまざまであるが，ここでは主に津波や風水害時の避難行動計画を作成するための研修を想定している．

タイムラインに沿って防災情報，持ち出し品，各自の動きなどをまとめていく形式が多い．公開されている雛形もある．研修の目標は「計画作成」であるが，計画が実効性のあるものになっているかを確認するために，別途避難行動訓練を実施し，計画の実効性を検証することが必要である．また，訓練時には実効性が検証されていても災害時にその通りに避難しないケースが多発する場合には，「現実的な避難」という視点で計画の見直しを行う必要がある．実際，過去の災害で避難計画を作成していた福祉施設で災害時に避難せず死傷者が発生したという事例がある．

BCP作成研修

業種によってBCP[2]で考えるべき内容が変わってくるが，製造業などは中小企業庁[1]，要配慮者施設は厚生労働省のホームページ[2]で雛形が公開されている．研修は災害事例などを踏まえたワークショップを通じて，雛形を埋めていく形式が多い[3]．研修の目標と実効性の検証・見直しの考え方については避難計画作成研修と同様である．

地域防災人材育成

地域住民向けの防災人材育成プログラムを組み立てるためには，知識としてどのような内容を知ってほしいのか，技術としてどのようなことを身につけてほしいのか，地域でどのように活動する人材を育成したいのかを整理する必要がある．〈表1〉は地域防災人材のレベル設定例であり，このような設定に従って具体的なプログラムを構築すると考えやすい[3]．実際に活動できる人材を育成するためには，学びの場だけでなく，実践の場やつながりの場が継続的にあることが重要である[4]．

職務防災人材育成

行政職員など，防災や災害対応を職務として扱う人材育成には，内閣府の防災スペシャリスト養成研修[5]や人と防災未来センターの災害対策専門研修[6]があり，職位や対策項目別に身につけるべき知識・能力が整理され，カリキュラムが設計されている[7]．実務者の防災対応では関係機関との連携が非常に重要であるため，これらのプログラムでは福祉と防災との連携，連携のためのネットワークづくりも含まれている．

防災訓練・災害対応訓練

本来的な目的は，災害時に適切な対応を行えるようにすることであるため，訓練を行う際には対策の課題を発見し，その課題を解決していくことが重要である[8][4]．

[2] BCP：事業継続計画（business continuity plan）のこと．行政では業務継続計画ともいわれる．災害・感染症・テロなどの緊急事態が発生した際に重要業務を中断せず，あるいは目標復旧時間内に再開し事業継続できるようにする計画．

[3] 地域防災人材育成プログラム：レベル1相当のプログラムとしては日本防災士機構（https://bousaisi.jp/）の防災士の受験資格が得られる講座（2〜4日程度の講座）があり，レベル2〜3相当のプログラムとしては1年間実践しながら学ぶ清流の国ぎふ防災・減災センターのげんさい未来塾（https://gfbosai.jp/）がある．レベル2〜3を実現するためには，運営として参加しながら学ぶOJTの場や，防災活動実践の場，学び合い連携し合うつながりの場を継続的につくっていくことが肝要である．

[4] 訓練の種類：シナリオ通りに演じる劇場型訓練を行う場合，課題を発見することが難しいため，「その訓練で何を確認したいのか」を明確にし，「それはできているのか」を評価することが重要である．訓練シナリオを示さないブラインド型の訓練や，過去の災害対応事例を用いたシミュレーション型の訓練も効果的である．

〈表1〉地域防災人材育成のレベル設定例（清流の国ぎふ 防災・減災センター）

	レベル1	レベル2	レベル3
	良きフォロワー	マニュアルがあれば動ける	自分で考えて動ける
スキル	防災知識をもち，主体的に行動できる	防災減災活動の基本的なスキルを持っている	防災減災活動の応用的なスキルを持っている
人材育成	防災知識を他者に伝える事ができる	防災減災活動を行う人を育てることができる	人材育成のためのプログラムの開発ができる
ネットワーク	顔の見える関係を構築できる	関連する組織と組織人と人をつなぐことができる	関連する組織や人と協働して活動する事ができる
企画・立案・実践	条件（シナリオ）を与えられればできる	条件（シナリオ）を与えられなくてもできる	平時から災害時までを通した防災減災対策の企画・立案・実践ができる

インクルーシブな防災教育・ゲーム

70 多職種協働を促すゲーミング

吉川肇子

災害時に多職種間での協働を促すための教育・訓練手法の1つとして，ゲーミングを用いた手法を紹介する．訓練の手法はさまざまなものがあるが，ここではなぜとりわけゲーミングを使うことが有効なのかについて解説する．

■ゲーミングとはなにか

→ 69 地域住民，福祉施設職員，行政職員などの研修と人材育成

ゲーミング（gaming）とは，ゲームを使う問題解決技法である[1]．その活用範囲は広い．たとえば，災害対応であれば，どのような災害が起こりうるのか，シナリオをつくり，その対応を考えるようなゲーミングもある→．また，そのようなシナリオやシミュレーションに基づき，教育・訓練技法として活用されることも多い．

本項では，後者の教育や訓練場面での活用方法に着目し，「多職種協働を促すためにはどのような教育や教育がありうるか」という視点から，すなわち，主に訓練のツールとしてのゲーミングを紹介する．

■安全な環境で失敗する

多職種間での教育・訓練にゲーミングが有効な理由は，「安全な環境で失敗できる」点に尽きる．

災害時の訓練というと，「本番さながら」が好まれる傾向があるが，そこには2つの問題がある．第1の問題は，「本番さながら」の訓練は，「できる範囲」や「想像できる範囲」での訓練が行われる，ということである．そこには「想定外の失敗」は含まれていない．つまり，「できることがわかっている」ことを訓練している．しかし，災害のたびに「想定外」や「想定以上」という言葉が使われるように，想定の範囲内の訓練では問題が発見できない．多職種間の協働であれば，通常の業務で問題なく行っているようにみえても，災害時にはうまくいくとはかぎらない．

逆に，難しい想定にして，参加者にわざと失敗をさせる場合があることが第2の問題である．この場合に，参加者が失敗を自覚して改善するように自ら考えるようになればよいが，「失敗するのであれば，自分は（本番の）災害対応をやりたくない」と考えるようになったりする．訓練が「現実に近い」ものであるほど，人は現実の場面での失敗（あるいは，訓練に参加することすら）を恐れることになるだろう．

これらの問題をゲーミングは克服している．基本的に「ゲーム」の世界は，現実の世界を模擬したものであるが，それは現実そのものではない．その抽象度には，差があって，現実に近くみえるようなものもあれば，まったく現実（災害対応）とは関係ないようにみえる場合もある．しかし，「現実とは違う」という認識が参加者にあるからこそ，ゲーミングの中で失敗して

140 インクルーシブな防災教育・ゲーム

も，参加者は，現実での失敗と直接結びつけることはない．つまり，「安全な環境で失敗できる」のである．そして，その失敗を現実と対比して，災害対応（この場合は多職種環境動が現実の災害で本当にできるのか）を，責められることなく自省することができる．

抽象化の違いを，別の例で説明しよう．医療者が注射をできるようになるためには，最初は人の身体に類したもので練習を始め，次に医療者どうし，それから本物の患者，という順序で練習することだろう．最初から本物の患者に注射するようなことはしないはずである．つまり，現実との近さ，という視点で見ると，最初は抽象度が高く，だんだん抽象度が下がっている．最初から抽象度を下げて行えば，失敗する可能性が高い．そしてその失敗は致命的である．災害訓練もそういうところがある．ゲーミングは，さらに抽象度をあげて，注射器では練習しない（つまり，何を練習しているのか，やっている本人たちにはわからない）設定にすることもある．

▶失敗を設計する

抽象度を上げると，本人たちには現実との結びつきがわかりにくいという問題がある一方で，現実にそうであるように，本人たちが気づいていない失敗は，現実のあらゆるところに隠れている．それをあきらかにするために，ゲーミングの中では，その失敗を組み込んで設計することが多い．

とりわけ，多職種協働を促すゲーミングは，抽象度を上げたゲーミングが適している．なぜなら，日常の業務では，協力して業務を行っていると当事者たちは考えている可能性が高いからである．ところが，現実に災害が起こってみると，協働の難しさに気づく．その難しさに事前に気づけるようにするためには，自分たちが現実はいかに多職種間で協力していないかというゲーミングを設計して，実施することが有効である．そのためには，抽象度をできるだけ上げて，現実に近くない方がよい．たとえば，協力しないと解決できないようなゲーミングを実施して，実際に協力できずに失敗することを体験するのである．その後の振り返りにおいて，現実場面で，多職種間で協働するためには具体的にどうすればよいのか，進行役（ファシリテータ）とともに，議論するのである（「振り返り」という）．さらに，ゲーミングが終わった後に，業務のなかで具体的にどうするか，ゲーミングを体験しなかった同僚も含めて，業務を見直すなどの検討を行うのである．

この一連の学習のサイクルを，コルブは，次のようにまとめている[2]．すなわち，具体的な体験→内省的な観察→抽象的な概念化→積極的な実験，である．ゲーミングで具体的な体験をし，その体験を内省的な観察で振り返り，ファシリテータとともに，現実場面に落とし込みながら考え（抽象的な概念化），ゲーミングの後に職場に戻って，実際にどうすれば可能になるか，議論したり試してみたりするのである（積極的な実験）．失敗は安全な環境で行われている．参加者はその失敗をもとに，冷静に解決策を検討することができる．

今後の課題

 71 広域避難

加藤孝明・髙田洋介

広域避難という用語は，昭和40年代から始まる地震火災を対象とする防災都市計画において使われた用語であったが，東日本大震災以降，多義的となった．避難概念は，ハザードからの退避行動，自宅外での避難生活としての避難生活の両方を含み，広域の概念も数kmから全国まで幅広い．

→ 21　人為的災害の特徴と対策

▶地震火災からの広域避難

大都市域では，地震時の同時多発火災により延焼火災が発生し，市街地が広域に延焼することが想定されている．そのため，生命を守るという観点から延焼火災に囲まれたとしてもその輻射熱から安全を確保できる十分な広さの屋外のオープンスペースを避難場所として確保する必要がある．その広さはおおむね10 ha規模とされる．

大都市域における地震火災からの避難計画は，2段階避難が一般的である．地震後，一時集合場所等と呼ばれる近隣の小公園や小中学校等に一時的に集合し，延焼が拡大した場合には遠方の安全な避難場所に徒歩避難を行う2段階目を広域避難と呼ぶ[1]．

[1] 地震火災からの避難場所の呼称については，東京都は避難場所，世田谷区，川崎市，横浜市等では広域避難場所，国土交通省は避難地と呼ぶなど多様である．

東京都では，5年に一度，計画の見直しを行っている．指定に際しては，避難場所候補を選定し，周辺市街地の延焼性状から避難場所として利用できる面積（避難有効面積）を算定し，一人あたりの有効面積1 m²を最低基準として避難圏域の設定を行う．なお，都心エリア等，延焼の恐れのないエリアについては，地区内残留地区として避難計画の対象外とする．また，3 km以上を遠距離避難と定義し，避難距離がそれを超えるエリアに対しては避難路の指定を行う．現行の避難計画では，すべての人が指定避難場所に避難すると仮定すれば，すべての東京在住在勤者を避難場所で収容可能である．

▶東日本大震災の津波災害における広域避難

東日本大震災では，津波災害により市街地の大半が浸水し，自宅を失った膨大な避難者が発生したため，市町村区域内に避難所や応急仮設住宅を市町村内に確保することは不可能であった．こうした状況に対応して市町村域外に避難所の確保や応急仮設住宅の建設がなされ，多くの被災者が域外で避難生活を送った．当時の防災基本計画では，被災都道府県に対して広域的な避難が可能な仕組みが準備されていたものの，十分ではなかった．平成24年の災害対策基本法の改正では，市町村域，あるいは，都道府県域を超える一時的な滞在（広域一時滞在）の必要があるときは，市町村長あるいは都道府県知事が被災住民の受入れについて協議する具体的な仕組みが構築された．

ここでいう広域避難は，疎開の概念に近い．しかし，マスメディアを中心に一般語として定着した．

●東日本大震災・福島第一原子力発電所事故による広域避難

　2011年の東日本大震災で発生した福島第一原子力発電所の事故では，放射性物質が広域に拡散し，放射線被曝を避けるため，原発周辺住民が放射能の影響圏外への避難を余儀なくされた．このとき，高齢者福祉施設からの避難では，大型観光バスを使った避難がなされたが，寝たきりの高齢者であっても，布団に包まれたまま座席に座り避難した．さらに，医療者の添乗は十分ではなく，避難先に到着した時点で死亡していた例があった[2]．とくに高齢者の避難にはリスクが伴い，医療チームの帯同が必要であることがわかる．

　また避難生活については，放射能汚染によって居住が制限された帰還困難区域が設定されたため，域外での生活は疎開の概念を超えた超長期に及んでいる．避難先は全国に展開した．

　原子力災害からの避難に関しては，災害対策基本法にて地域防災計画の原子力災害編の中で定められる．

●都市域における大規模水害からの広域避難

　気候変動に伴う水害の激甚化，頻発化が進んでいる．大河川の外水氾濫[3]のリスクも高まっている．

　水防法は，市町村に対して，河川管理者に義務づけられている洪水浸水想定区域図をもとに避難計画を図示した洪水ハザードマップの作成を義務づけている．大河川の流域市町村では，浸水が広範囲となるところも多く，市町村域外，場合によっては都道府県域外への避難が必要となる．このことを広域避難と呼ぶ．なお，避難先は，屋内が想定されている．避難計画策定に際しては，周辺市町村との連携が不可欠であり，流域の関係自治体で協議会が設置され，検討が進められつつある．避難元の市町村と避難者を受け入れる自治体との間で協定が結ばれる事例も見られる．

　また三大都市圏では，広大な海抜ゼロメートル地帯が存在し，そこには人口が集積している．広範囲に浸水する大規模水害時には，膨大な居住者を広域に避難させる必要がある．このことを「大規模・広域避難」と呼ぶことがある．江東5区広域避難推進協議会[4]では，江東5区大規模水害広域避難計画を策定し，一般的な避難情報[5]ではなく，大規模水害の恐れがあることを周知する「共同検討開始」，広域避難の呼びかけを行う「自主的広域避難情報」，「広域避難勧告」，「域内垂直避難指示（緊急）」[6]等，特別な仕組みを検討している．大規模・避難者の膨大さゆえの困難さがあり，避難先および避難手段の確保の他，避難タイミング等，多様な課題が山積している．

●広域避難における避難行動要支援者の課題

　2013年の災害対策基本法の改正において災害時避難行動要支援者に対する個別避難計画が市町村に努力義務化された．ハザードからの退避として広域避難では，健常者を前提にしたとしてもフェールセーフが十分ではなく，今後の検討が期待される．また広域一時滞在による避難生活環境の水準確保は，災害関連死防止の観点から重要であるが，避難先の確保，慣れない地域での生活，介護サービスの継続等，改善すべき課題が多い．

---

[2] 野村らが南相馬市および相馬市の高齢者福祉施設と共同で行った，原発事故後の高齢者の避難に伴う死亡リスクの調査によると，過去5年間比較で，事故後1年平均で2.68倍（95%信頼区間：2.04-3.49）の死亡率上昇が見られた．さらに，一次避難した群は避難を経験しなかった群よりも3.37倍（95%信頼区間：1.68-6.81）もの死亡リスクが認められた[1]．

避難の対象となる原子力対策重点区域については，福島第一原発事故以前は原子力発電所から半径約8〜10kmとされていたが，その教訓とIAEA（国際原子力機関）の国際基準を参考としておおむね半径30kmに拡大し，該当市町村では広域避難計画等との名称で避難計画が策定されている．

[3] 外水氾濫とは，河川の堤防が決壊する等の理由により河川から水が氾濫することを言う．対して内水氾濫とは，下水道，用水路，小河川等の流域内での排水が溢れることをいう．

[4] 東京都区部東部の海抜ゼロメートル地帯の5つの特別区で組織された協議会．足立区，葛飾区，江戸川区，墨田区，江東区で構成する．

[5] 一般の避難情報は，「高齢者等避難」，「避難指示」，「緊急安全確保」である．

[6] それぞれ，洪水の72時間前，同72〜24時間前，同24〜9時間前，同9〜0時間前が想定されている．

防災と福祉の連結

71　広域避難　**143**

文　　　献

序

1) 立木茂雄：「高齢者, 障害者と東日本大震災: 災害時要援護者避難の実態と課題」『消防科学と情報』111（2013年冬号）, 7-15, 2013.
2) 立木茂雄：「近年の自然災害から見た入所要配慮者被害の問題と対策―平時と災害時の連携ならびに立地規制の2つの欠如が被害を生んでいる―」『消防防災の科学』, 129（2017年夏号）, 11-14, 2017.

[2] 当事者・代理人運動と小規模多機能化によるタテ割り制度の解決

1) 『ソシオ・マネジメント』第3号特集「小規模多機能自治―総働で人「交」密度を高める」2016.
2) 『ソシオ・マネジメント』第6号特集「続・小規模多機能自治―地域経営を始める・進める・育てる88のアクション」総働で人「交」密度を高める, 2018.

[4] 三倉・恤救規則・備荒儲蓄法・罹災救助基金法

1) 厚生省社会局施設課監修：災害救助誌―災害救助法20年の記録―, 災害救助問題研究会, 1967.
2) 北原糸子：日本災害史, 吉川弘文館, 2006.
3) 松沢裕作：「人びとはどのように恤救規則にたどり着いたか―明治期群馬県の事例を中心に―」『三田学会雑誌』113（3）：341-370, 2020.
4) 災害対策制度研究会編：新 日本の災害対策, ぎょうせい, 2002.

[8] 東日本大震災がもたらした課題

1) 平山洋介・斎藤浩編：住まいを再生する－東北復興の政策・制度論－, 岩波書店, 2013.
2) 近藤民代・柄谷友香：東日本大震災の被災市街地における自主住宅移転再建者の意思決定と再建行動に関する基礎的研究日本建築学会計画系論文集, 81（719）：117-124, 2016.
3) 矢野栄二：公衆衛生システムの改善による地域の災害レジリエンス向上, 学術の動向, 20（7）：56-63, 2015.
4) 津久井進：災害ケースマネジメント◎ガイドブック, 合同出版, 2020.

[9] 熊本地震以降

1) 平山洋介：「仮住まい」と戦後日本―実家住まい・賃貸住まい・仮設住まい―, 青土社, 2020.
2) 田中正人：減災・復興政策と社会的不平等―居住地選択機会の保障に向けて―, 日本経済評論社, 2022.
3) 津久井進：災害ケースマネジメント◎ガイドブック, 合同出版, 2020.

[10] 災害弱者の防災対策

1) 神戸市消防局：「最近の特異火災から」『消防の科学』No.006, 1986.
2) 国士庁防災局・（財）都市防災研究所：災害弱者が安心して暮らせる地域を目指して, 1986.

[11] 災害時要援護者対策・避難行動要支援者対策

1) 総務省：高齢者の社会的孤立の防止対策等に関する行政評価・監視結果に基づく勧告, 平成25年4月.

[12] 社会的脆弱性の層別性と災害リスクの加減圧（PAR）モデル

1) 疋田桂一郎：「"黒い津波"の跡を歩いて―伊勢湾台風」『新聞記者疋田桂一郎とその仕事』（柴田鉄治・外岡秀俊編）, 朝日新聞社, 22-27, 2007.
2) Wisner, B., Blaikie, P., Cannon, T., and Davis, I.: At risk: natural hazards, people's vulnerability, and disaster. 2nd edition, Routledge, 2003.

[13] 福祉の視点から考えるPARモデル

1) Wisner, B., Blaikie, P., Cannon, T., and Davis, I.: At risk: natural hazards, people's vulnerability, and disaster. 2nd edition, Routledge, 2003..
2) Blaikie, P., Cannon, T., Davis, I., and Wisner, B..: At Risk: Natural Hazards, People's Vulnerability, and Disasters. Routledge, 1994.
3) 立木茂雄：誰一人取り残さない防災に向けて, 福祉関係者が身につけるべきこと（i-BOSAI ブックレット No.1）, 萌書房, 2020.
4) 内閣府, 平成20年版高齢社会白書（全体版）, 2008. https://www8.cao.go.jp/kourei/whitepaper/w-2008/zenbun/20index.html,（2024.4.1閲覧）
5) 内閣府：「令和6年版高齢社会白書（全体版）」. https://www8.cao.go.jp/kourei/whitepaper/w-2024/zenbun/06pdf_index.html（2024.9.8閲覧）
6) 馬 春陽, 吉田直哉：「日本における高齢者介護人材不足の現状と対応策（1）」『敬心・研究ジャーナル』6（2）：47-54, 2022.

[14] 災害マネジメントサイクル

1) 牧　紀男：「災害発生時における危機対応システム―米国の事例に学ぶ―」『海外社会保障研究』188: 4-14, 2014.

[16] 気象ハザードの特徴と災害

1) 牛山素行：「2004〜2014年の豪雨災害による人的被害の原因分析」『東北地域災害科学研究』51. 自然災害研究協議会東北地区部会・日本自然災害学会東北支部, 1-6.
2) 気象庁：台風の統計資料. https://www.data.jma.go.jp/fcd/yoho/typhoon/statistics/index.html（2023.7.15閲覧）

3) 消防庁国民保護・防災部防災課：台風第10号に係る対応状況及び地域の防災体制の再点検について，第28次消防審議会（第3回）資料5. https://www.fdma.go.jp/singi_kento/singi/items/h28_shingi/03/shiryo5.pdf（2023.7.15閲覧）
4) 牛山素行・片田敏孝：「2009年8月佐用豪雨災害の教訓と課題」『自然災害科学』29（2）：日本自然災害学会，205-218, 2010.
5) 国土交通省：タイムライン. https://www.mlit.go.jp/river/bousai/timeline/（2023.7.15閲覧）
6) 気象庁：平成30年7月豪雨（前線及び台風第7号による大雨等），災害をもたらした気象事例. https://www.data.jma.go.jp/obd/stats/data/bosai/report/2018/20180713/jyun_sokuji20180628-0708.pdf（2023.7.15閲覧）
7) 気象庁：台風第19号による大雨，暴風等，災害をもたらした気象事例. https://www.data.jma.go.jp/obd/stats/data/bosai/report/2019/20191012/jyun_sokuji20191010-1013.pdf（2023.7.15閲覧）
8) 竹之内健介・矢守克也・千葉龍一・松田哲裕・泉谷依那：「地域における防災スイッチの構築—宝塚市川面地区における実践を通じて—」『災害情報』18（1）：日本災害情報学会，47-57, 2020.
9) 気象庁：キキクル（警報の危険度分布）. https://www.jma.go.jp/jma/kishou/know/bosai/riskmap.html（2023.7.15閲覧）
10) 竹之内健介・高橋和利・矢守克也：「ローカルスイッチ形成における地域と行政の連携～京都府福知山市の事例を通じて～」『土木学会論文集F6（安全問題）』77（2）：土木学会，144-152, 2021.
11) 気象庁：気候変動監視レポート2022. https://www.data.jma.go.jp/cpdinfo/monitor/2022/pdf/ccmr2022_all.pdf（2023.7.15閲覧）

[17] 土砂崩れ・土石流ハザードの特徴と対策

1) 国土交通省砂防部：令和4年の土砂災害. https://www.mlit.go.jp/river/sabo/jirei/r4dosha/r4doshasaigai.pdf（2023.7.31閲覧）
2) 国土交通省：ハザードマップポータルサイト. https://disaportal.gsi.go.jp/（2023.7.31閲覧）
3) 気象庁：高解像度降水ナウキャスト. https://www.jma.go.jp/jma/kishou/know/kurashi/highres_nowcast.html（2023.7.31閲覧）
4) 気象庁：線状降水帯に関する各種情報. https://www.jma.go.jp/jma/kishou/know/bosai/kishojoho_senjoukousuitai.html#b（2023.7.31閲覧）
5) 気象庁：土砂災害警戒情報・土砂キキクル（大雨警報（土砂災害）の危険度分布）. https://www.jma.go.jp/jma/kishou/know/bosai/doshakeikai.html（2023.7.31閲覧）
6) 気象庁：キキクル. https://www.jma.go.jp/bosai/risk/（2023.7.31閲覧）

[20] 感染症蔓延の特徴と対策

1) 新型コロナウイルス感染症の感染性. https://www.niid.go.jp/niid/ja/typhi-m/iasr-reference/2536-related-articles/related-articles-492/10177-492r02.html（2023.7.30閲覧）

[21] 人為的災害の特徴と対策

1) 国土交通省. https://www.mlit.go.jp/tetudo/tetudo_tk8_000001.html
2) Flightrader24. https://www.flightradar24.com/blog/flightradar24s-2019-by-the-numbers/
3) Accident Safety Network https://asn.flightsafety.org/statistics/period/stats.php
4) JR福知山線列車事故検証報告書. https://web.pref.hyogo.lg.jp/kk37/documents/000007823.pdf

[22] CBRNE災害対策

1) Global Terrorism Database. https://www.start.umd.edu/gtd/contact/download（2023.7.31閲覧）

[23] 災害による被害抑止・軽減対策：耐震化・室内安全性確保・居住地選択

1) 内閣府：「平成16年版 防災白書」. 2004. https://www.bousai.go.jp/kaigirep/hakusho/h16/bousai2004/html/zu/zu1000040.htm
2) 諸井孝文・武村雅之：「関東地震（1923年9月1日）による被害要因別死者数の推定」『日本地震工学会論文集』4（4）：日本地震工学会，21-45, 2004.
3) 中央防災会議災害教訓の継承に関する専門調査会：「1923関東大震災報告書 第1編」182, 2006.
4) 水谷武司：「17. 地震による被害を著しく拡大し壊滅的にする市街地延焼火災 —1923年関東大震災，1995年兵庫県南部地震など—」『防災基礎講座災害はどこでどのように起きているか』，国立研究開発法人防災科学技術研究所，2008. https://dil.bosai.go.jp/workshop/02kouza_jirei/17kasai.html
5) 内閣府：「平成23年版防災白書」，2011. https://www.bousai.go.jp/kaigirep/hakusho/h23/bousai2011/html/zu/zu004.htm
6) 東京消防庁：「してますか？家具類の転倒・落下・移動防災対策」. https://www.tfd.metro.tokyo.lg.jp/hp-bousaika/kaguten/measures_house.html
7) 消防庁：「令和2年版消防白書」，83-84, 2021. https://www.fdma.go.jp/publication/hakusho/r2/56707.html

[24] 住民避難の現状と避難行動の促進策

1) 藤本一雄・戸塚唯氏・坂巻 哲：「災害体験談に基づく避難誘導時の対人説得場面における承諾獲得方略」『地域安全学会論文集』38：地域安全学会，79-88, 2021.
2) 田中皓介・梅本通孝・糸井川栄一：「既往研究成果の系統的レビューに基づく大雨災害時の住民避難の阻害要因の体系的整理」『地域安全学会論文集』29：地域安全学会，185-195, 2016.

3) 宇田川真之・三船恒裕・定池祐季・磯打千雅子・黄欣悦・田中　淳：「平常時の津波避難行動意図の規定要因と規範意識の影響—汎用的なフレームに基づく高知市の調査結果から—」『地域安全学会論文集』36：地域安全学会，83-90，2020.
4) 藤本慎也・川見文紀・亀井敏和・徳永健介・三谷泰治・立木茂雄：「災害時の防護意思決定構造の理論モデル化とその実証的検討：大分県3市における土砂災害に関する社会調査データへの構造方程式モデリングの適用」『地域安全学会論文集』35：地域安全学会，305-315，2019.

[25] 災害時要配慮者のさまざまな避難生活空間

1) 人道行動における子どもの保護の最低基準 第2版. https://www.savechildren.or.jp/news/publications/download/cpms2.pdf
2) 内閣府　避難所運営ガイドライン. https://www.bousai.go.jp/taisaku/hinanjo/pdf/1604hinanjo_guideline.pdf

[26] 災害救助法

1) 内閣府政策統括官（防災担当）：災害救助事務取扱要領，2023.
2) 菅野拓：災害対応ガバナンス，被災者支援の混乱を止める，ナカニシヤ出版，2021.

[27] 災害対策基本法（防災対策＋福祉的対応＋21年改正）

1) 山崎栄一：「東日本大震災後の災害法制と被災者支援法について— 現状と課題—」『消費者情報』495：14-16，2021.
2) 山崎栄一・岡本　正・板倉陽一郎：個別避難計画作成とチェックの8Step—災害対策で押さえておきたい個人情報の活用と保護のポイント—，ぎょうせい，2023.

[29] 都市計画法等改正等による福祉施設等への土地利用・建築規制

1) 水管理・国土保全局．“流域治水の推進”．国土交通省. https://www.mlit.go.jp/river/kasen/suisin/index.html（2024.6.20閲覧）.

[30] 残余的モデルと普遍的モデル，脆弱性，災害は日常

1) ティトマス，R.M.（三友雅夫監訳）：社会福祉政策，恒星社厚生閣，1981.
2) 立木茂雄：「災害も視野に入れた全天候型のソーシャルワークの課題と展望：雨天のソーシャルワーク,晴天のソーシャルワークではなく，1つのソーシャルワーク過程が存在する」『社会福祉研究』，鉄道弘済会社会福祉第一部編，146：24-36，2023.
3) 昭和25年10月16日，社会保障制度審議会，社会保障制度に関する勧告. https://www.ipss.go.jp/publication/j/shiryou/no.13/data/shiryou/syakaifukushi/1.pdf（2023.7.20閲覧）

[31] 社会福祉固有の視点と機能

1) 大澤真幸他：現代社会学辞典，弘文堂，2012.
2) 厚生労働省：平成29年版厚生労働白書. https://www.mhlw.go.jp/wp/hakusyo/kousei/17/dl/all.pdf（2023.7.15閲覧）
3) 岡村重夫：社会福祉学原論，全国社会福祉協議会，1983.
4) 新版MBAマネジメント・ブック，グロービス・マネジメント・インスティテュート，ダイヤモンド社，2002.
5) 岡村重夫：全訂社会福祉学（総論），柴田書店，1972.

[32] 障害の医学モデルから社会モデルへ

1) Oliver, M.: Politics of Disablement, Macmillan, 1990.
2) 星加良司：障害とは何か—ディスアビリティの社会理論に向けて—，生活書院，2007.
3) 障害者福祉研究会：障害者のための福祉，中央法規出版，2002.

[33] 憲法・障害者権利条約・障害者基本法・障害者差別解消法

1) 阿部泰隆：「弔慰金，義援金，災害復興基金などの配分基準の提案—『困っている順』に配分しているか」『ジュリスト』1065：50-60，1995.
2) 山崎栄一：「自然災害における生活保障」『福祉権保障の現代的展開—生存権のフロンティアへ—』（尾形健編），日本評論社，161-188，2018.
3) 障害者差別解消法解説編集委員会編：概説 障害者差別解消法，法律文化社，2014.

[34] 建築の中でバリアフリー法がどう活きるか

1) 文部科学省：学校施設におけるバリアフリー化の実態調査，2022年. https://www.mext.go.jp/b_menu/houdou/ mext_01164.html

[35] 福祉サービスの事業継続マネジメント（BCM）により未知を既知化する

1) Quarantelli, E.L., Dynes, R.R.and Haas, J.E.: Organizational Functioning in Disaster: A Preliminary Report, Disaster Research Center, Ohio State University, 1966.

[36] 福祉施設のBCP

1) 内閣府：「特定分野における事業継続に関する実態調査＜参考＞医療施設・福祉施設」2013年8月.
2) 鍵屋　一：介護サービスの業務継続計画（BCP）策定のポイント，ぎょうせい，2022.
3) 鍵屋　一・岡野谷 純・岡橋生幸・高橋　洋『ひな型でつくる福祉防災計画—避難確保計画からBCP，福祉避難所—』東京都福祉保健財団，2020年7月.

[37] 介護保険制度

1) 厚生労働省：介護保険事業状況報告の概要（令和4年1月暫定版）. https://www.mhlw.go.jp/topics/kaigo/osirase/jigyo/m22/dl/2201a.pdf（2023.7.20閲覧）
2) NPO法人日本医療ソーシャルワーク研究会：医療福祉

総合ガイドブック2023年度版, 医学書院, 2023.
3) 社会保険研究所：介護保険制度の解説 [解説編] 令和3年度版 [Kindle版], 社会保険研究所, 2021.

[38] 障害者総合支援法
1) 厚生労働省：社会保障審議会障害者部会第114回（R3.7.16）, 資料1 障害者の相談支援等について. https://www.mhlw.go.jp/content/12601000/000806678.pdf（2023.7.20閲覧）
2) 二本柳覚：これならわかる スッキリ図解 総合者総合支援法 第3版, 翔泳社, 2023.
3) 社会保険研究所：障害者福祉ガイド（令和3年4月版）[Kindle版], 社会保険研究所, 2022.
4) 日本ソーシャルワーク教育学校連盟：最新社会福祉士養成講座 精神保健福祉士養成講座 7社会保障, 中央法規, 2021.
5) 厚生労働省：障害者総合支援法の対象疾病（難病等）の見直しについて. https://www.mhlw.go.jp/content/000847376.pdf.（2023.7.22閲覧）

[39] 福祉関係法
1) 内閣府：被災者支援に関する各種制度の概要（令和6年6月1日現在）, 2024.
2) 伊奈川秀和：〈概観〉社会福祉法（第2版）, 信山社, 2020.
3) 伊奈川秀和：〈概観〉社会保障法総論・社会保険法（第2版）, 2020.
4) 厚生労働省：生活保護手帳（2023年度版）, 中央法規出版, 2023.

[40] 生活困窮者自立支援法
1) 鏑木奈津子：詳説 生活困窮者自立支援制度と地域共生, 政策から読み解く支援論, 中央法規出版, 2020.
2) 岡部卓：生活困窮者自立支援, 支援の考え方・制度解説・支援方法, 中央法規出版, 2018.
3) 菅野拓：災害対応ガバナンス, 被災者支援の混乱を止める, ナカニシヤ出版, 2021.

[41] 民生委員・児童委員
1) 全国民生委員児童委員連合会：災害に備える民生委員・児童委員活動に関する指針（改訂第4版）, 全国民生委員児童委員連合会, 2023.
2) 文京学院大学：民生委員・児童委員の担い手確保に向けた取組に関する実態調査研究報告書, 文京学院大学, 2021.

[42] 地域福祉・地域福祉計画
1) 厚生労働省：『地域共生社会の実現に向けた地域福祉の推進について』の改正について, 社援発0331第16号, 2021.
2) 武川正吾：地域福祉計画—ガバナンス時代の社会福祉計画—, 有斐閣, 2005.
3) 全国社会福祉協議会：地域共生社会の実現に向けた地域福祉計画の策定・改定ガイドブック, 全国社会福祉協議会, 2019.

[43] 地域共生社会・包括的支援体制
1) 鏑木奈津子：詳説 生活困窮者自立支援制度と地域共生, 政策から読み解く支援論, 中央法規出版, 2020.
2) 永田祐：包括的な支援体制のガバナンス, 実践と政策をつなぐ市町村福祉行政の展開, 有斐閣, 2021.

[44] 社会福祉協議会（都道府県・市区町村）
1) 全国社会福祉協議会：「災害から地域の人びとを守るために—災害福祉支援活動の強化に向けた検討会報告書」2022. https://www.shakyo.or.jp/bunya/saigai/teigen/20220331/index.html

[45] 災害時における医療・保健と福祉の初動の差を縮めるためにできること
1) 全社協：災害福祉支援活動検討会報告書, 2022.
2) 内閣府：災害救助法事務取扱要領, 51-53, 2023.
3) 菅野拓：災害対応ガバナンス—被災者支援の混乱を止める—, ナカニシヤ出版, 2021.
4) 立木茂雄：「視点これからの社会福祉の展望 2024（令和6）年能登半島地震への対応から学ぶ福祉の課題—コンパクト化した社会への分水嶺となるか—」『月刊福祉』6月号, 46-49, 2024.

[46] 医療的ケア児・者への制度とサービス
1) 厚生労働省：障害福祉サービス等利用における医療的ケアの判定スコア（医師用）. https://www.mhlw.go.jp/content/000763142.pdf
2) 厚生労働省：医療的ケア児について. https://www.mhlw.go.jp/content/000981371.pdf
3) 厚生労働省：令和元年度障害者総合福祉推進事業 医療的ケア児者とその家族の生活実態調査報告書. https://www.mhlw.go.jp/content/12200000/000653544.pdf
4) 内閣府：福祉避難所の確保・運営 ガイドライン（令和3年5月改定）. https://www.bousai.go.jp/taisaku/hinanjo/pdf/r3_hinanjo_guideline.pdf

[47] ノーマライゼーションと地域移行
1) 厚生労働省：障害者の自立と社会参加を目指して. https://www.mhlw.go.jp/bunya/shougaihoken/idea01/index.html（2023.7.22閲覧）
2) 加藤正明：縮刷版精神医学事典, 弘文堂, 2001.
3) ベンクト・ニィリエ（河東田博 訳）：ノーマライゼーションの原理—普遍化と社会変革を求めて—, 現代書館, 130, 2004.
4) 阿部美樹雄：よくわかる知的障害者の人権と施設職員のあり方, 大揚社, 13-14, 1998.
5) 岩上洋一：地域で暮らそう！精神障害者の地域移行支援・地域定着支援・自立生活援助導入ガイド, 金剛出版, 2018.
6) 立木茂雄：誰一人取り残さない防災に向けて, 福祉関係者が身につけるべきこと（i-BOSAIブックレットNo.1）, 萌書房, 22-24, 2020.
7) ベンクト・ニィリエ（河東田博 訳）：ノーマライゼー

ションの原理―普遍化と社会変革を求めて―，現代書館，2004.

[48] 障害者の災害準備と地域まちづくり

1) 消防庁：昭和55年度防災白書，1981.
2) NHK福祉ネットワーク取材班：東日本大震災における障害者の死亡率．ノーマライゼーション，31(364)，2011.
3) 北村弥生・河村　宏・我津賢之・小佐々典靖・八巻知香子：「精神障害者による津波避難訓練の効果と地域住民との関係」『国リハ紀要』34：29-40, 2014.

[49] 福祉避難所への避難と退所

1) 岡田尚子・大西一嘉：「平成28年熊本地震における福祉避難所での要配慮者の受入状況－受入開始時期と受入期間－」『地域安全学会論文集』31：地域安全学会，87-96, 2017.
2) NPO法人兵庫障害者センター：「2022年度兵庫県下市町障害者と防災に関する自治体アンケート」2023.

[50] 災害障害者

1) UNDRO: Disasters and the Disabled, 1982.
2) 佐藤　隆：自然災害に対する個人救済制度(改訂版)，中央法規出版，1987.
3) 兵庫県・神戸市：阪神・淡路大震災震災障害者実態調査報告書，2011.

[51] 命を守る事前・応急対策（防火・防災・応急対策）

1) 令和2年7月豪雨災害を踏まえた高齢者福祉施設の避難確保に関する検討会：「高齢者福祉施設における避難の実効性を高める方策について」，厚生労働省老健局・国土交通省水管理・国土保全局．令和3年3月，16-22. https://www.mlit.go.jp/river/shinngikai_blog/koreisha_hinan/pdf/torimatome2.pdf
2) 内閣府・消防庁：報道資料，避難行動要支援者名簿及び個別避難計画の作成等に係る取組状況の調査結果，令和5年6月30日．https://www.bousai.go.jp/taisaku/hisaisyagyousei/pdf/r4hinan.pdf
3) 内閣府・消防庁：報道資料，個別避難計画の策定等に係る進捗状況の把握について（フォローアップの結果），令和5年11月2日．https://www.bousai.go.jp/taisaku/hisaisyagyousei/pdf/r5hinan.pdf

[52] 復旧までの一時的な暮らしの対策

1) 仙台市まちづくり政策局防災環境都市推進室：つなぐおもい　つながる―東日本大震災から10年―. https://sendai-resilience.jp/shinsai10/archive/phase01_2.html

[53] 住まいの移動：避難所，一時避難生活場所，仮住まい，恒久住宅

1) 重川希志依・田中　聡・河本尋子・佐藤翔輔：「借り上げ仮設住宅政策を事例とした被災者の住宅再建に関する研究－恒久住宅への円滑な移行を目的とした住環境の分析－」[住総研研究論文集]41：住総研，145-156,

2015.
2) 仙台市：仙台市被災者生活再建推進プログラム，平成26年3月．https://www.city.sendai.jp/kenko-jigyosuishin/shise/daishinsai/fukko/sekatsu/documents/honpen.pdf

[54] インクルーシブな災害情報

1) 内閣府（防災担当）：被災者台帳，被災者台帳の作成等に関する実務指針，平成29年3月．
2) 井ノ口　宗成・林　春男・田村　圭子・吉富　望：「被災者基本台帳に基づいた一元的な被災者生活再建支援の実現－2007年新潟県中越沖地震災害における"柏崎市被災者生活再建支援台帳システム"の構築－」『地域安全学会論文集』10：地域安全学会，553-563, 2008.

[55] 外部支援と被災者支援コーディネーション

1) 菅野　拓：災害対応ガバナンス―被災者支援の混乱を止める―，ナカニシヤ出版，2021.
2) 菅野　拓：つながりが生み出すイノベーション－サードセクターと創発する地域－，ナカニシヤ出版，2020.
3) 全国災害ボランティア支援団体ネットワーク（JVOAD）：被災者支援コーディネーションガイドライン，2022.

[56] 生活の再建とは・生活復興カレンダー

1) 立木茂雄・林　春男：「TQM法による市民の生活再建の総括検証―草の根検証と生活再建の鳥瞰図づくり」『都市政策（神戸都市問題研究所）』104：123-141, 2001.
2) 青野文江・田中　聡・林　春男・重川希志依・宮野道雄：「阪神・淡路大震災における被災者の対応行動に関する研究：西宮市を事例として」『地域安全学会論文報告集』8：地域安全学会，36-39, 1998.
3) 木村玲欧・林　春男・田村圭子・立木茂雄・野田　隆・矢守克也・黒宮亜希子・浦田康幸：「社会調査による生活再建過程モニタリング指標の開発：阪神・淡路大震災から10年間の復興のようす」『地域安全学会論文集』8：地域安全学会，415-424, 2006.
4) 木村玲欧・林　春男・立木茂雄・田村圭子：「被災者の主観的時間評価からみた生活再建過程：復興カレンダーの構築」『地域安全学会論文集』6：地域安全学会，241-250, 2004.

[57] 生活再建7要素

1) 復興の教科書．https://oss.sus.u-toyama.ac.jp/fukko/needs/
2) 田村圭子・林　春男・立木茂雄・木村玲欧：「阪神・淡路大震災からの生活再建7要素モデルの検証―2001年京大防災研復興調査報告―」3：地域安全学会，33-40, 2001.
3) 復興の教科書，文部科学省委託研究　都市の脆弱性が引き起こす激甚災害の軽減化プロジェクト　サブプロ③都市災害における災害対応能力の向上方策に関する調査・研究（研究代表　林　春男）．https://oss.sus.u-toyama.ac.jp/fukko/needs/

[58] 被災前からの不平等と被災後の社会環境変化

1) Tatsuki, S., and Kawami, F.：Longitudinal impacts of pre-existing inequalities and social environmental changes on life recovery: Results of the 1995 Kobe Earthquake and the 2011 Great East Japan Earthquake recovery studies, International Journal of Mass Emergencies & Disasters, 41(1)：94-120, 2023.
2) 立木茂雄：災害と復興の社会学（増補版）第11章，萌書房，2020.
3) 立木茂雄：災害と復興の社会学（増補版）第13章，萌書房，2020.
4) Fujimoto, S., Kawami, F., Matsukawa, A., Sato, S. and Tatsuki, S.：Pre-Existing Inequalities, Post-Event Social Environmental Changes, and Long-Term Trajectories of Life Recovery: Findings from Five-Wave Natori City Life Recovery Panel. Journal of Disaster Research, 17 (2): 207–216, 2022.
5) 立木茂雄・川見文紀：「障がいのある人の防災対策 ─避難，避難生活から生活再建までを視野に入れて─」『総合リハビリテーション』49(3)：261-267, 2022.
6) Peacock, W. G., Van Zandt, S., Zhang, Y., and Highfield, W. E.：Inequities in Long-Term Housing Recovery After Disasters. Journal of the American Planning Association, 80 (4): 356-371, 2014.

[59] 災害ケースマネジメント

1) 菅野　拓：つながりが生み出すイノベーション─サードセクターと創発する地域─，ナカニシヤ出版，2020.
2) 菅野　拓：災害対応ガバナンス─被災者支援の混乱を止める─. ナカニシヤ出版，2021.

[60] 誰一人取り残さない防災の原則：全体性・連続性・多元性・衡平性・恊働性

1) Wisner, B., Blaikie, P., Cannon, T., and Davis, I.: At risk: natural hazards, people's vulnerability, and disaster. 2nd edition, Routledge, 2003.
2) 立木茂雄：災害と復興の社会学（増補版）. 萌書房，2022.
3) Fujimoto, S., Kawami, F., Matsukawa, A., Sato, S., and Tatsuki, S.：Pre-existing inequalities, post-event social environmental changes, and long-term trajectories of life recovery: Findings from five-wave Natori city life recovery panel survey, Journal of Disaster Research, 17(2): 207-216, 2022.
4) 立木茂雄・川見文紀: 社会的弱者と災害─誰一人取り残されないための原則とは？，総合リハビリテーション研究，50（1）：83-89, 2022.
5) 立木茂雄・川見文紀：「避難所に長期間取り残される被災者への支援と課題」『危機管理レビュー』13：63-70, 2022.
6) 立木茂雄：災害と復興の社会学 増補版(第13章)，萌書房，2020.

[61]

7) 立木茂雄：誰ひとり取りのこさない防災に向けて，福祉関係者が身につけるべきこと(i-BOSAIブックレットNo.1)，萌書房，2020.
8) 川見文紀・立木茂雄：「災害ケースマネジメントがすまい再建に与えた影響：合成コントロール法による仙台市の被災者支援の分析」『日本建築学会計画系論文集』87(797)：1282-1293, 2022.

[62] 個別避難計画と個人情報の活用

1) 山崎栄一・岡本　正・板倉陽一郎：個別避難計画の作成とチェックの8Step─災害対策で押さえておきたい個人情報の活用と保護のポイント─，ぎょうせい，2023.

[63] 「真に支援が必要な方」の決定

1) 内閣府：避難行動要支援者の避難行動支援に関する取組指針（令和3年5月改）. https://www.bousai.go.jp/taisaku/hisaisyagyousei/youengosya/r3/pdf/shishin0304.pdf （2023.7.20閲覧），p.17
2) Wisner B.：At Risk: Natural Hazards, People's Vulnerability and Disasters (English Edition) 2nd ed.，[Kindle]，2003.
3) 立木茂雄：誰一人取り残さない防災に向けて，福祉関係者が身につけるべきこと(i-BOSAIブックレットNo.1)，萌書房，22-24, 2020.
4) 森保純子 川見文紀・鈴木進吾・辻岡　綾・立木茂雄：「個別避難計画作成に関する外的基準を考慮した優先度推定手法─福祉専門職の視点から「真に支援が必要な方」を探る─」『地域安全学会論文集』41: 地域安全学会, 2, 2022.
5) 森保純子（立木茂雄監修）：誰一人取り残さない防災のための，当事者力アセスメントの進め方(i-BOSAIブックレットNo.2)，萌書房，2022.

[64] 福祉専門職等の業務としての関与

1) 日本経済新聞：「避難率4.6％どまり　西日本豪雨，被災3県の17市町」，2018/9/5 21:29. https://www.nikkei.com/article/DGXMZO35031380V00C18A9AC8Z00/
2) ウェザーニュース：「西日本豪雨「自分は大丈夫」など…84％が避難せず─ウェザーニュース独自調査─」2018. https://weathernews.jp/s/topics/201808/300095/

[65] 地域自治の組織

1) 総務省消防庁：「令和4年消防白書」，2023.
2) 長谷川万由美・近藤伸也・飯塚明子編著：「はじめての地域防災マネジメント，北樹出版，2021.
3) 地域コミュニティに関する研究会：「地域コミュニティに関する研究会　報告書」，2022.
4) NHK放送文化研究所：日本人の意識調査. https://www.nhk.or.jp/bunken/yoron-isiki/nihonzin/data.html?q=31

[66] 地区防災計画

1) 内閣府（防災担当）：避難行動要支援者の避難行動支援に関する取組指針 平成25年8月（令和3年5月改定），2023.

[68] 学校での防災教育

1) Nagata, T., and Kimura, R.：Earthquake and Disaster Management Education for Children with Intellectual Disabilities, 17th World Conference on Earthquake Engineering Conference Proceedings, No.7g-0005, p9, 2020.
2) 木村玲欧：災害・防災の心理学—教訓を未来につなぐ防災教育の最前線—, 北樹出版, 2015.

[69] 地域住民，福祉施設職員，行政職員などの研修と人材育成

1) 中小企業庁. https://www.chusho.meti.go.jp/bcp/
2) 厚 生 労 働 省. https://www.mhlw.go.jp/stf/seisaku nitsuite/bunya/hukushi_kaigo/kaigo_koureisha/douga_00002.html
3) 鍵屋　一・岡野谷純・岡橋生幸・高橋　洋：「ひな型でつくる福祉防災計画—避難確保計画からBCP, 福祉避難所—. 東京都福祉保健財団. 2020.
4) Maki, K.：Involving the Community to Manage Natural Disasters: A Study of Japanese Disaster Risk Reduction Practices, River Basin Environment: Evaluation, Management and Conservation, Springer, 343-356, 2022.
5) 内閣府. https://bousai-ariake.jp/

6) 防災未来センター. https://www.dri.ne.jp/training/
7) 辻岡　綾・川見文紀・松川安寧・立木茂雄：「災害対応コンピテンシー・プロファイル検査紙による自治体職員向け災害対策専門研修事業のインパクト評価」『地域安全学会論文集』33：地域安全学会，291-299, 2018.
8) 秦　康範・酒井厚・一瀬英史・石田浩一：「児童生徒に対する実践的防災訓練の効果測定−緊急地震速報を活用した抜き打ち型訓練による検討−」『地域安全学会論文集』26：地域安全学会，45-52, 2015.

[70] 多職種協働を促すゲーミング

1) 兼田敏之：社会デザインのシミュレーション＆ゲーミング，共立出版，2005.
2) Kolb, D.：Experiential learning: Experience as a source of learning and development, 2nd ed. Pearson ducation Inc, 1984.

[71] 広域避難

1) Nomura, S., Blangiardo, M., Tsubokura, M., et al.：Post-nuclear disaster evacuation and survival amongst elderly people in Fukushima: A comparative analysis between evacuees and non-evacuees, Preventive Medicine, 82: 77-82, 2016.

索　引

ア　行

アウトリーチ　87
アクセシビリティ　96
アセスメント　63
新しい社会運動　3
安全でない状況　24
安否確認　73

飯田大火　13
医学モデル　3, 64, 122
生きる力　136
意思決定支援　63
意思決定モデル　49
医・食・住　117, 120, 121
伊勢湾台風　11, 24, 52, 54, 91
一時生活支援事業　81
一時避難生活場所　41, 105
1次避難所　105
1.5次避難所　51, 90, 105
移送　98, 106
一般基準　52
移転支援　59
糸魚川大火　12
医療的ケア児・者　50, 92, 93, 98,
　　125, 134
医療的ケア児支援センター　92
医療的ケア児支援法　92
医療的ケア児等医療情報共有システム
　　92
医療保険法　79
インクルーシブな災害情報　55, 108,
　　118
インクルージョンマネージャー　103

運営組織　104
雲仙普賢岳噴火　15, 39
液状化　30
エスノグラフィー　112

大型交通事故　42
応急仮設住宅　17
応急対応　28
応急対策　102
屋内安全確保　102

音声版　96
御嶽山　38

カ　行

海溝型地震　30
介護サービス　73
介護サービス計画（ケアプラン）　74
介護支援専門員　74
介護事業所　73
介護報酬改定　73
介護保険　81
介護保険制度　50, 74
介護保険法　78
外水氾濫　143
ガイドヘルパー　96
外部支援　43, 53, 105, 110
化学剤　44
家具固定　47, 139
学習指導要領　136
家具転倒　47
家計改善支援事業　81
火災　20, 36
火砕流　38
火山　38, 102
火山ガス　39
火山災害　38
火山灰　38
火山噴火　38
ガス　104
仮設住宅　98, 105, 106
仮設住宅供与計画　107
活火山　38
活断層　30
可燃物　36
カームダウンスペース　69
借り上げ仮設住宅　17, 19, 106
仮住まい　15, 19, 106
川の水位情報　47
環境整備　68, 96
感震ブレーカー　47
感染管理　51
感染症　40, 44, 51
感染症危機管理専門家　41
感染症予防対策　73

関東大震災　46

キキクル　33, 35, 47
気候変動　33
気象災害　32
気象ハザード　20, 21, 32, 35, 47
季節性インフルエンザ　41
既存不適格建築物　14, 32
基本再生産数　40
客体的資源　127
客体的側面　63
救助実施市　52
旧耐震基準　47
共助　13, 136
共生社会　7
業績達成モデル　60
協働　26, 82, 131, 140
共同住宅特例　56
協働性の実装　121
居住移転　17
居住支援　80
居住地選択　30, 46
居住誘導区域　58
巨大地震　30
巨大地震警戒　31
巨大地震注意　31
記録的短時間大雨情報　33
緊急安全確保　54
緊急地震速報　31
緊急社会システム期　112
緊急消防援助隊　43
緊急対応　28
緊急被ばく医療支援チーム　45
近代都市復興　12

空気感染　40
区分所有法　45, 46, 56
熊本地震　98, 107, 119
クロスロード　138

ケアマネジャー　74
形式的平等　66
劇場型訓練　139
激甚災害法　118
ゲーミング　138, 140

ゲーム型ワークショップ　138
原子力災害　143
原子力災害対策特別措置法　45
建築基準法　30, 45, 46, 56
建築規制　58, 123
建築物移動等円滑化基準　68
顕著な大雨に関する情報　35

広域一次滞在　142
広域避難　21, 42, 54, 142
豪雨災害　102
公益法人制度改革　110
高解像度降水ナウキャスト　35
効果評価　49
恒久住宅　107
公助　54
洪水浸水想定区域　93
洪水ハザードマップ　143
洪水リスク　47
降灰　39
衡平性の実現　121
合理的配慮　67, 99, 121
高齢者　3, 8, 21, 22, 96
高齢者施設　32
高齢者等避難　54
高齢者福祉　81
高齢者福祉施設　58
国際生活機能分類　65
国際保健規則　40
国際連合災害救済調整官事務所　100
国民保護法　45
こころのケア　43, 101
個人情報の活用　7, 92, 124
孤独死　15, 19
子ども・子育て支援法　78
個別計画　23, 124
個別支援計画　7, 59, 61, 64, 126, 134
個別避難計画　5, 7, 18, 22, 23, 55, 92,
　99, 103, 122, 124, 126, 134
雇用保険法　79
根本原因　25, 26, 27

サ　行

災害イメージ　138
災害援護金貸付制度　100
災害関連死　12, 15, 18
災害救助法　6, 7, 9, 10, 50, 52, 90, 106
　――の成立経緯　53
災害ケースマネジメント　5, 17, 19,
　26, 55, 71, 81, 87, 89, 99, 101, 108,

118, 121
　――に関する取組事例集　119
災害ケースマネジメント実施の手引き
　119
災害公営住宅　107
災害ゴミ　105
災害時健康危機管理支援チーム　110
災害時における医療・保健　6, 10
災害時に誰一人取り残されない社会
　23
災害弱者　21, 22, 32, 37, 39
　――の防災対策　2, 20
災害シミュレーションゲーム　138
災害時要援護者　21, 22, 59
災害時要援護者登録制度　92
災害時要配慮者　40, 50, 52, 66, 74,
　92, 93, 98, 111
災害障害者　100
災害障害見舞金制度　100
災害スキーマ　49
災害図上訓練　138
災害対応　28, 122, 124, 134, 141
災害対策基本法　6, 11, 35, 45, 54, 90,
　102, 108, 120, 126
災害対策専門研修　139
災害対策本部　43
災害中間支援組織　111
災害弔慰金の支給に関する法律　100
災害廃棄物　104
災害派遣医療チーム　90, 110
災害派遣福祉支援活動　70
災害派遣福祉チーム　43, 89, 90, 110
災害派遣要請　43
災害福祉支援活動　89
災害福祉支援センター　89
災害ボランティア　104
災害ボランティアセンター　53, 71,
　89
災害マネジメントサイクル　28, 102
災害ユートピア期　112
災害リスクの加減圧（PAR）モデル
　24, 26, 58, 65, 116, 117
災害レッドゾーン　58
在宅被災者　17, 104, 118
酒田大火　13
ささえあいセンター　89
サードセクター　110
サプライチェーン　91
三倉　6, 8, 90
残余的モデル　3, 6, 60, 91

自衛消防隊　72
支援情報　124
事業継続計画　71
事業継続マネジメント　70, 72, 91
自主住宅移転再建　16
自主防災組織　6, 130
自助　13, 136
地震　30, 46
地震火災　31, 142
地震災害　46, 100
事前・応急対策　11, 28, 39, 54, 59,
　102, 129
事前避難　18
実行可能性　49
実行再生産数　41
室内安全性確保　30, 33, 34, 46
自治会・町内会　131
実質的平等　66
室内安全性確保　46
指定福祉避難所　99
児童委員　82, 88
児童手当法　78
児童福祉　81
児童福祉施設　73
児童福祉法　78
児童扶養手当法　78
地盤災害　30
シミュレーション型の訓練　139
社会環境の変化　117
社会事業法　95
社会的脆弱性　24, 26, 58, 116, 117
　――の漸進構造　27
社会の動的圧力　24, 27
社会福祉　62
社会福祉基礎構造改革　91
社会福祉協議会　53, 88, 90, 105
社会福祉事業法　88
社会福祉法　79, 84, 87, 88
社会保険　79
社会保障　53, 60, 119
社会保障制度審議会　61, 62
社会モデル　3, 64
重症急性呼吸器症候群（2002年
　SARS）
重層的支援体制整備事業　87
住居確保給付金　81
住宅セーフティネット　19
住宅セーフティネット法による供給促
　進計画　85
住宅の応急修理　52
集団移転　16

索　引　153

住民避難　34, 48, 133
重要他者との出会い　115
就労訓練事業　81
就労支援　80
就労準備支援事業　81
主観的規範　49
宿泊施設　69
主体的側面　63
主体の条件　127
恤救規則　6, 8, 90
主任介護支援専門員　74
手話通訳者　96
消化方法　36
障害支援区分　77
障害者　96
　　――の災害準備　20, 96
障害者基本法　3, 67, 50
障害者権利条約　50, 66
障害者差別解消法　50, 56, 67
障害者死亡率　120
障害者総合支援法　76, 78, 94
障害者福祉　81
障害等級　101
障害の医学モデル　3, 64, 122, 127
障害の社会モデル　3, 64, 122, 127
障害福祉サービス事業所　73
小規模多機能化　5, 81, 84, 86, 125
小中学校　69
消防計画　70, 72
消防団　130
消防法　46, 56
昭和南海地震　10, 52, 54, 91
食料　105
女性用／母子（妊婦・乳児）避難スペー
　ス　51
自力避難困難者　57
自力避難困難者施設　56
自立　98
自立相談支援事業　81
人為（的）災害　42, 110
新型コロナウイルス（COVID-19）　40
シングルハザード型　45
人口動態の変動　24
人材育成　102, 138
震災障害者　15, 100
震災復興計画　11
心身の機能障害　21
浸水想定区域　59
浸水被害防止区域　59
身体障害者手帳　101
身体障害者福祉法　78

新耐震基準　47
真に支援が必要な方　122, 126

水害　46
水害リスク　58
水道　104
垂直感染　40
垂直避難　32, 39, 102
水平感染　40
水平避難　102
水防法　102, 143
スフィア・プロジェクト　19
スプリンクラー　37, 57
住まいの移動　106

生活困窮　80
生活困窮者自立支援制度　86
生活困窮者自立支援法　80, 86, 118
生活困窮世帯の子どもの学習・生活支
　援事業　81
生活（の）再建　3, 101, 107, 112, 114,
　116
生活再建支援プラン　109
生活再建7要素　3, 114, 117
生活支援相談員　89
生活の全体性　120
生活復興　15
生活復興カレンダー　3, 113, 114, 116
生活復興感　116
生活復興センター　89
生活復興調査　116
生活復興パネル調査　116
生活保護　80
生活保護法　79
盛期火災　37
脆弱性　26, 61, 118
精神衛生法　95
精神障害者　98
精神保健福祉法　78
生物剤　45
積極的な実験　141
接触感染　40
全国災害ボランティア支援団体ネット
　ワーク　53, 111
線状降水帯　32
全米知事会　29

総合調整　7
相談支援　80
相談支援専門員　76
側方流動　30

存在情報　124

タ　行

台風　32
耐震化　30, 33, 46
耐震改修　47
（旧）耐震基準　47
耐震シェルター　47
耐震診断　139
耐震性　31
耐震補強　139
第2のセーフティネット　80
タイムライン　32, 139
代理人　4, 81, 84, 86, 117, 118, 125
多職種協働　141
多数傷病者事故　42
多数傷病者への対応標準化トレーニン
　グコース　45
立ち退き避難　102
他法他施策優先の原理　78, 91
多様化の時代　2
誰一人取り残さない防災　26, 120,
　122
段差の解消　69
短時間豪雨　34

地域移行　94
地域移行支援　95
地域共生社会　5, 7, 80, 86, 119
地域住民　102, 125, 134, 139, 140
地域と連携　73
地域福祉　5, 84, 87
地域福祉計画　5, 84
地域福祉系の専門職　70
地域包括ケア　7
地域生活支援センター　35, 74, 87
地域防災計画　85
地域防災力　131, 136
地域まちづくり　96
地区社協　131
地区防災計画　5, 7, 18, 49, 92, 99,
　122, 125, 132, 135
知的障害者　98
知的障害者福祉法　78
チャイルド・フレンドリー・スペース　50
抽象化　141
抽象的な概念化　141
中東呼吸器症候群（2015年MERS）
　40
弔慰金等法　6

154　索　　引

長周期地震動階級　31
調整　111
　——と協働　7, 8
調整会議　135
直接避難　23, 99
チリ地震津波　48

通電火災　47
つながり　117, 120, 121
津波　30, 47, 48
津波危険度　47
津波警報　47
津波てんでんこ　31
津波リスク　16

適合義務　68
できのいい名簿／できの悪い名簿　124, 127
手すりの設置　69
電気　104

東海豪雨　48
東海地震　31
当事者　3, 4, 81, 84, 86, 117, 118, 125
特定建築物　68
特定都市河川浸水被害対策法　59
特定非営利活動促進法　110
特別基準　52
特別児童扶養手当　78
特別特定建築物　68
都市計画　2, 60, 70, 112, 114
都市計画法　25, 58, 70, 72, 102, 123
都市構造再編集中支援事業　59
都市再生特別措置法　58
閉じ込められ型　15
土砂崩れ　32, 34, 46, 49, 54
土砂災害　34, 46
土砂災害警戒区域　103
土砂災害警戒情報　35
土砂災害警戒判定メッシュ　35
土砂災害発生危険度　35
土砂災害防止法　102
土壌雨量指数（土砂災害）　33, 35
土石流　34, 46, 54
取り囲まれ型　14
努力義務　68
トレーラーハウス　51

ナ行

内省的な観察　141

長崎水害　48
南海トラフ地震　30
南海トラフ地震臨時情報　31, 99
難病　77
難病患者　135

西日本豪雨　34, 81
2次避難所　51, 105
二段階避難　142
日本栄養士会災害支援チーム　41
日本赤十字社　53
人間復興　15
妊産婦・乳幼児救護所　51

ネットワーク　111
年金保険法　79
燃焼の要素　36

能登半島地震　51, 80, 91
ノーマライゼーション　94

ハ行

梅雨前線による災害　32
媒介物感染　40
パークシステム　13
函館大火　12
ハザード　24, 26, 46, 127
ハザードマップ　34, 46, 97
ハザードマップポータルサイト　34
パーソナルサポートセンター　119
発達障害　69
発達段階　137
発熱者等スペース　51
パネル調査　116
バリアフリートイレ　69
バリアフリー法　68
阪神・淡路大震災　6, 14, 31, 46, 90, 100, 112
伴走型支援　119, 129

被害軽減　28
被害抑止　23, 28, 33, 34
東日本大震災　16, 31, 46, , 48, 54, 81, 107, 120, 142
備荒儲蓄法　6, 8, 90
被災後の社会環境変化　24, 27, 112, 115, 116, 120, 121
被災者支援　52, 54
被災者支援コーディネーション　43, 53, 105, 110

被災者生活再建支援法　6, 15, 110
被災者台帳　55, 108
被災者の主観的な時間の流れ　112
被災者見守り・相談支援事業　87, 119
被災前からの不平等　4, 27, 116
非住宅（住戸利用施設）　56
非常災害対策計画　70, 72
人と防災未来センター　139
避難　39, 47
　——の意思決定モデル　48
避難確保計画　7, 72, 102, 122
　要配慮者利用施設の——　70
避難勧告・指示　48, 54
避難訓練　49
避難経路　96
避難行動　31, 34, 47, 48, 133
避難行動要支援者　22, 46, 55, 59, 82, 103, 134
避難行動要支援者名簿　55, 83, 99, 103, 124, 126
避難行動要支援者名簿制度　92
避難支援　73
避難支援者　23
避難支援等関係者　83
避難所　69, 96, 104, 106
　——の運営　105
避難情報　47
避難所運営　133
避難所運営ガイドライン　19
避難所運営ゲーム　138
避難生活　72, 143
避難生活空間　40, 50, 52, 66, 74, 92, 93, 98, 111
避難生活支援　73
避難対策　59
避難地　142
避難場所　142
避難誘導　37
飛沫感染　40
日向灘地震　31
兵庫県生活復興調査　115
兵庫県南部地震　14, 31
標準人間モデル　2
表面雨量指数（浸水）　33

ファシリテータ　141
福井空襲　11
福井地震　11, 52, 54, 91
複合化　5
複合用途区分　56

索　引　155

福祉　62
　——のケース会議　7
　——の重要性　2, 21
　——の初動　6, 10, 78, 90
　——の視点から考えるPARモデル
　　　65, 116, 117, 118, 120
福祉仮設住宅　99
福祉関係法　76, 78, 91
福祉国家　3
福祉サービス　95
　——の継続　72
福祉施設　23, 58, 59, 70
　——の設置運営基準　7, 123
福祉施設避難マニュアル　20
福祉専門職　23
福祉なんでも相談窓口　101
福祉避難所　22, 50, 69, 78, 93, 98,
　　　106, 118
　——の確保・運営ガイドライン　99
福祉避難所ガイドライン　23
富士山　38
復旧・復興　28
復興　17, 114
復興基金　15
復興特区法　118
普遍的モデル　3, 6, 60, 91
プライバシー　51, 105
ブラインド型の訓練　139
プレファブ　106
噴出火災　37

平常時と災害時の連続性　37
平成30年7月豪雨（西日本豪雨）　32,
　　　34, 81
平成28年台風第10号　119

宝永噴火　38
防火帯　13
包括的支援体制　5, 7, 80, 84, 86, 118
防災基本計画　111, 119
防災教育　122, 136
防災ゲーム　138
防災工学　2
防災資源　97
防災集団移転　58
防災人材育成プログラム　139
防災スペシャリスト養成研修　139
防災の主流化　6
防災マニュアル　97
防災リテラシー　49, 128
放射性物質災害　44

保健医療福祉調整本部　111
母子・父子・寡婦福祉法　78
北海道・三陸沖後発地震注意情報　31
ボランティア　118
ボランティアセンター　88
本人の同意　124, 135

マ 行

マグマ噴出量　38
マスギャザリング　42

みなし仮設　19, 118
宮城県名取市生活復興パネル調査
　　　117
三宅島　39
民生委員　82, 88

免疫持続期間　41

目標達成評価　138

ヤ 行

要介護度等　74
要介護認定　75
溶岩流　39
要支援　98
要配慮者　98
要配慮者スペース　50, 69
要約筆記者　96

ラ 行

ライフライン　104
ライフラインシステムの復旧順序
　　　104

裏界線　13
罹災救助基金法　6, 9, 90
罹災証明書　109, 118
リスクコミュニケーション　129
リスク認知　49
立地規制　25
流域雨量指数（洪水）　33
流域治水　18, 59
流域治水関連法　58
隣棟延焼　37
林野火災　37

令和元年東日本台風　32

レジリエンス（復元・適応）　120, 121
連合国軍最高司令官総司令部　53

労災保険法　79
老人福祉法　78
ロバート・T・スタッフォード法　29

欧文・略語

BCM　70, 91
BCP　71, 72, 122, 139
build back better　28
CBRNE災害　40, 42, 44, 54, 56
CBRNテロ　44
CFS　50
DAISY版避難マニュアル　97
DHEAT　110
DMAT　43, 89, 90, 110
DRCモデル　70
DWAT　70, 89, 90, 110
EVAG　138
FEMA　29
GHQ　13
GTD　44
H1N1ウイルス（2009年新型インフル
　　　エンザ）　40
ICF　65
IDES　41
IHR　40
JDA-DAT　41
JR福知山線脱線事故　43
JVOAD　53, 111
NGO　110
NPO　110
MCL　42
MCLS　45
MEIS　92
NPO　80
PARモデル　24, 26, 116, 117, 118,
　　　120
REMAT　45
well-being　71

防災と福祉ガイドブック
――誰一人取り残さない福祉防災の視点―― 　　定価はカバーに表示

2024 年 11 月 1 日　初版第 1 刷
2025 年 3 月 25 日　　　第 3 刷

編　者　地 域 安 全 学 会

発行者　朝 倉 誠 造

発行所　株式会社 朝 倉 書 店
　　　　東京都新宿区新小川町 6-29
　　　　郵 便 番 号　162-8707
　　　　電　話　03 (3260) 0141
　　　　Ｆ Ａ Ｘ　03 (3260) 0180
　　　　https://www.asakura.co.jp

〈検印省略〉

© 2024 〈無断複写・転載を禁ず〉 　　　シナノ印刷・渡辺製本

ISBN 978-4-254-50039-4　C 3030　　　Printed in Japan

JCOPY ＜出版者著作権管理機構 委託出版物＞

本書の無断複写は著作権法上での例外を除き禁じられています．複写される場合は，
そのつど事前に，出版者著作権管理機構（電話 03-5244-5088，FAX 03-5244-5089，
e-mail: info@jcopy.or.jp）の許諾を得てください．

図説 河川災害と復興 —自然環境の再生と持続社会—

島谷 幸宏・谷田 一三・一柳 英隆・萱場 祐一 (編)

B5 判／168 ページ　ISBN：978-4-254-26179-0 C3051　定価 4,620 円（本体 4,200 円＋税）

流域治水の観点から，多発する日本の河川災害とその再生・復興の実態をオールカラーで解説。〔内容〕解説編：過去の河川災害／土砂災害／災害ごみ／洪水と避難／災害ボランティア／日本の伝統工法／遊水地の機能／グリーンインフラ／Eco-DRR／事例編：札内川／雪谷川／久慈川／常願寺川／庄内川／紀伊半島水害／小田川／白川／等

災害廃棄物管理ガイドブック —平時からみんなで学び，備える—

廃棄物資源循環学会 (編)

B5 判／160 ページ　ISBN：978-4-254-18059-6 C3036　定価 3,520 円（本体 3,200 円＋税）

自然災害が多発する日本では，平時から災害廃棄物への理解および対策が必須である。改訂版災害廃棄物対策指針と東日本大震災以降の事例を踏まえ，災害廃棄物について一般市民も知りたいこと／知ってほしいことをまとめた。

自然災害と地域づくり —知る・備える・乗り越える—

本田 明治・長尾 雅信・安田 浩保・坂本 貴啓・髙田 知紀・豊田 光世・村山 敏夫・岡本 正 (著)

A5 判／148 ページ　ISBN：978-4-254-16137-3 C3044　定価 2,860 円（本体 2,600 円＋税）

自然災害の頻発化・激甚化が予測される時代を迎え，本書は，自然科学および社会科学の最新の研究をベースにし，「災害や環境変化に強い地域社会」の構築に向けた基本的な知見・知識を提供する。いわば災害に強い社会をつくるための入門書。

教師のための防災学習帳

小田 隆史 (編著)

B5 判／112 ページ　ISBN：978-4-254-50033-2 C3037　定価 2,750 円（本体 2,500 円＋税）

教育学部生・現職教員のための防災教育書。〔内容〕学校防災の基礎と意義／避難訓練／ハザードの種別と地形理解，災害リスク／情報を活かす／災害と人間のこころ／地球規模課題としての災害と国際的戦略／家庭・地域／防災授業／語り継ぎ

災害復興学事典

日本災害復興学会 (編)

A5 判／308 ページ　ISBN：978-4-254-50036-3 C3530　定価 6,930 円（本体 6,300 円＋税）

これまでに研究者・実践者が積み上げてきた災害復興に関する理論と復興支援の実践を平易に解説する中項目事典。多彩な執筆陣により，幅広い学問領域からのアプローチでハード・ソフト両面からの復興を取り上げる。1 章から 5 章まではテーマ別に各章 15 項目程度のトピックと関連コラムを掲載し，事例編では国内外における災害と復興の取り組みを紹介する。〔内容〕復興とは何か／被災者支援／地域社会・経済再生／復興まちづくり／事例編

災害食の事典

一般社団法人 日本災害食学会 (監修)

A5 判／312 ページ　ISBN：978-4-254-61066-6 C3577　定価 7,150 円（本体 6,500 円＋税）

災害に備えた食品の備蓄や利用，栄養等に関する知見を幅広い観点から解説。供給・支援体制の整備，事例に基づく効果的な品目選定，高齢者など要配慮者への対応など，国・自治体・個人の各主体が平時に確認しておきたいテーマを網羅。

上記価格は 2025 年 2 月現在